中国融资租赁观察

李　喆◎著

中国发展出版社
CHINA DEVELOPMENT PRESS

图书在版编目（CIP）数据

中国融资租赁观察 / 李喆著. 北京：中国发展出版社，2017.5
ISBN 978-7-5177-0647-2

Ⅰ. ①中… Ⅱ. ①李… Ⅲ. ①融资租赁—研究—中国 Ⅳ. ①F832.49

中国版本图书馆CIP数据核字（2017）第031620号

书　　名：中国融资租赁观察
著作责任者：李　喆
出 版 发 行：中国发展出版社
（北京市西城区百万庄大街16号8层　100037）
标 准 书 号：ISBN 978-7-5177-0647-2
经　销　者：各地新华书店
印　刷　者：三河市东方印刷有限公司
开　　本：700mm × 1000mm　1/16
印　　张：15
字　　数：229千字
版　　次：2017年5月第1版
印　　次：2017年5月第1次印刷
定　　价：38.00 元

联 系 电 话：（010）68990625　68990692
购 书 热 线：（010）68990682　68990686
网 络 订 购：http://zgfzcbs. tmall. com//
网 购 电 话：（010）88333349　68990639
本 社 网 址：http://www.develpress. com. cn
电 子 邮 件：121410231@qq. com

前 言

preface

2011年前后，中国融资租赁行业开始启动一轮前所未见的急速扩张，行业资产规模和企业数量，呈现出一种爆发增长的发展态势。与此相伴随的，是各种社会资源向行业的加速注入和汇聚。社会各方对融资租赁的关注，也从未有如今之盛——无论是中央和各级地方政府、各种背景的金融和产业资本、融资租赁目标市场企业群体，还是作为职业经理人或知识工作者的行业从业人员，都会出于企业经营管理、行业服务与监督、个人职业发展规划等各种不同的目的，而希望在不同维度建立起对行业的深刻理解。

要达成对于中国融资租赁行业的这种深刻理解，就要通过观察思考来回答一系列具体而紧迫的问题：融资租赁为什么会在中国出现？融资租赁在中国产生后，为什么会经历长期低迷与蛰伏，而在次贷危机爆发后，突然在规模上呈现出几何级数的膨胀态势——或者说，在宏观层面，推动中国融资租赁发展的动力是什么？融资租赁在中国的发展过程中，展现出了哪些明显带有“中国特色”的行业特征，以及，催生这些行业发展特征出现的底层原因是什么？如何看待显示这些行业发展特征的种种现象和事件？通过对这些行业现象和事件的剖析，可以让我们获得哪些关于行业未来演进的趋势性判断？面对如此复杂的现实环境和趋势预判，融资租赁企业、各级政府部门乃至更为广大的行业从业人员，又应该怎样去进行下一步的抉择和行动？等等。

本书所呈现的，就是针对这些问题，富于内在联系的一个系统解答。

对于掌控融资租赁企业的股东投资人和职业经理人管理层而言，本书从宏观环境变化与融资租赁行业发展的“互动”关系角度切入，阐发引导和推动中国融资租赁行业发展若干规律性力量的形成与演变过程，并进一步地提出微观企业管理层面的一系列经营应对策略建议，从而实现了“宏观行业环境变化”与“微观企业经营应对”的联动。不但为融资租赁企业股东投资人和管理层团队提供经济环境分析智力成果，同时也提供了具体的，融资租赁企业经营策略的规划方法、现实案例和经验借鉴。对于融资租赁企业的高层管理者而言，这也将直接提升其对涉及融资租赁企业一系列整体性核心管理命题的重大决策——企业使命、战略规划、经营定位和运营模式构建等的精准度。

对于中国融资租赁全行业从业人员而言，本书有助于其建立并提升广阔的管理视野，通过供给丰富的管理思考营养，为融资租赁企业各级管理者的成长提供助力。对于融资租赁企业的中低层管理人员以及团队业务骨干来说，建立起对外部行业环境的深刻理解，不但有利于其充分领会企业重大战略性决策意图，进而将之有效落实到执行层面，而且有助于迅速将外部行业环境中带有变化预示意味的种种“迹象”，及时快速地向企业高层管理团队进行反馈，以增强融资租赁企业对外部环境变化的敏感度，实现快速灵活的管理应对——所以，这个过程也可以被视为融资租赁企业培养未来高级管理者的一种有效机制。对于更加广大的融资租赁行业的从业人员而言，甚至还包括更加广阔的、想进入这个行业实现职业发展的职场人群和高校毕业生群体，通过对以上问题的了解和认识，对其形成现实稳妥、目光长远的个人职业规划将大有裨益。

对于中国融资租赁行业的外部监管者和行业相关方而言，本书的价值主要体现在：为中国融资租赁行业的外部监管者和行业政策制定者——对中国融资租赁行业拥有巨大影响力的各级政府部门，提供一个可供其透彻了解行业运行机制的观察“窗口”，为其更好地履行促进行业健康发展的职责提供监管决策和政策制定所需的智库支持。对于各级政府部门而言，从政府职能转变角度，能否让自己建立起融入这个行业的“圈里人”视角，形成对融资租赁行业发展状态即时准确而又深刻系统的认知，直接关系到政府是否可以在“服务”和“监管”的收放之间实现微妙的平衡。此外，众多以融资租赁行业作为目标市场或服务对象的企业组织、中介机构和研究机构——银行等间接融资金融机构、资本市场领域内众多的直接融资金融机构、融资租赁经纪公司、咨询公司、律师/会计/税务事务所、政府和高校的学术及科研单位等等，如果离开了对融资租赁行业的深刻洞察，也将会直接对其自身的经营绩效或服务绩效表现带来显著的负面影响，甚至会威胁到这些组织机构的生存。

为有益于行业各方人群，令本书的上述价值充分展现，本书在架构和内容的设计安排方面采取了一种“由过去到现在，由宏观到微观，由局面到事件，由观察到行动”的，从“远景描画”推进到“细部特写”一般的，逐级递进式的深度观察与分析视角。并且，在这递进分析的全过程中，既授人以“鱼”，也授人以“渔”——不但进行现象观察，而且剖析原因；不但给出结论，而且提供建议；不但分享思考，而且传授方法。希望通过如此安排，令读者不但有所“知”，而且有所“悟”，进而有所“能”——提升对各种现实困难、管理问题和具体工作的分析、决策与执行能力。

本书共分七章。第一章、第二章从宏观视角观察行业。第一章沿着纵向的时间维度，回顾行业发展历程，探寻推动行业发展的若干力量来源，并通过对数波行业发展推进力量转换的原因分析，建立行业演进的规律性体认；第二章则从横向的行业“截面”视角，清晰呈现带有“垂直生态”特征的整体行业格局。第三章承上启下，在进入更加具体的行业现象观察之前，出于“工欲善其事，必先利其器”的考虑，首先探讨行业观察所必需的“系统分析”和“利益分析”思考方法。有了宏观视角的行业鸟瞰，再辅以现象观察的方法工具。从第四章到第六章，全面转入对行业现象的观察。第四章主要解读对行业具有重大影响的外部事件，也即一些重大的国家战略和政府政策会给行业带来怎样的影响；第五章的观察视角，开始从行业外部环境转入行业内部局势，承接国家战略和政府政策对行业的发展趋向的深刻影响，而进一步讨论行业过往一贯的“套利经营”模式怎样形成、如何发展及正在承受方向性扭转压力的原因；第六章从行业局势的高度，继续下沉聚焦于融资租赁企业的“竞争”现象，以破局“资产荒”现实困境为主线，全面梳理总结金融租赁公司和实力融资租赁公司的各种实战经营策略与竞争计谋。如果说，以上六章的主旨都是“观察”的话，那么第七章则开始由“观察”转入“行动”——“观察”的根本目的，在于指导“行动”。由于本书的内容范围是“行业观察”，更加具体细致的融资租赁企业经营管理内容已经超越了本书主题，所以第七章所起到的作用主要有两个：一是明确“观察”的全部意义在于“行动”，决不能让行业观察与现实的行动产生“脱节”；二是通过对融资租赁公司“使命—战略—策略”管理三环节的讨论，建立起从“观察”到“行动”的“联动”机制，顺势将行业观察所获的所有成果，导引进入企业的管理实践和经营实战之中——这也就是，第七章以“行动准备”命名的原因所在。

此外，针对其它一些问题，有必要做一些补充说明。

1. 为了让表述更加清晰流畅、条理井然，许多有价值的、对于细节问题的派生讨论，被放置在“脚注”里。这也是脚注内容的全书占比超过一成的原因。所以，如果因其是脚注文字而忽视甚至轻视的话，不可避免地会造成对本书价值的某种“遗失”。

2. 本书“附录”收录了四篇重大行业政策的条文解读文章。这些解读文章在分析政策的同时，也是在观察行业，所以建议从行业观察的角度，而不仅仅是政策解释的角度，去看待这些文章。实际上，这些文章只是因内容架构设计的需要而被放置在附录中，从其内容本身来看，因其富含诸多的现实问题思考，其价值完全可以等同于本书正文。

3. 本书广泛采纳和系统整合了“李喆融资租赁工作室”（以下简称“工作室”）在2015~2016年期间，许多融资租赁咨询、研究成果[①]——这让本书不但吸纳了工作室已经形成的、许多融资租赁相关主题的阶段性智力成果，更加重要的是，在本书所构建的整体逻辑框架内，这些原本“孤立”的智力成果经过有序汇集和勾稽阐述，呈现出了全新的价值和意义——也即对上文所提出一系列行业重大问题的全面解答。

最后，必须坦承的是，囿于个人能力，本书一定还有许多疏漏甚至错误，对此，衷心恳请广大读者批评指正，不胜感激为盼！

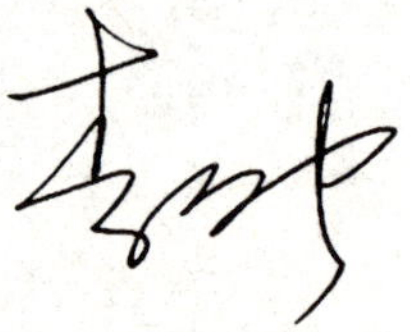

2017年3月

---

① 除了因本书讨论推进所需，而依次展开的新增论述内容以外，本书通过对工作室已经发布的行业经验总结和研究智力成果——“行业述评系列文章”和“管理评论系列文章”——采取了两种有效的“吸收”方式：“完善改写”和“整理扩充”。前者指对某篇文章进行改写修订，令其成为构成本书整体内容不可或缺的一个“组件”；后者是指对多篇文章进行内容的整理、删减、扩充和融合，令这些文章所承载的智力成果，实现遵循本书整体思路与布局的、自然而流畅的“融入”。为突显这些前期成果，在本书的有关章节，一一给出了脚注予以说明，有兴趣的读者可以据此查找到这些文章的原始版本，以资扩展阅读。

目　录
Contents

第一章

六波力量

1981～2017，中国融资租赁行业演进动力

从1981年中国第一家融资租赁公司成立算起，融资租赁在中国的发展几乎伴随着中国改革的整个进程。更准确地说，中国融资租赁行业的发展，就是中国改革宏大实践历程的一个派生结果。所以，考察中国融资租赁行业的演进动力，就必须把它放置于中国改革的大时代背景之下，放置在中国改革推动中国经济系统不断演进的过程之中。

第一节 第一波力量：初生

——中国经济起飞所需的资本、技术引进动机①

促生中国融资租赁出现的第一波力量，来自政府，或者更准确地说，来自改革初期经济危机压力所激发的、实用理性主义指导下的、政府对渐进式增量改革策略的应用。

1981年中国最早出现融资租赁公司，当时，因工业化建设的“过度投资”，中国正经历着一次严峻的经济危机②。导致此次危机爆发的原因，可以归结为工业化投入和社会福利开支的扩张超过了经济体的承受极限，由此，也可以反证一个由发展经济学归纳的规律性认识：任何一个落后的经济体，要想顺利实现向工业化转型的“经济起飞”，都必须获得充足的外部资本支持。

这条规律性认识，其实早已被新中国第一代领导集体所洞察。从现实地保障国家主权和领土安全及尽可能加速中国工业化角度来看，新中国成立初期，在外交上采取向苏联“一边倒”的政策，并利用当时复杂的地缘政治、利益博弈与苏联建立战略同盟关系，进而导致中国在20世纪50年代苏联外部援助的“强大外来投资的拉动作用下……开始了工业化的高速原始积累阶段”③。但是，这一决策导致的全面计划经济系统也在相当程度上影响了20世纪50年代即

---

① 本节部分内容整理自“李喆融资租赁工作室”微信订阅号（公号：huaibang2015）首发的行业述评文章《读2015政府工作报告，聊聊融资租赁那些事儿（01）》（2015年3月）和《读2015政府工作报告，聊聊融资租赁那些事儿（02）》（2015年3月）。另，后文脚注中的“工作室行业述评文章”皆指此微信公众号的文章，特此说明。

②③ 温铁军，等：《八次危机：中国的真实经验1949～2009》，东方出版社2013年版。

成形的新民主主义经济纲领的实施[1]。30年后，当中国再次有了加速工业化的外部资本流入需求时，一个高度封闭的计划经济系统以及由这个经济系统所固化的各方利益主体格局已然成为巨大的障碍，横亘在当时的最高决策者面前。

随后，一个充分体现“渐变优于剧变”“治大国若烹小鲜”传统智慧的改革策略最终形成并被使用，进而成为长期指导中国改革实践、把控改革推进节奏的指导性原则。这就是所谓的“渐进式增量改革”，即无论是经济体制还是政治体制改革，皆首先从体制的“边缘”切入，强调“推新”，淡化“格旧”，培养“增量”力量，逐步浸润消解“存量”障碍，然后在外部环境条件成熟时快速实现对“存量”的强力突破。正是在这个策略指导下，中国的改革才得以在体制的边缘地带——农村，首先获得突破。也正是由于秉持这个策略，中国在2001年加入WTO和2008年次贷危机爆发的这段时间内经济保持了持续的高速增长态势，改革在整体上推进，呈现出一种舒缓的发展趋向。以至于2003年3月，当“体改办”[2]与“计委”在国务院机构改革的名义下合并为“国家发展和改革委员会”（即“发改委”）时，由于这个委员会名称中的“发展”排在了“改革”之前，有人遂将之视为一种微妙的政治信号，更有人竟宣称，“改革已死”。直到次贷危机爆发，中国经济在4万亿强刺激计划的短暂效力消散后，下行压力日显，此时深化改革的时机才算是再度成熟了。

也只有充分理解中国的“渐进式增量改革”策略，才能够体会在当时的全盘计划经济体制下，在1979年四川的城市企业改革试点工作折戟、改革重点被推移至体制外的农村和沿海边缘地带的大背景下，在一个没有独立市场主体、生产流通依靠计划指令、银行金融体系仅充当“出纳”角色的经济系统中，引入当时西方市场经济体系下最为先进的金融模式——融资租赁的原因所在。

毫无疑问，从现在看来的最基本的市场经济常识出发，当时对于融资租赁的引进，是大胆甚至令人匪夷所思的。而当时之所以能够做出如此有魄力的决断，原因有二。其一，当时中国的政界和学术界对西方市场经济的系统理论

---

① 从某种意义上讲，中国的改革可以被视为一次对新民主主义经济纲领的历史回归。

② 前身为1982年5月成立的“体改委”，1998年3月降格为“体改办”。

几乎毫无了解[①]，所以根本就不会有人从“理论”层面上提出反对；其二，也是更加重要的一点，即最高决策层在国家治理手段使用上所展现出的“实用理性主义”风格——换成另一个人尽皆知的表达，即“不管黑猫白猫，捉到老鼠就是好猫”。换言之，“实效”是第一考量，一切以有利于解决现实问题为最大出发点。所以，如果融资租赁“可以”，甚至仅仅是“可能”用于促进中国工业化加速的外部资本、技术引进，那还有什么理由不去做？

尽管如此，1981年7月，当中国租赁有限公司在北京正式成立时，我们还是有理由相信，这家由最高决策层改革开放决策所推动，由中国国际信托和国家物资总局合资成立的有限责任公司，无论其股东还是管理层，都应该是茫然的——融资租赁这块石头算是“摸”到了，但还只是岸边水际的一块顽石，天知道静水之下，会有几许暗流冲涌？

事实上，这种茫然的心态也直接促成了一个结果：早期顶层改革力量推动下，在金融领域成立的若干中外合资融资租赁公司，经营管理完全由外方把持——“市场换技术，市场换管理”的想法使然。而外部环境付之阙如，加之外方管理层教条地照搬国外经营模式和方法，自然会令早期的中国融资租赁企业于懵然中慢慢滑入绝境。这种状态一直持续了约20年。当租赁资产规模逐步增加却兜头撞上1997年的亚洲金融危机时，清算时刻降临了。

在1990年代后期，中国融资租赁行业整体失陷。也许，我们很难体会得到那时中国融资租赁先行者们的复杂心境。但是，那时的中国融资租赁行业先驱恐怕也想象不到，这次行业危机除了带来沉重的打击外，还产生了促成融资租赁与中国本土特色经济成功融合的历史契机——1990年代中期加速的国内市场化进程和新世纪开端中国加入世贸组织所代表的经济全球化趋势，为中国融资租赁行业的发展提供了新一波强大的助推力量。

---

① 一个直接的例证是，中国出现第一家融资租赁公司的10年之后，1991年12月，吴敬琏先生为当时的中共中央总书记江泽民召集的一次座谈会所准备的背景资料，其主要内容是对比计划和市场两种资源配置手段（《吴敬琏文集》，中央编译出版社，2013年版）。由此可知，最高决策层和最高智囊团在1990年代初期，对西方市场经济理论尚处于吸收与借鉴阶段。另一个间接的例证是，在中国出现第一家融资租赁公司的12年之后，1993年10月，在田国强和易纲的主持编撰下，一套共14本的《市场经济学普及丛书》才由上海人民出版社出版。这是第一套通俗地介绍现代市场经济学的普及丛书，并在1994年获得了中国图书奖等四个国家级大奖。

第二节　第二波力量：本土化
——经济全球化引致的国内市场化进程加速

观察中国三十余年改革史的一个关键视角，即所谓“体制内”和“体制外”的划分。中国改革发动以来，不同领域历史影像的叠加流逝虽然繁复迷乱，但诉诸这个视角去观察特定的现象、事件，则总会给人以比较明确的认知。推动中国融资租赁行业的第二波力量，就来自于体制外市场化进程的加深与体制内资源的垄断及歧视性配置之间所产生的资金资源供需“断裂”，而中国融资租赁在21世纪的再度兴起，实际上就是因其发挥了对这种“断裂”的弥合作用。

在资金的需求端，来自体制外的市场深化进程为融资租赁实现真正意义上的“中国化”，在市场需求方面提供了有力的拉动作用。

1. 中国民营企业群体的快速崛起

中国民营企业的前身，最早可以追溯到改革初期的“社队企业”，它们后来被称为“乡镇企业”，是体制边缘的企业群体。1984年前后，因农村“包产到户”改革的巨大成功示范，中国的改革重心开始由农村转移到城市。面对城市中坚固的利益藩篱，政府采取了在资源和市场两方面全力向国有企业倾斜的做法，其结果是直接导致了乡镇企业发展的极端恶劣环境。对此，中央政府给沿海乡镇企业群体开出了“两头在外，大出大进”①的药方。所以，中国民营企业自出现以来，外部资源供给与支持的严重匮乏一直伴随其发展过程。然而，中国民营企业群体最终日趋壮大，这一方面当然离不开民营企业极其艰苦的早期内部积累，但是更重要的，还在于早期乡镇企业通过出口加工业务“误打误撞”地接入了经济全球化的潮流。外部的强力需求给予了乡镇企业每一分艰辛付出以及时回报，其结果就是后来令当时最高决策层数次慨叹的乡镇企业“异军突起”。如果说此时中国民营企业对经济全球化的“借力”尚属“自发”的话，那么随后中央“国际大循环经济发展战略”②的提出，则将这种“自发”转变为一种“自觉”，进而形成了对民营企业发展良好外部环境的持续维护，也间接地为中国融资租赁的发展提供了宽广的市场空间。

2. 医疗、教育和住房等公共服务和社会福利的市场化及“分税制”导致的地方政府“土地财政”模式的形成

“1992～1993年，因中央政府加快货币化和放开资本市场进程的同时不得不全部承担经济过热造成的过高对外债务，因而很快就爆发了1993～1994年经济危机——财政、金融和外汇三大赤字同步，危害很严重。”③为应对严峻的经济形势，可以同步达成降低中央政府财政赤字压力以及“吸纳”扩张信贷所带来恶性通胀压力的医疗、教育、住房改革陆续推出。医疗与教育的市场化改革，催生了巨大的投资资金需求。回顾中国融资租赁在新世纪再度起步时，将医疗和教育设定为首选的目标市场，实在是乘势而为的英明之举！兼之，“分税制”逐步引导地方政府建立起的“土地财政”模式，对房地产形成了强力的价格上行支撑，由房地产投资所派生出的配套产业资金需求，也再度扩大了当

① 即“三来一补”的出口导向发展模式。在这种模式下，沿海乡镇企业企业群体可以完全将国内的原料资源和市场让给城市里的国有企业群体。

② 国际大循环经济发展战略是指进一步加快沿海地区的开放，通过发展加工型经济融入国际经济大循环。实际上，这种国际经济大循环可以被视为后来“中国生产，并通过购买美国国债等方式向美国提供融资，而美国进行消费”格局形成的一个重要起源。最早提出“国际大循环经济发展战略”构想的人，是中央政府智库人物、“中国经济50人论坛”成员王建。他于1987年提出这个构想，并在1993年被国务院授予“国家级有特殊贡献的专家”称号。

③ 温铁军，等：《八次危机：中国的真实经验1949～2009》，东方出版社2013年版。

时中国融资租赁企业的可选目标市场空间。

3. 投资对经济增长的拉动

因地方政府考核的GDP导向，导致投资拉动经济出现了自我加强倾向。虽然“国际大循环经济发展战略”的主要立意在于充分发挥中国劳动力资源优势——也即时下所谓的“人口红利”，在解决农村剩余劳动力去向问题的同时实现出口创汇，但是真正可以发挥“大循环”作用、更加深度嵌入经济全球化进程以充分利用外部流入资本，实现工业化经济起飞，也离不开良好的基础设施硬件条件。2002年3月15日，时任国务院总理的朱镕基在九届人大五次会议闭幕后的记者会上，对记者提出的“赤字”问题做了如下回答：

至关重要的是，我这个赤字不是用在弥补经常性的预算方面，没有把它吃掉，是用在基础设施建设方面。本届政府发行了5100亿国债，带动了银行资金和其他资金渠道，一共完成了2万亿的工程，这2万亿的工程包括……因此，我留给下届政府的不只是债务，而是25000亿的优质的资产，在将来中国的经济发展中将长期发挥巨大的经济效益和社会效益……也就是说，如果我们不是采取这种积极的财政政策和稳健的货币政策，中国经济也许垮了。我为我们国家能够实行积极的财政政策，不但克服了亚洲金融危机带给我们的影响，而且利用这个机遇空前地发展了中国的国民经济，我为此感到自豪。

我们在赞赏这种理性投资拉动的宏观经济管理策略的同时，还应该看到，基础设施投资也从此成为地方政府化解头顶GDP考核压力的一道“灵符”，以至于地方政府的投资理性成分每况愈下，令进入21世纪的整个中国俨然“成了一个大工地”。2003年，中国融资租赁的厂商租赁模式在这样的大背景下兴起，并且绝非偶然的，其中的全力主导者正是工程机械生产商。

而正当这些来自体制外、体制边缘或者因险峻经济局势倒逼而形成的一些重大改革措施，在不断加强中国经济当中的市场化成分时，中国金融系统的整体改革进展却显得明显迟缓而滞后。虽然，以证交所成立为标志，作为“增量”改革而实现的中国资本市场已经启动，中国银行体系也完成了“央行—

商业银行”二级体系的基本构建。但是资本市场的明显失范，以及商业银行体系对于“体制内”国有企业在资金资源上的“多加眷顾”，令中小型民营企业“融资难、融资贵”的问题频现，且至今未能有效解决。于是，溯源于中国的“渐进式增量改革”策略所形成的这一道“体制性”隐性藩篱，将市场化进程加深所带来的中小型民营企业的资金需求，与银行体系所垄断的资金供给硬生截断。

中国在2001年正式加入世贸组织后，因借力经济全球化大势实现了持续的高速经济增长。但是，高速经济增长所引发的巨大民营企业融资需求却被体制因素紧紧压制。而中国融资租赁行业所获得的第二波动力来源，就是因其通过将融资租赁这个舶来品真正与本土经济特色相对接，实现融资租赁“本土化”，释放了如此磅礴的资金需求堆积势能，进而获得了二次新生。所以，当我们发现进入21世纪的新生融资租赁公司群体都拥有国有企业股东的体制优势背景①，以及都以中小型民营企业作为主要目标市场这样的现象时，我们实际看到的是中国融资租赁公司群体，通过润滑资金资源实现跨越体制性障碍流动，而乘驾着新一波的行业发展动力，再度重生。

---

① 这一时期的一些台资融资租赁企业并不具备体制背景，但是其利用自身的信用优势，以中小型民营企业为主体目标市场，因而其获得的发展动能同样充沛而有力。

第三节　第三波力量：规模

——回避监管与监管套利催生影子银行势力壮大[1]

金融机构与金融监管之间的监管与回避监管的博弈，在全球范围内是一个普遍现象。1997年亚洲金融危机重创中国银行体系，造成其“技术性破产”的严重后果后，中国银行体系对接国际商业银行经营模式、加速银行商业化改造的步伐明显加快。所以，这个普遍存在的监管与回避监管的问题，自然会在中国如期浮现。

但是，与国外情况不同的是，中国商业银行体系在总体上有“体制内”身份，这让其还必须要通过执行或回避执行一些交易来体现出对政府国家治理意图的呼应与跟随[2]。通常，国家治理意图往往着眼于长期性、整体性的利益考量，而商业银行的经营意图却相对地更注重短期利益和局部利益。中国银行

---

① 本节部分内容整理自“工作室行业述评文章”《读2015政府工作报告，聊聊融资租赁那些事儿（05）》（2015年3月）。

② 这一点与国外的情况有很大的差异：“日本央行在1980年末期也的确派遣了巡视员去向银行主管警告已经开始显现的问题，但是却收效甚微。因为作为放贷方的银行一口回绝了日本央行的警告，并且反过来质问为何他们不能向房地产——一种过去40年里从未下跌过的资产提供贷款……银行依旧为不断升值的房地产提供贷款，直到最后局面完全失控。”——[美]辜朝明：《大衰退——如何在金融危机中幸存和发展》，东方出版社2008年版。但是在中国，这种对央行表面的恭顺背后，是更加积极的监管回避和监管套利动机。

体系的这种“企业兼官差”[1]的内在身份冲突，对于普遍存在的、一般意义上的监管与监管回避之间的“张力”而言，无疑会起到一个显著的“放大”作用。而聪明的市场很快就找到了一个舒缓的方法——“影子银行”。对于中国的融资租赁而言，其不但可以被银行体系用以回避监管，并且直至目前，由于中国资本市场直接融资规模相对于银行体系的间接融资规模处于绝对劣势地位，所以资金在经过融资租赁“影子银行”后往往还会产生一个价格上的“溢价”，换言之，可以形成某种意义上的“监管套利”。于是，中国融资租赁行业就由此获得了推动其演进的第三波力量。

相对于中国第三方和厂商系租赁公司群体[2]在全球化所激发的国内市场化加速的大背景下，在21世纪初期即告发力启动的态势，主要以银行为背景的中国金融租赁的“重启”却是在数年之后的2008年[3]。对此，一个值得注意的事实是，早在1993年，国务院就出台了《关于金融体制改革的决定》，其中要求适当发展的各类非银行金融机构当中，金融租赁公司赫然在列。所以时隔15年，政府再度重启金融租赁公司一定有其深刻的用意。有理由相信，2007~2008年次贷危机的爆发，虽然因中国的国际金融资本账户处于管制状态而没有对中国的金融系统造成显著冲击，但是其对中国实体经济的潜在负面影响，以及当时的虚拟经济领域过热的泡沫破灭对实体经济的负面冲击，都让政府有充分的理由去开启更多的、可以或有助于让资金更加有效流入实体经济的渠道——这极有可能就是金融租赁公司获批“重启”的真正原因所在。而另一方面的事实却是，中国“一行三会”的金融监管格局已经早在此前的2003年即

---

① 银行面对微观主体所呈现的社会资金资源的垄断经营者面目，同宏观层面的政策工具定位，是一个硬币的两面。在市场上充当攫取利润肉食动物的同时，它也是被规制的鱼鹰。或许从这个角度，我们再来反观全国政协委员、中国建设银行行长张建国在2015年3月4日“两会”上提出的“银行是弱势群体”观点，也许就会生出一些理解和同情，而不是来自现场、媒体和民众一边倒的“哄堂大笑”——在国家管理系统中，银行只是弱势的工具而已，也许，只有总行行长才能更切身地感受到这种境地的两难（别忘了，张行长在弱势群体话语前，谈的是利率市场化问题）。

② 一种通行的、对融资租赁公司群体的习惯性划分标准，即是依照其股东身份进行划分：银行股东背景的金融租赁公司，被称为“银行系”租赁公司；设备制造厂商背景的被称为“厂商系”租赁公司；除此以外的被称为“第三方”租赁公司。

③ 次贷危机全面爆发的这一年，首批5家银行背景金融租赁公司获得银监会批复成立。

以“银监会”的成立为标志而告全面成型[①]。

所以，金融租赁公司再度出现的这一刻，在垄断的国有银行体系[②]与有力的金融监管体系之间的监管博弈“张力”，已经蓄积了整整五年的时间。而这个一直在政策指引、监管规制和市场竞争之间保持平衡游走、左右支应的商业银行体系，为了在承受来自中央政府强力影响的同时可达成期望的商业盈利绩效结果，其必然在利润和监管双重压力下表现出应激反射式的监管规避动作。中国商业银行体系由此展现出了两种对比鲜明的面目特征——垄断地位所赋予的彪悍掠食者，以及因被役使和监管所展现出的狡黠规避者。

而这两种行为特征对融资租赁行业的最显著影响，就是导致了金融租赁和融资租赁[③]资产规模的迅速扩张。更进一步地说，当金融租赁可以为银行体系提供更高收益回报时，通过金融租赁产品投放资金是银行体系的绝对理性选择；同样地，若向内资和外资租赁公司投放资金可以回避信贷管制和控制，那么银行对所谓的融资租赁“通道业务”[④]当然也乐得为之。

以上所述完全可以在一系列统计数据上得到呼应。以“直租和回租资产占比”为例，无论是现实普遍观察的经验数据还是已经统计成文的不完全数据，都无一例外地指出：直租比例过低，并且具体到金融租赁，直租占当年总

---

① 2016年互联网金融频发“跑路”事件，以及2015年中国股市的巨震，已然让政府意识到“谁的孩子谁抱走”特征的“一行三会”架构下的分业监管模式，不但在微观审慎监管方面不堪大用，并且在宏观审慎监管方面也付之阙如。所以，金融监管的改革势在必行。唯一的变数在于，是选择“单一央行”综合监管的大部制模式，还是选择诸如“一委、一行、一会、一局”这样的联席模式。

② 从整个银行体系的角度来看，其特征是国有和垄断。但是，从银行体系当中的各个银行的角度来看，中国银行业的竞争又表现出一种异常激烈的市场化特征。回首1997年亚洲金融危机后，需要依靠实质上的财政注资才能挣扎站立的孱弱国有商业银行体系，在短短十年间，即告催生中国工商银行“世界市值第一企业”加冕，可以让我们感受这种国有和垄断背景所蕴含的强大力量。

③ 对“金融租赁”与“融资租赁”的划分，是一个具有中国特色的现象，二者仅仅因为主管政府机构的差异而产生——前者归属于银监会，后者受商务部辖制，而在纯粹的商业模式上，二者毫无分别。

④ 对于银行体系而言，融资租赁可以发挥多种“通道”作用。比如，通过融资租赁通道，让银行可以对信贷政策限制以外的市场（如房地产、地方政府融资平台或高能耗企业），实现资金投放。此外，在银行业属地化经营的局面下，融资租赁还可以成为银行在国内实现“跨地域”投放的通道工具。最后，融资租赁业也可以作为跨国境的“资金通道”工具使用。另外，关于一种比较标准的国内银行资金融资租赁“通道业务”结构和操作手法的具体介绍，可参阅作者另外一部著作：《融资租赁公司经营：策与术》（中国发展出版社，2013年版）第1章中“无追索保理操作”的相关内容。

投放规模的比例呈现持续直线下降趋势——根据许多人将“回租”称为“类信贷”业务的说法，回租在金融租赁资产中占比的绝对优势，说明了以“监管规避”和“监管套利”为目的的银行信贷产品，正在以怎样的规模和速度实现着向金融租赁资产的转化。

另外一个有趣的数据视角，是商务部主管的外资融资租赁公司的“直租和回租合同数目的比例”和“直租和回租在金额上的比例”所表现出的显著“倒挂”——直租项目在合同数量上占优，而回租项目却在合同金额上占优。相信这其中，银行因“监管规避”和“监管套利”而推动的融资租赁“通道业务”必定贡献良多。

最后一个数据视角，是“金融租赁资产占整个行业租赁资产比例”，以及“金融租赁资产历年的绝对规模增长速度”。2015至2016年间，金融租赁公司群体以行业企业数量1%的占比，形成了行业整体大约40%比例的资产规模。如果考虑到银行体系透过融资租赁公司所操作的“通道业务”——一个绝对庞大但无法精确统计的规模，那么实际上由银行信贷转化而来的租赁资产规模在行业资产中的占比，将进一步获得显著的提升。

所有这一切，都说明了因“监管回避”和“监管套利”所催生的“影子银行”势力，于金融租赁在中国“重启”之后的数年间，对行业整体租赁资产规模的快速攀升起到了明显的推动作用。

第四节　第四波力量：数量
——实体资本承压而“溢出”的转型投资或逐利投机

伴随着融资租赁行业资产规模的狂飙突进，每年新成立的融资租赁企业数量亦呈激增之势。2012年前后，人们就开始兴奋地议论“几乎每天成立一家融资租赁公司”。行业忽然间大放异彩，新入行者的心情也亢奋异常。的确，在中国，当政府力量已经成为某种图腾符号而深入人心时，中央和地方政府对融资租赁行业高规格、高频度的推崇表态，无疑会强烈刺激各路资本英豪竞折腰。但是，政府对融资租赁的态度以及有关的政策引导，实际上只是对两个引发融资租赁企业数量激增更加深层原因的一种额外“催化”。换言之，这两个原因才是真正导致融资租赁行业中企业数量爆发式增长的真正根源——2010年以后，中国经济整体下行压力的持续加大，不断将产业资本从实体中“挤出”，而外溢实体资本的投资转型和投机逐利两个动机，成为在急速扩张企业数量方面推动中国融资租赁行业演变的第四波力量。

中国实体资本“脱实向虚”、在投机中博取巨利的现象，由来已久。早期引发这种实体资本向虚拟领域“逃逸”的力量，主要来自虚拟经济领域。在货币持续超发的大背景下，因无风险套利收益水平不断抬升以及资产升值带来丰厚“利得”所产生的“吸力”——不断攀升的房价、屡创新高的“地王”，以及渐次形成的“刚性兑付”所表达和缔结的显性合同承诺与隐性心理契约，都持续散发着强大的“吸金”魅力。对此，中央政府引导甚至规范中国银行体系加大对实体的资金支持力度，以形成某种程度的“对冲”或“控制”。但是，出于我们上文已经讨论的银行体系“监管回避”的动机，实际效果并不理想[①]。

如果说在2010年以前实体资本倾向于“外溢”投机的动力仅仅是虚拟领域的获利“吸力”的话，那么随着经济下行压力的日趋加大，实体企业的盈利水平不断恶化，实体资本则又平添了一道因承压而主动外逃、追求投机获利的动力。此时，政府发现既有的“存量”银行体系无法充分实现政策意图，再一次动用“渐进式增量改革”策略将视线放在了新的“增量”方面。中国融资租赁就是在这样的背景下，一步步走入最高决策层视线，并被赋予了中国产业“新高地”的高规格定位[②]。于是，扶持融资租赁发展各项政策被不断推出。不但投资门槛不断下调，审批效率也因“备案制”的推出而大幅提升。同时，各项财政补贴政策也在各地不断问世。这一切——资本投机获利欲望、政府政策的鼓励与便利再叠加上银行体系对融资租赁“通道”的需求，便让中国融资租赁企业因投机动机而设立的数量急速攀升，并引发了后续的所谓融资租赁公司“空壳率”的问题。

近年中国融资租赁行业的企业数量快速扩张，相当程度源于投机资本。但许多以“投资转型”为目的的国有和民营实体产业资本也在这一波潮流当中快速进入融资租赁行业。

民营实体产业资本方面，许多具有相当实力的民营企业集团，更多地是从企业发展的战略高度来看待对融资租赁公司的投资。中国的金融领域，因其坚固的历史遗留体制结构以及其对国家经济的核心命脉地位，一直被国有资本

---

① “近年，实体经济运营与社会融资出现了割裂，货币信贷投放的刺激效果大幅下降……表面上，社会融资总量指标综合反映了境内金融机构或金融市场投向非金融企业的资金，这些资金进入了实体经济，并不应该‘空转’。但实际上实体经济真正从金融体系获得的融资量小于社会融资总量显示的规模……社会融资和工业企业的负债没有同比例上升，更多份额的资金配置到非工业企业领域……我国对影子银行系统监管标准较松……在实体经济部分领域存在政府隐性担保的环境下，金融机构过度扩张。在金融机构越来越多通过同业市场进行资产扩张时，央行‘保持银行合理流动性’的常规操作，事实上又支持着金融机构在道德风险下的过渡信用扩张。”——刘世锦：《中国经济增长十年展望（2014～2023）》，中信出版社2013年版。

② 2013年12月，李克强总理在视察工银租赁时称，金融租赁产业是我国的一个新高地，业务发展历史不长，经验还不丰富，人才不充足，配套政策也不完善，但是，要鼓励金融机构往前闯、往前试，闯出自己的新天地。

所把持。民营资本当中，除了极少量地介入小型商业银行和股份制商业银行[①]以外，在融资租赁获准进入之前，只在担保、小贷和典当等领域有所涉猎。严格意义上讲，金融担保业因其并不直接涉入资金借贷的任何一端，而只能算作金融领域内的中介服务类型企业[②]；小贷和典当业务也因其只能动用自有资金用于借贷，以及1.5倍资产权益的比例限制，无法真正通过负债来使用金融“杠杆”，而可以被视为一种“极度边缘化”的金融业务。融资租赁却大不相同，既可以通过银行借款而进行杠杆负债，同时又拥有着10倍的资产权益比例空间，其所呈现的“金融”属性，绝非此前任何可供民营资本“染指”的金融业务所能比拟。更何况，由于融资租赁天然的可将贸易买卖和资金借贷加以融合，对于民营产业资本而言，以此来对接自身原有的实体产业，其中的便利和盈利模式想象空间愈发诱人。

国有实体产业资本方面，除了同民营产业资本一样的、将产业资本向金融资本发展的意图之外，还另有两个进军融资租赁的重要动机。

其一，是通过融资租赁可以在更大程度上实现对自身所拥有的市场资源和体制禀赋资源的“变现”。国有实体产业资本，尤其是各个大型地方国企，常常因其已经在当地建立起针对某一特定市场资源多年的垄断性控制，所以，如何将这已有的且具备相当“排他”权利的市场资源加以充分利用，就成为它们念兹在兹的一贯意图。如果说通过融资租赁可以激发因垄断市场资源所提供的资金需求端活力的话，那么凭借自身因体制身份而带来的信用优势，则刚好可以满足融资租赁在资金供给端的资源要求。如此，决策设立融资租赁公司就成了毫无疑义的当然选择。

其二，地方政府的融资需求，也成为地方国有产业资本看重融资租赁的一个重要原因。自1950年代以来，中央政府对地方政府“分权—集权—分权”数度反复，最终在1990年代，定格为“经济联邦”或“财政联邦”的分权决策

---

① 比如以小微企业为主要目标客户，且经营地域被银监会严格限制的浙江民泰银行、浙江泰隆银行以及民生银行——我国首家主要由非公有制企业入股的全国性股份制商业银行。

② 现在，民营担保业或者因为被国有大型商业银行所“封杀”，或者因巨额的坏账代偿而倒闭，已经难觅影踪。现实中，许多新融资租赁公司的设立者，早期就是发迹于民营担保业，而今，希望凭借数年内积淀的银行等金融资源和自身管理经验，借助融资租赁实现二次创业。

结构。但是，1992年海南地产泡沫的破裂，最终让地方政府失去了对银行的直接掌控，此后，被收缴了银行“钱袋子”的地方政府，几经辗转，通过“土地财政”模式，再次间接撬动了银行资金为己所用。随后发展出的地方政府融资平台，也开始凭借各种金融产品工具为地方政府源源输送资金——这也成为近年来，引起国内外高度关注的“地方政府债务危机”的肇始。此间，我们可以看到，地方政府对资金资源孜孜以求的攫取努力，是解释其多年以来所有行为的一条有力线索。由此，当2008年以后，各级地方政府设立的“地方金控集团”如雨后春笋般不断破土而出并积极接入银行体系和资本市场时，我们就可以发现，在中央政府一心利用融资租赁输血实体经济、融化资产冰山吸纳超发货币的同时，地方政府已然将融资租赁作为一项新的资金抽取工具，收入囊中。

第五节　第五波力量：方向

——政府“引虚入实”意图下的政策推动[①]

当民间投机资本与银行金融资源以及地方政府权力媾和而发生“寻租”，以及地方政府控制下的国有产业资本在设立融资租赁公司时表现出了明显的“选择性改革”[②]倾向时，相信中央政府也一定能即刻观察到这种隐蔽的、与中央政府意图的“偏离”。所以，凭借正式而明确的意图表达来实现对融资租赁在行业发展方向的及时“纠偏”，就成为中央政府必须及时采取的关键动作。而这时隔三十余年，在新的时代背景下再度来自中央政府对融资租赁的方向性指引，就成为推动融资租赁行业演进发展的第五波力量。

2015年8月末和9月初，国务院同时针对“融资租赁”和“金融租赁”连续发出68、69号文件[③]。这是有史以来针对融资租赁行业所发出的最高政策规格的文件。这两个文件的发布，可以视作中国融资租赁行业发展的一个重要“节点”，甚至是“拐点”。它让我们开始意识到，中国融资租赁行业的市场正在

---

① 本节内容根据“工作室行业述评文章”《中国融资租赁“影子时代”的终结》（2015年10月）改写。

② 也即吴敬琏先生所言的“以改革的名义反对改革”。

③ 也即《国务院办公厅关于加快融资租赁业发展的指导意见》（国办发〔2015〕68号）和《国务院办公厅关于促进金融租赁行业健康发展的指导意见》（国办发〔2015〕69号）。从文件序号的排序看，“融资租赁”置于“金融租赁”之前，其中微妙的政策意味颇值得品味。在这两个文件正式发布之前的几天，李克强总理在2015年8月26日国务院常务会议上就将金融租赁和融资租赁作为重要议题予以讨论，当天的央视《新闻联播》立即对此进行了播报。此次常务会议针对该议题的核心精神落实，就是随后的68/69号文件。本书“附录二”录有一篇专门对此次常务会议政策精神的解读文章，谨供参考阅读。

悄然发生着从过往的“卖方市场”向愈行愈近的“买方市场”的转变——中国融资租赁行业的“影子时代”正走向终结。

中国融资租赁行业在新千年后的复兴，以及次贷危机后表象上的爆发式膨胀扩张，其有两个最底层的决定因素：一是十余年间得以维系的、以要素投入驱动的、粗犷的高速经济增长局面；二是与其伴生的，全球化背景下被动的货币超发和热钱涌入在虚拟领域推高无风险收益率所导致的，实体经济中体制外企业群体普遍的“失血”状态——也即所谓的中小企业融资难、融资贵问题。

当下，这两个深刻解释中国融资租赁行业过去十余年行进轨迹的时代性特征已然根本改变。从习近平总书记在2014年5月首次提出“新常态”，到“腾笼换鸟”和“凤凰涅槃”，再到“十三五”规划增速下调到6.5%，所有这一切都时刻提醒着我们：高速增长时代结束了，要挥别一个“以身发财”的时代。并且，中速的增长也并非是一个短暂的过渡期表现，而是一种“常态”——以内部“经济结构调整”推动的外部“大国崛起”，绝非朝夕之间即可唾手而得。期间，不可避免地就是会出现经济资源的重新组合与配置，呈现在表象上，就包括持续经济下行压力下的大批企业消亡。中国融资租赁原有的“卖方市场”生存逻辑已然破碎：乘着经济增长的大势，只要能够筹集到资金，将其投入被金融主流市场歧视的实体企业中的融资租赁“资金接驳”生存模式，或者，拿捏揣摩着政府为保持经济不至失速而勉力支撑的心态，攀附上“金主”，将资金输送到被限制和规范领域内。这两种流行的融资租赁经营模式，其所赖以获得收益的现实外部环境和目标客户企业基础正在或者行将逝去。

实体经济在结构和增长模式方面的转变，规律性地决定了附着其上的金融领域必将发生深刻的质变。具体到融资租赁行业，无论是来自政府的期许还是中国融资租赁行业自身要在剧变环境中发展图存的需求，都必须建立起一个全新的认知——一种“心智模式”的改变。这种认知，可以让我们在萧然的景象中看到前路光明：融资租赁企业必须从旧经济系统下的资金接驳者，进阶到新经济结构的积极构造者。换言之，在当下的时代背景下，融资租赁企业手中的资金资源，已经俨然具备了“雕琢”实体经济形态、影响未来经济结构走向的作用——不仅仅服务实体经济，更加要引领实体经济——这也是我们从国务院68、69号文中所能接收到的最强烈和显著的政策信号。

于此，我们需要理智地自省另一种“错觉”：有了政府的鼓励与支持，就有了中国融资租赁的壮丽前景。这种错觉根源于过往政府对市场的干预和管制放松所带来的市场活力迸发，以及因过往政府对市场的强力影响而形成的资源动员力量所展示出的“集中力量办大事”的政治优势。但是，随着改革的不断深化，政府与市场的边界和关系不断清晰，如果微观融资租赁企业主体自身主动开创与担当的意识及动作缺位，那么对于这样的融资租赁企业，简政放权与各种支持配套政策的正向支持边际效应将当然地呈现递减趋势。此外，对于政府向融资租赁行业提供的各种扶持，正确的态度是将之视为一个更公平和有效的展示舞台和突围发展的机遇，而不是一个坐待接济甚至意图寻租的投机门路。政府的所作所为，其实质就是将融资租赁的发展有机地引导进入整体国家战略的系统实施进程中。比喻而言，其具体做法就是将融资租赁企业，连同所提供的政策便利、资源接口和配套设施放进“市场”这个容器中，令其进行自发的“化合反应”，再加一个“监管”，使整个反应过程不至失控而已。如果融资租赁企业不能将“企业家才能和精神”这种催化剂添加到反应过程中加快反应速度、加强反应效果的话，那么来自市场本身的竞争和来自政府的强制清理就会启动淘汰机制，让无益和无效的融资租赁企业退出市场舞台——在2015年初，政府主管部门约谈“空壳”融资租赁企业，以及随后对“资金通道”融资租赁企业的规范，正是历历明证。

所有这一切都在暗示，整个融资租赁行业正在走向一个“买方市场”。在这个进程中，所有融资租赁公司的关注视线，都应该有意识地从惯常的“资金端”向含有广阔选择的“市场端”转移。能够最先发现实体经济中新兴产业切入点，以及处于升级进程传统产业中的“新机会”，亦或是能够与其他金融细分行业完成跨产品的金融创新，去主动引导和培育实体经济结构调整，沿着国家战略规划路径演进的融资租赁企业，将会成为竞争的最终胜者。实际上，如同镜像映照一样，当“结构调整”“中国制造2025”“互联网+”所昭显的，整个实体经济的调控重心从短期的需求侧转向长期的供给侧时，在金融领域内也必然发生相应的重心转移，就是从资金的供给端转向资金的需求端。当然，这并不是在建议融资租赁公司轻视甚至无视资金资源筹措工作，而是向融资租赁公司提示一个更加深刻而有效的资金筹措理念：与其追逐资金，不如被资金追逐——当你在寻找资金时，资金也在寻找你，资本嗜利，资金趋利，不怕没资金，就怕没创建。这也就是国务院68、69号文中，同时提及的“集中力量发展具有比较优势的特定领域，实现专业化、特色化、差异化发展”的另一层深意所在——实现实体经济和金融体系的深度融合成长。

从这个角度而言，行业内普遍认同的融资租赁企业“融资难”问题，是一个伪命题。真正的问题是：融资租赁企业能不能找到好方向和好的模式，并展现好的绩效，从而成为资金资源追逐的对象——一个本质上的企业管理问题。更何况，除了银行体系的间接融资渠道以外，资本市场的各种直接融资工具和互联网技术所带来的各种新型金融模式，都已经向融资租赁企业敞开，成为现实的、可用的筹资工具。在这种情形下，从某种意义上讲，如果融资租赁公司不能在“市场端”有所建树，那么筹资便利反而可能成为造成未来隐患的推手——美国强大的金融衍生创新让本来不应获得贷款人群“便利”地获取了资金，由此引爆了次级债危机……

中国融资租赁一路行来，在新的方向指引下，又站在了新的发展阶段的起点上——一个需要换去旧理念、树立新认知的新起点，一个更渴望企业家精神、更亟待企业家才能去引领和创造的新起点。

第六节　第六波力量：洗牌

——“新常态”下融资租赁行业外部环境转换与内部竞争加剧[①]

我们当然可以将中央政府对融资租赁行业的政策方向指引，视为一股推动行业发展进入新阶段的力量，但是我们同时也不应该忽视这样的一个认识：中央政府对融资租赁行业的政策规划，实际上也是另一个更高维度的趋势力量正在变化演进的指征。而这种融资租赁行业外部环境的趋势性转换，以及由此外部环境扭转所引发的行业内部竞争加剧，在客观上就形成了推动行业演变的第六波力量。

2016年年中，将近热夏之时，已经被人们习见于“火爆”的中国融资租赁业却忽然有些“冷”意透表而出。虽然，在此前的大约一年行业就已然显现出一些颓弱的征象[②]，但是直到2016年一季度，显著下滑的行业统计数据释放才让“行业发展放缓”被人们所明见和接受。也正是在这个时间段，自2015年国务院68、69号文件发布将近一年之后，中国各个地方政府“爆发式”地出台了一系列具备现实操作意义的融资租赁扶持政策[③]。行业趋冷而政策

① 本节内容根据“工作室行业述评文章”《重压下的突围：中国融资租赁2016之夏“祭”》（2016年6月）完善改写。

② 有统计显示，中国融资租赁行业在2015年上半年的注册企业，突破了3000家（比上年年底增加983家），与此同时，尽管行业里的新增企业数量继续以约45%的比率飙升，但行业租赁资产增长的环比速度已然显现颓势——这绝对不是一个令人安适的迹象。但是回顾过往，从早年中国民营融资担保行业和随后的信托业发展过程看，融资租赁行业的发展也必定会存有一个规律性的增速放慢阶段，对此，应保持一种理性的定力。

③ 参阅本书第三章第二节中“不同地方政府的融资租赁扶持政策意图探隐”相关内容。

趋热，何以故？盖因“L”型预期增长路径的“新常态”背景下，政府频频“点拨”融资租赁这一横刀立马的金融猛将，以挽实体之重坠，实为一片苦心。

然而，此时中国的金融租赁和融资租赁企业群体，却又承受着来自外部经济增长模式转变、产业间地位调整以及行业内同质化竞争的巨大压力。这些压力的存在，正在深刻影响着未来中国融资租赁行业的格局，因而成为引发行业“洗牌”的最底层力量来源。

1. 国家经济增长战略转变，行业“支柱性”产品投放空间收窄

中国经济过往多年高速增长的驱动机制在于“要素驱动”，即通过大量外延式的生产要素投入，在宏观总需求端“做大”经济体量。这也正是中国融资租赁行业的资产占比中，售后回租资产一直居于绝对优势的最根本原因。如许巨量的回租资产大致由三部分组成：一是由银行信贷变身而来的金融租赁资产；二是由具备体制禀赋的第三方融资租赁企业群体，为实现体制信用套利而形成的融资租赁回租资产；三是由所谓的“通道业务”形成的回租资产，这其中分两块——其一是因银行的资产端需求，为规避监管而通过融资租赁通道向央行信贷政策以外的行业和融资主体如产能过剩行业、房地产行业，以及地方平台等投放而形成的回租资产；其二是因银行的负债端需求，阶段性地为获取境外低成本资金，而通过融资租赁通道吸纳境外资金而形成的回租资产。

“要素驱动”增长模式，即使没有“次贷危机”这样的外部因素刺激，其内在的要素边际收益递减的客观规律也会驱使其逐步走向没落——数年以前的所谓“中等收入陷阱”问题以及“科学发展观”的首倡，即是因此而来。从某种意义上讲，对于国家福祉而言，应“次贷危机”而起的大规模投资拉动，因其短期的快速显效和快速失效，终结了对所谓“中国模式”的争论，未尝不是一件幸事。从此，“要素驱动”模式在国家经济增长战略层面快速退出。而随之高调提出的“创新驱动”，甚至直接跨越了必要的“效率驱动”过渡——也许是“取其上者得其中”，但其中所折射出的，正是最高决策层转

变经济增长模式的紧迫心情。

“要素驱动”的退出，在宏观经济策略上即体现为供给侧的结构性改革。其中，“去杠杆”（或者更精确地说“去企业部门杠杆”[①]）以及“去产能”，当然不能忽视。还有治理“僵尸企业”等若干国有企业改革的举动，都直接收窄了回租产品投放的市场空间。而“补短板”方面所涉及的金融体系深化改革，则直接重创了经由融资租赁的“资金通道”业务。如2015年“811”汇改后，融资租赁资金通道业务面临崩塌式的收缩[②]。

以上，才是造成融资租赁行业整体资产规模增速显著下降的真正底层原因[③]。

2. 产业间地位调整，行业监管收紧

多年以来，中国的农业与工业、金融体系与实体经济之间一直存在着显著的哺育与依附关系。自新中国成立起，农业就一直在做“牺牲”——以工农业产品价格“剪刀差”向城市和工业提供原料和资本，以农村劳动力向城市和工业的转移为经济增长提供“人口红利”支撑。而金融体系依靠其垄断性的资金资源控制地位，依附于实体经济，大攫其利。“为银行打工”让实体经济日益不堪重负。

曾有人指出，“新农村建设”对吸收“次贷危机”引发的强刺激负面影响居功至伟[④]。也许正因如此，才更加坚定了最高决策层在“三农”相关的改革问题上，要求工业对农业进行“反哺”的决心。同时，令金融体系向实体“让利”也就成为了另外一个应有之举。实际上，由经济下行压力和利率市场化等金融改革措施所引发的银行系统整体盈利水平的快速下降，已然成为显见

---

① 参阅本书第七章第二节中“‘杠杆’”与‘有效需求’”相关内容。

② 参阅本书第五章《投机套利：环境激活“通道”自毁基因》一节。

③ 有观点认为，中国融资租赁行业在2016年初所表现出的膨胀速度下滑，源自“E租宝”等个体性事件对行业发展的负面冲击。从此处的分析来看，这种看法，将如此全局性的行业资产规模趋势变动轻率地归因于个体事件，多少有些“拿鸡毛当令箭”的意味。

④ “中国在2005年把‘新农村建设’作为国家战略，连续几年增加了数万亿投资，吸纳了数千万农民在‘非农’领域就业，因而在遭遇2009年全球危机时才能成功应对。”见温铁军等著的《八次危机：中国的真实经验1949～2009》，东方出版社2013年出版。

的事实[①]。地方政府债务置换、债转股以及投贷联动等举措，更进一步将银行体系的担子压实。而中央政府全面启动“营改增”，其核心立意依然聚焦于为实体企业“降成本”，未对金融系统负重的呼声予以回应。

因银行体系对资金资源一贯的垄断性把持，中国经济系统内的资金活动显示出一种“一切源自于银行，一切还归于银行”的流转特征。作为中国金融行业的一个新兴分支，融资租赁行业也必定要承负由中国金融系统传导而来的第一重巨大压力——因产业间地位调整而带来的盈利压力。

作为中国金融系统的一个组成部分，融资租赁行业要面对的，还有第二重压力——外部监管压力。虽然，改变目前银、保、证分头监管结构，形成统一的单一央行监管或其他形式的可同步发挥微观和宏观审慎监管作用的新监管架构，尚无实质性推进进展，但是从融资租赁行业的角度，着眼于“宏观审慎监管”角度的行业监管力量却的确在逐步加强——从2015年的“约谈空壳融资租赁企业”，到早前的行业准入审批收紧，再到2016年的“异常企业名录和黑名单”“‘营改增’政策适用企业标准”“融资租赁企业被拒‘新三板’”[②]，以及风传即将出台的《融资租赁行业监管办法》精神来看，监管的风向都指向了一个字——严。

对于众多金融租赁和融资租赁企业而言，来自产业地位调整和行业监管的压力无形而持久。其所派生的经营压力，一是加大了当期短时的盈利难度，二是在现实而具体的微观企业管理领域，持续发挥着来自外部的理性正确的提升引导——尽管它会令局中人感到不适。

---

① 2017年4月10日，《人民日报》第10版刊文《年报显示，五大行净利润增幅放缓》称：“五大行的净利润增幅放缓，增幅基本上是在‘1’上下徘徊，中行更是首次出现了上市以来的净利润负增长。”

② 2015年初，上海等地的政府主管部门开始对“空壳融资租赁企业”（也即成立之后迟迟没有启动实际经营的融资租赁企业）进行约谈。2016年商务部筹划通过已经初步建立起的融资租赁行业信息的搜集与监管系统，实施“异常企业名录和黑名单”制度，而全国性的“营改增”全面启动推行时，对可以享受有关政策的融资租赁企业标准做出了明确规定。此外，在2016年，融资租赁企业等金融属性企业被暂时“拒入”新三板，都是一时的行业热点新闻，有兴趣的读者可通过互联网进行了解。

3. 同质化竞争加剧背景下，优质目标市场“垄断性撇出”，压缩行业完全竞争空间

同质化的竞争，会催生差异化供给甚至颠覆式创新的出现——从这个角度而言，同质化的竞争，或者用视觉意象冲击力强大的“红海”来表达，有其绝对的正面意义，尽管过程不乏痛苦。金融租赁和融资租赁企业间的同质化竞争局面的形成自然而合理——当行业进入者如过江之鲫时，乍临此地的第一直接反应，当然就是看看别人怎么做。于是，在行业规模急速膨胀的早期，我们可以看到大量的模仿。这些模仿可以归结为两个大类。一是模仿早期第三方融资租赁先行者企业“行业聚焦”策略下的，以质量和效率作为首要准则的系统流程管理；二是模仿银行体系的高度职能化部门分工的、“泛行业”的，以风险管理制度为核心手段的管理。在此过程中出现的“通道业务”，如果不去考察期外部性问题，在某种意义上的确可以被视为一种创新，而这种仅仅依靠一纸营业执照即可复制的创新手法，很快就会再次陷入同质化恶性竞争——急速下降的“通道费率”即是明证。虽然融资租赁商业模式不断被更新、突破并付诸实践，但是从行业总体而言，同质化程度不断加深的趋势并未改变。

而一直持续出现的、可被称为“垄断性市场撇出”的现象，更是加剧了同质化完全竞争的烈度。所谓“垄断性市场撇出”即指两类现象：一类现象是，少量拥有压倒性资金优势（主要指兼具“低成本”和“大规模”两项资金筹措优势），以及政治资源优势的金融租赁公司，垄断性地占据了极为稀少的、被公认为优质的“大企业和大项目”市场空间；第二类现象是，优质的“大企业”直接投资设立融资租赁公司，不但通过关联交易“左右互搏”，将自己从优质目标市场空间中“撇出”，而且还利用自身在产业市场端一定范围内的垄断性影响，进一步侵蚀掉原来为其他金融租赁和融资租赁公司所共享的市场空间。所以，当我们读到某金融租赁企业明显带有政治任务协同意味的订单落地新闻时，当我们得知某大型央企发布设立融资租赁公司的消息时，当我们看到某大型企业或上市公司发布融资租赁关联交易公告时，就应该安静地对自己说——融资租赁行业的完全竞争市场空间中，空气已愈发稀薄。

如上所述，来自于行业外部环境和内部竞争的种种重压，已然成为深刻影响中国融资租赁行业格局的重要力量。但是，要想对中国融资租赁行业未来的格局演变进行更前瞻的思考，除了体悟以上行业格局的底层塑造力量外，还需要对当前的行业格局进行深入观察，以求为面向未来的推演提供一个坚实而客观的现实起点。

本章小结

在现实而具体的融资租赁企业管理实施过程中，诸如战略规划、经营定位和运营架构等重大的、关乎企业生死的经营管理决策，其是否正确都与能否对外部行业环境变化做出及时而准确的判断高度相关。所以，通过对融资租赁行业发展沿革进行系统回顾和深度动态分析，体悟并把握推动行业渐次发展的诸多力量及其来源和演进趋势，具有重大的现实价值和意义。

本章将中国融资租赁行业的发展放置于中国改革进程的大背景下，沿着行业演化的时间维度，不但全面阐述六股深刻影响中国融资租赁行业发展的力量，并且将这六股力量与其对行业的主要作用，通过“初生”“本土化”“规模”“数量”“方向”和“洗牌”等视角依次展现——不但可以在行业高度系统地呈现基于融资租赁过往发展历程的立体式观察，而且也可为面向未来的行业格局演进前瞻，提供有益的分析框架和坚实的思考起点。

第二章

行业格局

分层竞争的“垂直生态”系统

如果说，上一章我们是“纵向”地沿着时间维度，站在全局的高度去观察行业发展历程以及渐次而起的数波动力的话，那么，这一章我们将变换视角，“横向”地对行业“截断面”进行观察，并探讨“雕塑中国融资租赁行业格局的力量有哪些”，“当前的行业格局具体如何”，以及“行业格局正在发生怎样趋势性变化及其原因何在”等几个问题。这些问题直接关系到融资租赁公司经营定位决策能否有效形成。此外，随之而起的动态战略路径规划，以及竞争策略和产品政策的制定也都可因之获得助益。

第一节 政府型塑与市场生长[①]

中国融资租赁行业格局的演变，同时承受着两股力量的推动——政府型塑与市场生长。中国政府职能与市场经济发展一直是人们关注的问题。虽然经典的市场经济理论证据确凿而雄辩地指出，“大政府”对于市场经济具有种种负面效应，“简政放权”与“政府职能转变”也是当前深化改革的重头戏码，但是我们必须清醒地认识到，中国的政府过去、现在乃至未来都将是深刻影响中国经济表现的力量。此中紧要关节甚多，从中国大一统集权的历史潜意识，到当前中国市场经济发展所需的重要的诸如法治、诚信、制度等市场发挥有效配置所必需的“软设施”，都坚定地指向一个结论：中国经济保持合意增长的重要前提之一就是政府部门对经济进行引导与型塑的强大力量存在。这个结论在经济学领域的表达，即是所谓的“新结构经济学”[②]；而这个结论在政治领域最直接而权威的表述，就是习近平总书记所言的“看的见的手与看不见的手，都要用好”。

1. 设定“结构”的政府力量

电影《教父》里有一句经典台词：“金融是手枪，政治才知道何时扣动

① 本节内容整理扩充自“工作室行业述评文章”《读2015政府工作报告，聊聊融资租赁那些事儿（07）》（2015年4月）、《中国融资租赁2015回顾：汇聚与融合进程中的配置试错》（2015年12月）和《垂直生态：中国的“千面”融资租赁》（2016年4月）。

② 由林毅夫提出。有理由相信，中国经济走出“新常态”之日，很可能就是林教授加冕诺贝尔经济学奖之时。

扳机。”从国家治理的角度，中国的融资租赁与其被称为“行业”，不如被称为“工具”——从最早期的资本技术引进工具，到后来的资金“引虚入实”工具，再到2015年以68、69号文件为标志的，被赋予全新“结构调整”期望的工具——融资租赁在最高决策层的视野里，愈发受到关注和重视。

从中央政府的角度看，之所以如此，全因融资租赁现今恰好处于中国经济发展若干重要领域的叠加和交汇之处：融资租赁以“融物”为载体进行融资的模式特征，有助于锁定资金流向实体而非虚拟领域，避免催生泡沫，并且可以引导虚拟领域的过剩流动性合理释放；在对内面临“新常态”、对外面对美国的种种大国崛起遏制动作所极易引发的资本外流甚至外逃局面时，融资租赁通过融化政府和企业部门的“资产冰山”，加速内生性资本的形成与使用，可以形成对中高速增长的托举；引导民营和国外资本通过融资租赁进入中国金融领域，有助于反向激发甚至倒逼中国金融体制的改革深化；大量小规模自主融资租赁企业群体的存在，有助于金融管道的充分下沉，延展金融体系末端的毛细血管网络，形成普惠金融系统，培养海量小微企业群体，丰腴经济系统的体质；融资租赁一方面可以帮助诸如高铁之类的中国成熟高端装备拓展海外，另一方面还可以为国产大飞机这样不成熟的高端装备提供国内的孵化市场；融资租赁可以承载双向的国外资本流入和国内资本输出，无论是利用外资引进装备还是助力国内过剩产能输出和落后产业排出，除了可以强化实体经济表现外，还能推动人民币的国际化进程。凡此种种，不一而足。

至此，我们无论对中央政府层面针对融资租赁所频频发出的各种政策信号暗示和政策颁布激励，乃至各个自贸区对融资租赁公司设立与业务发展所提供的强力支持，还是金融租赁企业层面诸如飞机租赁业务的高涨、海工装备输出、C919大飞机被金融租赁公司批量预定、数百亿的“一带一路”项目储备等事件，都可以看清其底层缘由和来龙去脉。

从地方政府的角度，情况则有些许的不同。众所周知，中国地方政府的事权和事责长久以来并不平衡[①]，由此而导致的中央和地方间的某种博弈关系

---

① 2016年8月24日，《国务院关于推进中央与地方财政事权和支出责任划分改革的指导意见》正式对外公布。这是1994年分税制改革以来，首个中央政府与地方政府的事权划分意见。

成为了中国经济发展宏阔景象下一席若隐若现的背景纱幕。所以，任谁都不敢说地方政府会完全发自内心地遵从上述中央政府意图去大力推动辖地内融资租赁的发展。但是不能否认的是，地方政府至少有两个动因，会推进地方融资租赁的发展——政治态度和政绩维护。就前者而言，我们看到了许多地方政府推出的关于融资租赁发展的“支持政策”，就后者而言，观察到广东两个城市的融资租赁“机器换人”运动、江苏某县政府参股设立融资租赁公司以及西部某省在省级政府层面协调成立金融租赁公司等举动，我们有理由相信，与其说这是为了发展融资租赁，倒不如说是借着发展融资租赁的风潮来维系或改善地方经济发展政绩所承载的“新常态”重压[①]——毕竟，能做到贵州“大数据”战略和重庆微缩版“一带一路”[②]尝试的地方政府终究是少数。通过两桩反面事例，地方政府的心态更可一览无余：一是在一次租赁行业大型会议上，某知名融资租赁公司高管在资产管理分论坛上表示，因存在地方政府的庇护，融资租赁公司在当地的诉讼进展维艰；二是43号文[③]下发后，许多地方政府借道医院和学校，继续利用融资租赁曲线进行地方平台融资。

但无论中央和地方政府的心态与动机有怎样的差异，现实的情况依然是，各路资本在中央和地方政府的引导、鼓励和推动下，继续向融资租赁行业汇聚。换言之，中央和地方政府对融资租赁行业格局的形成与变化，发挥着强力的外部塑造作用。虽然在市场经济背景下，有理由认为一个企业的资源获取能力与市场份额占领存在某种内在的互为因果联动。但是，将这一规律认识施诸中国当下的融资租赁行业，也许更贴切的描述应该是，体制赋予的资源禀赋与市场分割因存在着彼此强化的效应正在深刻地影响着行业格局。这种认识的现实征显，既可以在金融租赁企业数量和资产规模行业占比显著“离散”的数据上昭示，也可以从外资融资租赁公司群体当中数量庞大的“已注册，未运

---

① 更多关于地方政府融资租赁扶持政策的讨论，参阅本书第三章《不同地方政府的融资租赁扶持政策意图探隐》一节。

② 重庆市通过提升内陆国际贸易便利、实现通往欧洲的铁路设施连通，以及降低陆路运输成本等诸多措施，为本地笔电和汽车制造产业的孵化与快速发展提供了良好的外部环境，其思路和意旨俨然与“一带一路”暗合相通。

③ 即2014年10月发布的，专门针对地方政府债务问题的国务院文件《国务院关于加强地方政府性债务管理的意见》（国发〔2014〕43号）。

营”而被称为“空壳”的融资租赁公司经营状态上得到印证。也许，融资租赁企业蜂起，百舸争流之际也并不能宣告一个融资租赁行业真正的“春秋战国”时代来临。至少目前，带有一定“世袭推恩”意味的，在不同金融租赁或融资租赁公司群体间所客观存在的资源禀赋差异，比较严格地规划了彼此对特定市场的控制与区隔——或者用“拼爹”这个流俗的话语表述，更加传神。

抚今追昔，当我们探询“资源禀赋”如何取代“资源获取能力”，进而在中国融资租赁企业群体中，以一种外在、先天或人为的力量规制了企业的门第和市场进入门槛时，很容易想到“大政府”这个语汇。当我们品读“定向施策，聚焦靶心，精准发力”这样的语句时，一种力透纸背的驾驭感和强大自信支撑下的掌控意志怦然而生。或许，有人会书生意气地品评“大政府”与斯密所谓“看不见的手”如何悬隔乖悖，但我们应该看到的，或者说谋求生存需要我们必须看到的却是，“大政府”是一个强硬存在的现实——一个由近代中国挣扎图强、借鉴苏联国家社会主义模式、阶级斗争向经济建设转移、市场形式与传统体制杂糅，乃至施政者群体人天交战消长等等历史的、社会的乃至人性的演变力量所共同涌汇浇筑的现实。

2. 市场力量推动演变

政府力量规定了“结构”，但是推进这个垂直生态系统演进的力量，却来自市场。一如邓小平当年所坦承的那样，乡镇企业的异军突起，“不是我们中央的功绩”，中国融资租赁行业格局的演变推动力量也基本来自于市场。

从行业内企业群体的经营模式或商业逻辑角度看，21世纪之初，只有厂商租赁和第三方背景租赁公司的聚焦细分行业综合服务的模式有所发展；次贷危机前后，出现未久的少数金融租赁公司群体依然没有展现出清晰独特的经营风格；“新常态”提出后，绝大多数新进入融资租赁行业的企业都是在满怀激情却手足无措地捕捉、吸收一点一滴的行业信息；然而现在，我们惊奇地发现，忽然间可被冠以“融合”特征的诸多经营模式出现了。

先来看代表“传统”融资租赁经营模式，也即直接面向实体经济进行资金投放的融资租赁企业。

其中，融资租赁行业的“原住民”群体，即早期厂商租赁和老牌第三方背景租赁公司为主体的群体中，目标市场领域的“融合”迹象最为明显。此前，对于一些老牌领军第三方租赁公司而言，面对“对标”的复制式竞争以及新进入租赁公司的无序竞争，其应对之策主要是扩大原有细分市场外延，延展目标市场范围，将原细分目标行业的产业链上下游进行“融合”收纳，同时利用先发优势快速打造相对资金成本优势，向上“融合”大客户、大项目市场。2015年，远东租赁悄然入股某第三方支付企业[①]，业内有评论认为其开始着手布局“互联网金融”，但这更可能是一次目标市场的向下“融合”——目标指向自然人群体的一个铺垫或试水动作。在原有市场系统性下挫带来阶段性增长和资产压力的时候，寻找新“蓝海”本也是应有之义。只是，无论出于对资本市场反应的顾虑还是出于对商业行动保密的要求，此事都必须低调处理。对于一些厂商租赁而言，在目标市场方面也已经启动了经营方向“转移”。

对于近年新设立的实体投放租赁公司而言，其中具备较雄厚资源背景的租赁企业主要体现为将融资租赁业务“向内融合”，比如通过设立融资租赁公司平衡自身母公司集团的不同业务组合的风险收益。而不具备强大资源背景的一些民营实体投放租赁企业，则多表现为“向外融合”，也即从“产品融合”和“资源融合”的角度出发整合区域内离散分布的民营金融资本，形成一个相对封闭的地方性民营金融资本生态系统。

将上面提及的“传统”融资租赁经营模式作为参照物，近年来，中国融资租赁行业在经营模式或商业模式角度表现出了两种截然相反的“位移”趋势：一是向上“浮起”，向投行经营模式靠拢；二是向下“沉降”，嵌入个体实体企业的商业模式。比如，已有多家券商投资设立融资租赁公司、中民投设立中民国际租赁并入股远东宏信以及以量通租赁为代表的跨境资金操作等[②]，都显示出融资租赁作为一种“产品”，一方面开始“融合”纳入券商、信托和基金的产品平台，开始成为构建金融衍生产品或结构性金融产品的一个“组

① 2015年3月，易宝集团宣布获得新一轮投资，该笔投资由远东宏信领投。据称，此笔投资涉及热门的第三方支付、互联网金融、O2O营销和征信等领域。

② 更多深入讨论，参阅本书第五章第二节。

件”，另一方面我们也可以看到，以结构化产品作为依托，以资金资源的定制式渠道搭建为核心竞争力的类投行式融资租赁业务模式已经显现。虽然在表象上都是资金流经的“通道”，但是这两种向上“浮起”而趋向投行模式的新业态与从前业内笼统呼之的“通道业务”存在本质区别——我们可以将前者称为“水炮型通道”，将后者称为“吸管型通道”，用以类比二者的迥异。

此外，向下“沉降”进而“融合”成为实体企业商业模式的一个组成部分，也是一种行业格局演变的表现形式。比如，途牛开展融资租赁业务服务地方供应商[①]。这种向下融入具体企业经营的融资租赁业务，在其实际出现前几乎无法进行预测。然而，其一经出现，则很有可能形成一股对其他融资租赁公司原有市场的切割力量，形成一个个坚固并且随时可能扩张的市场割据城堡。这的确是值得以实体投放为主体模式的融资租赁公司充分关注。

总之，从21世纪之初工程机械厂商对厂商租赁模式的打造与第三方融资租赁企业对融资租赁“中国化”的成功探索，到次贷危机后融资租赁通道业务的急剧膨胀，再到目前融资租赁公司经营模式的诸多“融合”倾向，毫无例外地都源市场自发的力量推动。这些动机各异而生机蓬勃的市场力量并非在同一水平面上交织碰撞，而是分别在自身被规范的不同“资本信用级别”层面上，依据自身的信用级别“高度”，分层地发力衍生、绵延成长。由此，在行业格局上所展现的，就是一幅立体的、形态各异且共处一隅的“垂直生态”系统图景——一山有四季，十里不同天。

---

① 本书第五章《体制套利：套利空间消融引致经营取向分化》一节中，对此有更进一步的讨论。此外，我们还可以从更多视角来观察融资租赁行业格局中因市场力量不断推动而发生的融合与改变。比如融资租赁与互联网的融合、融资租赁企业间的股权交易融合等。前者如诸多P2P平台与融资租赁的对接，后者如海航资本下属渤海租赁的一系列并购、宝马对先锋租赁的收购、贝恩资本对狮桥租赁的投资等资本运作事件，都可以被视为行业格局不断因市场行为而发生演变的印证。

第二节　垂直生态：中国的“千面”融资租赁[①]

沉心端详，从行业格局分析的角度来看，将中国融资租赁称为一个“行业”，似乎有些局促，根本容不下中国融资租赁所承载着的如此多的内涵。无论是置身于这个“行业”中的管理者和从业人员群体，还是已经或者有意投资这个“行业”的融资租赁企业股东或潜在投资人，亦或是外部的监管机构以及相关的服务机构组织，若想更好地决策自身行动，就应该将中国融资租赁视为一个“垂直生态”系统，如此，方可在立体开阔的视野中，洞察诸多纷纭芜杂现象事件背后的去脉来龙，从而心生静气，开阖从容。

实际上，因历史原因，中国政府通过赋予中国银行体系排他地存款业务资质，完成了政府力量对不同资本信用等级的人为划定。这种因循而来的资本信用等级划定，就是中国融资租赁“垂直生态”系统在过去得以形成的最重要环境条件。所以，度量中国融资租赁“垂直生态”系统海拔高度的，是“资本信用级别”。此处所谓“资本”，意指投资金融租赁或融资租赁公司的股权资本性质，而“信用级别”是指金融租赁或融资租赁企业股东在中国经济系统内以低成本筹集巨量资金、资源的能力差别——金融资本位于最高端，民间投机资本位于最低端，产业资本横亘中游。

① 本节内容根据“工作室行业述评文章”《垂直生态：中国的“千面”融资租赁》（2016年4月）一文整理改写。

以资本信用级别为基底的起点差异①，引致金融租赁或融资租赁企业在战略、市场定位、经营策略、竞争优势构建及维系方面表现出迥异的“千面”特征。在这个被资本信用级别规范的系统中，众多金融租赁或融资租赁企业或者分层竞争，或者越层合作，在彼此的竞合平衡中，在系统外部的力量牵动下，推挤延展，融合变化。这种立体奔突的演变，早已超越了教科书定义的融资租赁，也在相当程度上削弱了所谓“海外经验”的借鉴意义，这的确会让人感到兴奋——中国融资租赁正在自发构建的垂直系统，前无古人。

1. 金融资本

居于这个系统最顶端的，是代表最高信用等级的金融资本。回想1997年亚洲金融危机过后，对国有银行体系的“财政注资”行为，我们甚至可以将之视为一种趋近于国家信用的信用级别。但是目前的形势是，众多银行出资的金融租赁公司身后的金融资本存在信用级别分化，可分为上下两层——出资银行分

---

① 这种差异，实际上折射的是一种“体制”差异。实际上，从体制差异的角度，依照不同融资租赁公司与所谓“体制”亲疏程度差异，可以将当前所有中国融资租赁企业群体划分为三个子群：体制内融资租赁企业、体制攀附融资租赁企业和体制游离融资租赁企业。粗略来看：金融租赁公司和国有资本控股融资租赁企业，是典型的体制内融资租赁企业；各个以通道业务为主体的融资租赁企业是体制攀附融资租赁企业，更多“已注册、未运营”的“空壳”融资租赁公司，则多数属于“攀附未遂”的融资租赁企业；真正有实业背景的民营资本融资租赁企业，属于体制游离融资租赁企业——有驰骋金融疆场的雄心抱负，但也时常为现实所钳制而倚向体制。

中国的经济，长期以来都是“大政府”俯视下的市场经济，一种中国特色市场经济，也是一个在不断自我扬弃和深化革新的市场经济。概括而言，保证一个市场经济体系可以真正被称之为市场经济的特征要件有很多：产权明晰、价格机制配置资源、自主市场主体、陌生人经济所需要的法治等，但另有一项常为大众所忽视而被真正明眼人所指出的，是所谓“过程公正”或者“机会平等”问题。从这个视角望去，相对于体制标准的融资租赁企业群体划分，惯常用于划分融资租赁公司类别的股东背景标准——即所谓银行系、厂商系和第三方背景标准，颇显浅陋。

事实上，笔者以为，体制内融资租赁企业的体制禀赋优势，会随着中国金融市场的不断市场化、国企及政府改革的不断深化而渐次消磨。但有理由相信，在较大概率下，这是一个中长期事件——实体经济结构如未调整到位，当然不能舍去旧拐杖仆然倒地。虽然体制内融资租赁公司的霸气岁月依旧展望悠长，但体制攀附融资租赁公司却不见得能够随之休戚与共——对于体制内融资租赁企业而言，体制攀附融资租赁企业除了发挥“通道”作用外，还被视为一种隐含的风险缓冲带——一旦出现由信用风险、道德风险甚至系统风险引至的坏账状况，体制攀附融资租赁企业将被瞬时废弃。从目前的社会历史条件看，体制游离融资租赁企业群体中，最有可能产生真正优秀的融资租赁企业。毕竟，增量改革的背景下，羁绊在被剪除，机会时而闪现，空间逐步放开，资源也已汲汲可取。

别是四大国有银行和大型股份制商业银行，以及地方商业银行。

以商业行为完成政治任务并实现规定盈利的要求，一直让中国银行体系处于某种略带尴尬的两难平衡当中。当政府面对虚拟领域的货币呈现出某种失控趋向后，2007年出于“导虚入实”的意图，发起设立了第一批金融租赁公司。此后，银监会主管的属于上层金融资本级别的金融租赁公司陆续成立，直到2015年前后，处于金融资本下层的地方商业银行发起的金融租赁公司也加速设立。如果从企业管理的视角，可以说，以1%的行业公司数量占比形成40%行业租赁资产规模的金融租赁公司，并无些许新意。所谓金融租赁，从整个银行体系角度来看，只不过是增加一个平台产品而已，只不过这个新增的融资产品模式，居然可以一方面回避监管，另一方面同步地提高盈利！于是乎，使用旧有银行的营销和风控手段，成立一个控股的独立法人金融租赁企业，套加一个金融租赁合同形式，打破地域经营限制，形成一个全国区域的作业空间后，大量的原有贷款业务从监管下的银行平台“移植”到了新成立的金融租赁公司平台，这是金融租赁资产可以在数年间快速攀升的最核心原因所在。

在金融资本信用层级上，彼此实力相当的金融租赁公司，围绕少数核心优质大客户和大项目展开愈加激烈的红海竞争——银行间竞争延续到了金融租赁企业间的竞争。这种竞争的激烈程度，随着“新常态”的经济下行压力持续存在，随着国有企业改革深化以及过剩产能“僵尸企业”的淘汰，随着“国有”字号隐性担保下刚性兑付隐性契约的打破，随着地方银行的金融租赁公司不断“入市”，将不断升级。2016年，在国有企业债务违约频发的大背景下，国有浙江海运集团子公司出现债务违约，数家金融租赁公司牵涉其中，即可视为一个清晰的警示信号。

2. 产业资本

在产业资本这个资本信用级别上，可以分为国有产业资本和民营产业资本上下两个层级。同时，较上层的国有产业资本当中，又可做进一步的区分——意图实现跨体制信用套利的国有产业资本和意图向上融入垄断金融领域的国有产业资本。而在民营产业资本当中，一部分也希望通过金融租赁突入金融领域，但更多的其他民营产业资本则将融资租赁的现实灵活应用，推高至令人钦佩的境界。

中国的金融领域一向藩篱严密，外人止步。非金融资本对金融领域的涉入，既表现为早期的担保、小贷等试探性动作，也表现在信托、基金等非银行金融机构的设立方面。但是，真正可以代表金融业务性质的“存款业务”和“负债杠杆”，始终没有实质性的突破——即使是当下已经有若干“民营银行”设立。融资租赁的出现，为中国产业资本以一定的“灰度”涉入金融领域带来了契机。一部分国有产业资本借助自身的体制内信用优势，从银行体系获取资金，进而在融资租赁资产十倍于净权益的底线内，充分利用杠杆对外投放资金，在操作具有实质意义的金融业务的同时，实现了自身信用等级的变现——跨体制的信用套利。在这类国有产业资本发起的融资租赁公司群体内，一些融资租赁公司利用自身已经掌握的市场资源获得排他性的垄断收益，而另一些融资租赁公司则坚定地走市场化道路，其中翘楚已然成为行业的领军企业。愈发明显的趋势是，原本利用垄断市场资源获利的融资租赁公司也在积极地寻求转型——形势比人强。

在金融资本和产业资本的边界交汇处，处于金融资本层级底端的城市商业银行与处于产业资本层级高端的国有产业资本，出现了融合的趋势——金融资本层级内的低竞争力和产业资本层级内的高企图心，将二者联结在一起。从2016年成立的几家金融租赁公司的股权结构中可以明显地看出这个动向：城市商业银行控股、大型地方国企参股甚至完全由地方国有或民营产业资本联合发起。这里显示的，是地方金融资源同地方市场资源的合作，以及地方产业资本以金融租赁作为切入点，正在强力突入总体封闭金融领域的战略意图。

处于产业资本层级底端的民营产业资本，对融资租赁的“工具化”运用一向令人侧目，叹为观止。最早期的所谓厂商租赁模式探索，其实质就是民营产业资本将融资租赁视为其主业设备销售的“促销工具”。稍后，放大并充分利用融资租赁产品的节税功能成为中国诸多上市公司设立融资租赁公司的一个动因。在此基础上，从财务管理的角度而言，民营产业资本还为其所设立的融资租赁公司赋予了某种财务公司和筹资工具的功能。换言之，在此动机下，设立融资租赁公司的目的根本不是对外部的资金投放，而是恰恰相反，是向内资金的融入和筹资成本的削减！此外，在积极维系下游大客户关系的前提下进行有效的应收管理，将设立融资租赁公司作为民营资本的“实业—金融”战略实施步骤等，也都是我们在现实世界中可以观察到的现象。有两个演变情况值得关注：一是民营产业资本开始将融资租赁嵌入其实体产业的商业模式，形成某种产业端和金融端盈利模式的高度集成；二是民营产业资本已经开始将设立融资租赁公司作为搭建由其主导的商业生态系统的重要工具。

3. 民间投机资本

中国的民间投机资本，是被体制和市场双重压力所排挤的，囿于自身见地胸怀和学识志向，而被迫游走江湖的“浪人”资本。掌控这股资本力量的主体，是应改革惊雷而起的最早期一批“企业主”（不是“企业家”）。这一企业主群体，行事坚韧老辣，出手迅疾，寻机而动，百无禁忌。这与其大都出身草根，凭借自身的坚忍、巧谲以及对各方力量的利益拼接与交易而斩获“险中富贵”的人生经历大有关联。毫无意外地，当融资租赁企业的设立门槛被政府有意降低后，闻声而动的民间投机资本快速涌入。随后，其中兼具一定体制资源和金融人脉资源的小部分民间投机资本，迅速与金融领域内的职业经理人群体结合，因循中国金融的阶段性大背景，通过创设多种融资租赁“通道”的结构化业务，饕餮食利。但是，这种实质上的中介业务，以形式上的金融业务面目出现，并且毫不理会金融业务风险控制原则的做法，必然是前景凄凉①。

① 详见本书第五章《投机套利：环境激活“通道”自毁基因》一节。

同时，由于中国经济系统与外部的对接越发紧密，其内部运行也日趋严谨，导致在中国经济系统中的投机难度和成本日趋高涨。由此派生出一种严峻的现象——大量的“空壳”融资租赁公司出现。所谓的“空壳率”，从60%到85%，说法不一，但这相当一部分的民间投机资本陷于“搁浅”的无奈情形，却是铁样事实。在民间投机资本的最底层，有一股带有恶意欺诈意图的资本力量。“E租宝”在“互联网+融资租赁”这个最具创新想象的舞台上，表演了一出古老的庞氏骗局闹剧。这个事件不但成为中国融资租赁民间投机资本最具负面意义的样本，还因其关联互联网金融而放大了对经济系统的破坏力量，进而引发了政府的高度关注，成为中国金融发展进程中一个带有转捩点意义的事件。

4. 其他资本力量

除去上述各类资本以外，涉足融资租赁领域的还有一些资本力量，其虽然弱小但又确然存在，故亦成为中国融资租赁“垂直生态”系统中不可不言及的资本力量：民营金融资本和权力寻租资本。民营金融资本当中，上层为总体业务战略倾向于投行性质或产业投资性质的投资资本，其涉足融资租赁，多以战略投资者身份出现。中层为民营的综合金融业务运作集团，融资租赁只是其整体金融业务布局的一个组件，融资租赁“资金—资产”转换平台功能对全局金融业务的功能性支撑被置于首要地位。下层为地域性的草根金融资本，除关涉一些“通道”业务外，将融资租赁与小贷、担保等地方民间金融力量组合，谋求建立地域内的金融生态系统，是其一个发展趋向。权力寻租资本涉足融资租赁，是一个可以被冠以“存在即合理”的现象，论及此类资本，大家往往相视一笑，无声胜有声。

5. 格局决定条件变化后的演变前瞻

从总体而言，由资本信用等级所决定和区分的各类资本“活动领域”基本是固定的——同类资本在自身所处资本信用等级层面内展开竞争。但是，跨越资本等级层面的竞和关系依然存在[①]。这种在系统外力激荡下的竞和关系，将推动以上所述的相对静态格局发生动态演变。实际上，任何一种基于行业过往发展路径与现在形势所建立起的理性认知，都是暂时的——在稍长一些的时间跨度内，情况必然会发生改变。总体而言，可以影响到当前中国融资租赁“垂直生态”系统格局的重要外部环境进程包括：金融领域内的民营资本投资银行业、人民币国际化进程、利率市场化进一步推进、多层次资本市场体系的构建进展、互联网金融在有效监管下的发展态势，以及实体领域内的深化国有企业改革的推进等等。一旦这些重大的外部环境条件发生显著的前进性改变，相应地，中国融资租赁目前这种“垂直生态”格局将受到影响——发生隔层溶解与结构坍塌，从一个更多地由历史的人为因素所维系的“多层结构”，实现向更加“扁平”结构的改变。

到那时，沧海横流，方显英雄本色。那些在“垂直生态”系统中，一直蓄力于管理提升，坚定以市场化运作为导向的金融租赁或融资租赁企业，将破茧而出，华丽升腾。有理由相信，在民营产业资本上层当中出现这类企业是一个大概率事件。在国有的金融资本和产业资本当中，如果真的可以解决好国资管理由“管人管事”向“管资本”的转变，如果真的可以解决好职业经理人的激励问题[②]，那么，我们也应为之抱有同样的热望。发现行业格局在细节层面终将如何渐次呈现，所必需的，即是持续地动态观察跟进。

---

① 在现实中，我们已经可以观察到，城商银行金融资本和国有产业资本正在通过合资成立金融租赁公司来实现各自资源优势的融合。此外，我们还看到：领军产业资本融资租赁公司正在通过对接国内外的资本市场而“曲线”进入原本只有金融资本才能染指的目标市场；民营产业资本借助人民币国际化所带来的政策便利，正在试图通过引入海外资金，摆脱对银行体系的依赖，进而向更高的资本信用等级跃进。而在租赁资产流通方面，多方都表示了对融资租赁资产交易与转让的推动热忱，除了其中中介个人、组织或平台的佣金获利动机，我们还可以看到现实的金融租赁或融资租赁公司之间的，以资产流通促进资金流通，以资产转让实现风险交易的合作意图——当然，商业计谋上的击鼓传花、特洛伊木马，也可能导致租赁资产风险的流动，但这种市场自愿交易基础上的“愿打愿挨”的结局，也当属公平。

② 除了各种正向激励以外，负向激励机制也已推出：2016年8月，《国务院办公厅关于建立国有企业违规经营投资责任追究制度的意见》（国办发〔2016〕63号）下发，明确提出，国有企业经营管理人员违反国家法律法规和企业内部管理规定，未履行或未正确履行职责造成国有资产较大或重大损失，以及其他严重不良后果的，应当追究责任——追责范围包括10个方面的54类情形。此外，该意见明确指出要实行重大决策终身责任追究制度。

而对中国融资租赁行业格局进行深入观察，除了要看清行业表层“局面”所呈现出的“垂直生态”特点之外，还要洞悉行业发展底层力量所推动的“局势”走向规律。这二者，是任何层面的决策形成——无论是融资租赁企业高管人群的重大经营管理决策、政府官员的融资租赁行业监管政策决策，还是融资租赁从业人员的个人职业发展决策——都必须具备的关键支持信息。观察“局面”可以获得一个进行决策所需的环境约束起点，洞悉“局势”则可以在此基础上形成面向未来的方向性的动态前瞻。对于“局面”的观察，应力求精微，要真正能够投入行业，从“内部”来看行业；而对于“局势”的观察则又需要让视野充分开阔，要真正能够跳出行业，从行业的“外部”来看行业。

第三节 “次贷危机”后的中国融资租赁行业格局流变[1]

“次贷危机”爆发已多年，但是这次危机远未像人们逐渐淡化的记忆一样，渐行远去。相反，其在各国诸多领域内所引发的种种深远影响，至今依然绵延不绝——在全球经济系统的一个小角落里，中国融资租赁行业正在发生的格局流变，即是其中一例。

从全球经济系统循环的角度来看，“次贷危机”意味着美国通过其国内金融市场杠杆创造“需求”，并凭借美元的全球货币地位实现需求的对外输出来平衡全球“供给”的能力，已呈末势。对于中国而言，充足外部需求的瞬时“失速”足以使中国这间“世界工厂”立陷于休克，进而导致不敢想象的经济、社会甚至政治危机。所以，当时的温家宝总理当即推出“出手要快，出拳要重”的“四万亿”经济刺激计划——以政府投资需求的快速上升置换出口需求的急速下降，镇定大局。

正是这个“需求”置换的决策，成为深刻改变中国融资租赁行业的演进路径的历史性“伏笔”。一方面，主体上以要素投入驱动并发挥劳动力比较优势以配套出口的中国制造业，趋势性地从此失去了稳定的出口需求支撑——虽然这种需求的长期性衰落因当时的强经济刺激而暂未显现。另一方面，强刺激所导致的天量信贷规模——十万亿，激发了已有过剩产能的进一步过剩。前者

① 本节内容根据“工作室行业述评文章”《读2015政府工作报告，聊聊融资租赁那些事儿（07）》（2015年4月）、《洗牌进行时：次贷危机后的中国融资租赁行业格局流变》（2016年7月）整理改写。

不但对中国融资租赁已经在制造业中形成的大量租赁资产质量构成严重潜在威胁，而且也直接昭示中国融资租赁将要“深陷”制造业目标市场泥沼，难以扭转。后者则为中国融资租赁中的“通道”业务出现设定了路径起点——强刺激退出后，任何对过剩产能加以限制的努力都将被各种来自“路径依赖”的反制力量所“对冲”——银行体系盈利压力、地方政府经济增长压力以及过剩产能主体对自我利益的努力维护等等。借此，融资租赁的国内信贷投放通道业务和跨境资金通道业务，应运而生。

根据有关行业资产统计数据显示，融资租赁行业资产规模，在2016年中大约为4.5万亿，其中企业数量占比1%的金融租赁公司，大约占到了行业资产规模的四成。如果考虑到规模庞大但暂无准确统计数据的显示在融资租赁公司群体资产负债表上的银行信贷“通道业务”资产，那么，实质上直接来源于银行体系行业资产的规模占比将进一步大大提升。回首2008年——次贷危机全面爆发的那一年，中国首批重启的5家金融租赁公司获准开业时，中国融资租赁行业的资产规模只有区区1550亿，而行业的总体格局却是厂商系租赁公司和“第三方”租赁公司群体——全面嵌入当时全球经济循环系统的融资租赁公司，以1130亿的资产规模占据绝对优势。这种格局迥异的局面反差，果真来源于金融租赁公司超越群伦的经营智慧和管理能力吗？非也，“四万亿”强刺激的路径惯性使然而已。既然外部环境的趋势性方向引力可以对融资租赁行业的格局变化产生如此强大的作用力，那么，合理的逻辑当然是，一旦行业外部左右大局面的趋势性力量发生新的方向性变化，则融资租赁的行业格局也必将再次随之演变。

不觉间，以要素投入驱动经济增长的“大政府”模式在不断强化其对经济社会发展控制力量的同时，也在同一个经济社会系统内孜孜培育着反向的内生变革力量。正如没有人会意料到中世纪欧洲教会势力会在那么短的时间内为宗教改革推出的新教派所摧毁一样，一个甚至被视作“中国模式”[①]关键支柱

---

① 21世纪前后，中国经济连续十几年的高速增长表现，以及次贷危机爆发后中国因“四万亿”投资刺激而急速改变经济下挫的效果，令一些人认为中国掌握了某种独特甚至带有一些“神秘”色彩的、以政府力量主导经济持续高速增长的“中国模式”。但是，随着“四万亿”刺激退出后，经济下行压力的逐步加大，以及“新常态”与“供给侧结构性改革”的提出，毫无疑问，“中国模式”已经被最高决策层所抛弃。

的“大政府”角色，在一位真正胸怀民族家国前途政治家的领导下，正在完成一项顺应潮流的自我变革——一个变数频然、艰辛困阻的变革过程。在这个过程的演进中，希望在延伸，空间在延展，未来的方向也在一个个新理念的提出过程中逐渐清朗——一种趋势性力量的方向改变已然发生，其发力的起点，就是习近平总书记在2014年提出的“新常态”。

“新常态”的提出，既是对次贷危机深远影响被动承受的一种理性认知，也是在战略上对抗次贷危机负面影响的主动应对。在“新常态”过程中，中国将奋力脱离在全球价值链当中的底端禁锢，参与全球领域内的市场与资源竞争——不再以坚忍的心态俯首承接外部“分派”的需求，而是要通过真正的实力提升，去“斩获”足够的、可以支持中国实现崛起的全球市场需求。这种市场需求，或者说经济学定义的“有效需求”——具备购买力的现实需求，是任何一个经济系统，无论是国家还是全球，得以循环运转乃至发展成长的“食物”。对于中国这个开放且产能过剩经济体来说，其需求来源无非两端，一是在市场内生需求基础上叠加主动规划和创造的需求，二是靠自身实力的提升，同时“赢得”内外部需求规模的不断攀升。前者体现凯恩斯主义思想——一种因20世纪30年代“大萧条”而被激发的，对自由市场经济原教旨市场膜拜信念的批判与修正；后者则体现熊彼特破坏性创新的经济社会发展思想——在当下的中国，则被称为“供给侧结构性改革”。

对于中国融资租赁行业而言，这种深刻的环境趋势力量的方向性改变已经清晰无误地在2015年国务院68/69号文件中传达出来[①]。但是总体上，当前融资租赁行业中的企业群体在经营定位取向上依然故我——甚至，反而因新的环境趋势变化而更显局促茫然，甚至彷徨混乱。对于中国的金融租赁或融资租赁企业群体而言，前面的路只有两个方向：变革而生，亦或固执而死。换言之，那种适应于要素驱动经济增长模式，并且还因此而取得爆发式资产规模膨胀的行业格局，必定会因环境趋势力量而做出相应的调整。行业的“洗牌”已无可避免。

---

① 参阅本书第一章《第五波力量：方向——政府“引虚入实”意图下的政策推动》一节。

实际上，行业洗牌的前奏，已然响起。

最容易被感知的，是融资租赁通道业务的衰落。诸多行业事件已经屡次对此作出了印证。

① 融资租赁跨境资金通道业务失陷。

② 国内银行信贷投放的融资租赁通道业务同时受到来自通道“两端”的狙击：资金提供端，已有国内知名大银行因资产风险“传染”的隐患而“封杀”民营融资租赁通道；资金使用端，极低的融资租赁行业进入门槛——备案制下，20万的代理注册费用支付即可换取一纸融资租赁营业执照——已经令融资租赁通道的稀缺性极度贬损。以“河钢集团”为例，在2016年自行设立融资租赁公司，面对“集团内部市场”，三个月投放150亿——这显然构成了对“第三方”融资租赁通道公司业务的一种强力“挤出”。

③ 行业内居高不下的企业运营的“空壳率”背后，当然有部分融资租赁公司是因人力资源或市场端瓶颈而暂时无法发力，但是其中更多数的，相信是以投机心态进入行业却长期“搁浅”的通道业务意图公司。

行业“洗牌”的趋势性压力，也在众多以实体投放为特征的非通道金融租赁或融资租赁公司的经营动作上展现无遗。

① 次贷危机爆发前，以中小型工业设备、工程机械等为核心市场的台资及内资厂商租赁公司最先感受到局面的险峻，从而启动积极的转型发展探索。康富租赁一例，足供品鉴。

② 实力第三方融资租赁企业群体则主要通过延展市场空间、排出风险资产来实现对环境变化的积极调适[①]。

③ 金融租赁公司群体方面，“洗牌”的力量透过竞争烈度的上升，实现了对各个金融租赁公司的无声压迫：一是大量金融租赁公司获批成立，并且股东背景中，“产业资本+地方中小型商业银行/外资银行金融资本”的模式频频出现，显示银行系金融租赁公司因体制优势而建立的资金禀赋优势正在受到严重挑战，行业中原有的分层竞争格局正在悄然发生“层隔”间的溶解；二是

① 参阅本书第六章第二节中“金蝉脱壳”的相关内容。

同质化竞争向恶性竞争过渡的趋向引发金融租赁公司群体内部“合纵联盟”出现——长江经济带金融租赁联盟、CFL30飞机租赁专业委员会、龙舟金融俱乐部等等，都是2016年以来所呈现出的新的行业现象。

至此，我们已经充分理解到引发融资租赁行业格局流变发生的趋势力量及其背后的环境变化逻辑。我们甚至还可以看到，足够多的鲜活、清晰而又沉重地暗示行业格局改观正在进行中的前奏事件和现象，一一展现于前。

于是，一个更具现实意义也更有探讨价值的问题自然浮现：这个行业，在未来将如何演进？

本章小结

从中国融资租赁行业观察的“横截面”视角，去探讨行业格局的引生力量、格局面貌以及格局流变趋势问题，对于企业管理者、政府监管者和行业从业者而言，都具有宝贵的现实价值和意义。作为中国融资租赁行业格局演变的“推手”，政府和市场是同等重要的两股力量——因政府引发而“生”，因市场融合而“成”。也正是由于政府在中国经济系统中因历史惯性和现实诉求坐拥的超级强大的社会资源动员力量，才可以造就中国融资租赁行业的“垂直生态”格局——一种表象上以资本信用等级作为区隔，而本质上以体制差异作为区隔的行业格局。这种格局，在中长期内都将是中国融资租赁行业的一种基本结构：虽然，因“新常态”下“供给侧结构性改革”的大势推动，中国融资租赁行业的“洗牌”正在进行中，但是这种因“洗牌”而引发的改变，将主要体现为“垂直生态”系统中各类资本的“越层”向上流动或对流流动，以及可能因此而发生的“隔层”溶解，进而让这个“垂直生态”系统趋于扁平。换言之，改变的只是这个“垂直生态”系统中的资源分布状况，而不会根本改变这个垂直结构本身。

第三章

超越表象

中国融资租赁行业观察的分析工具

在完成了对中国融资租赁行业基于时间维度“纵向”和格局角度“横截面”的历史观察后，我们才仅仅算是获得了一个可资面向未来进行融资租赁行业趋势判断和局势分析的“初始起点”。自此之后，无数新的事件现象会承载着揭示行业演变趋势的信息，纷繁影现。换言之，我们虽然已经踞于一个坚实的“分析起点”之上，但是对于未来我们依然有些看不透。这时，我们需要借助强大而有效的分析工具来提升视角、扩展视域、超越事件表象。既要能洞悉其精微之处的内核机理，又可静观宏阔视野内的因果来龙，进而形成对未来趋势方向和演变节奏的理性预判，并据此做出意在指导当下行动的最佳决策。

第一节 系统分析

一、系统分析：一种观察世界运行的心智模式

系统分析是一种认知环境、观察世界运行的心智模式，也即将外部环境视为在不同角度呈现的、多重系统的融合演变，用“系统”的眼光去看待万物的流转迁变。所谓“系统”，简单来说，就是几样东西联结在一起的一个“整体”[①]。并且这个“整体”是“活的”、不断变化的，在这个“整体”和“这个整体所处的外部环境”之间，时刻发生着某种形式的“交换”——比如物质、信息或者能量的交换。目前，人类所知的最大的系统就是宇宙，最小的系统则可以在量子物理学领域找到许多示例，介于此间的无数事物，比如“一台机器，一头动物，一家公司，一个国家，一篇文章，一句话，都是一定的系统”[②]。

系统永远是“多重的”，并且，这多重的系统之间永远都是彼此联系、互相影响的。几样东西的联结可以构成一个系统，然而，这几样东西当中的任何一个，本身也自成一个系统。换句话讲，一个系统在其自成一个“整体”系统的同时，也仅仅是构成另外一个更大整体系统的一个“部分”而已。举例而

① 比较严格的“系统”定义是：“两个或两个以上的组分相互作用而形成的统一整体。”见苗东升所著《系统科学精要（第三版）》，中国人民大学出版社2010年出版。这里所谓的“组分”可以理解为构成整体的“部分”，但是这里的“整体”并非简单的多个“部分”的简单机械堆砌，而是还包含各个“部分”之间的“相互作用”。此处用比较通俗浅白的“几样东西”来替代“两个或两个以上的组分”，用“联结”来表示各个组分间的“相互作用”。

② 苗东升：《系统科学精要（第三版）》，中国人民大学出版社2010年版。

言，政治、经济、文化从来就像神经、血管、经络气脉一样自成系统，也浑然合为一体，构成一个社会国家系统。并且，在这个社会国家系统之中，时刻彼此相互作用。而在经济系统之中又包含着金融系统，在金融系统之中又包含着诸如融资租赁行业这样的更小子系统。

另外，不同于许多人的默认想法，“系统”实际上并不是被某种权威力量在外部确定的，相反，任何一个人都可以在其头脑中通过观察、思考，构建起其个人视角的“系统”。换言之，“系统”在相当程度上是可以被主观构建和改变的——“年年岁岁花相似，岁岁年年人不同”，通常人与人之间的“境界”差异，乃至某个人自身的境界提升即是源自于此。有一句调侃经济学家的话说，“十个经济学家，会有十一种观点，因为其中一个人持两种观点”，其实正是反映出不同的经济学家眼中的“经济系统”存在着怎样的差异。

虽然“系统”可以在不同人的头脑中被相当主观地建构出来，但是这些主观建构系统中各个部分的彼此影响，以及系统本身在与更大的外部环境系统的能量交换过程中会发生怎样的演变，却是时刻罩摄在无法撼动丝毫的“因果”铁律作用之下。所以，“系统分析”作为一种思考工具，其所需要发挥的作用不但包括如何在头脑中构建起用以认识、分析和预测外部环境变化的“系统”，而且还包括如何不断让自身头脑中“系统”内外部的彼此作用推演，更加贴近“因果”铁律的运行结果——这种在自身头脑中运用系统分析工具来获得对未来变化的预测，即是“前瞻性预测”[①]。

二、无可回避的“系统分析”方法选择

运用“系统分析”工具来对融资租赁行业的发展与演进进行深度观察，

---

① “前瞻性预测”不同于“适应性预测”，也即不是机械地通过“过去”来预测“未来”，而是经由对不断变化多重系统彼此作用所产生的规律性趋势观察，来实现对未来的预测。在这里，我们引入“前瞻性预测”概念来说明如何完成对融资租赁行业演变趋势的观察。但是，“前瞻性预测”的应用范围远远不止于此。凡是可以使用“系统分析”的领域，都应该有意识地去达成“前瞻性预测”。比如，“企业”本身即是一个系统，在进行企业信用风险分析时，也应动用“系统分析”的思考工具实现“前瞻性预测”。对此更加详细的分析与讨论，可参阅作者的另外一本著作《融资租赁项目风险分析：知与行》，中国发展出版社2014年出版。

进而实现在各种维度的“前瞻性预测”，是一种无可回避的选择。甚至可以说，运用“系统分析”工具针对当今世界任一领域、任一角落、任一现象的进行多角度观察，对于想在当今这个世界上生存、发展乃至有所建树的任一组织或个人而言，都是一种无可回避的选择。因为这个世界已经变化到了只有定位于“系统”视角才有可能将其“看清”的地步。大约七万年前，现代人类的始祖从北非开始了向全球的迁徙与扩散，数万年之后，已经到达北美大陆的原始人类，仅仅为了跨越一道浅浅的海峡来实现对南美大陆的登抵，又花掉了两千年的时间——那时的世界是如此的空旷与简单。大约一万年前，中国的黄河流域散布的几个文化氏族群落，开始了彼此间的碰撞与融合，进而形成了最早期的国家组织形态——世界似乎已经开始变得拥挤。大约两千年前，秦始皇统一中国，建立起一个庞大的“大一统”的郡县制国家，与此同时，西亚和欧洲的大帝国也渐次兴起，此后的国家内部与国家间的战争不断，经济、文化交流融合不断加深——世界不断变得趋于致密。大约两百年前，西方资本主义早期工业革命爆发，借由早期资本主义国家对全球殖民地占领，经济全球化进程实质启动——世界因经济的联结与文化的交融而渐成一体，而技术突飞猛进所起到的另一重作用，就是让“世界”不断被“压缩”成为一个“地球村”。如今，千万年来人类所有的努力与改造，在这个“小小寰球”之上所形成的，是无数事物的无数种彼此作用影响的重合与叠加——世界已经变得如此的复杂，以至于我们需要在“世界观”上不断进行认识更新。

1957年，德鲁克就指出，我们需要一种“基本世界观”的转变，基于笛卡尔式的机械的“整体是各个部分之和”的世界观已经无法用来认清飞速变化的世界，相反，一种新的世界观认识，一种从“整体”出发的“部分存在于整体之中”的观察视角，让我们发现了一个“普遍原则”——“各种要素（我们确实已经不再能称之为‘部分’了）被组织起来是为了服务于整体的目的”。此外，这种新的世界观还关注“过程”，并且强调这种过程的“不可逆转”——“因为过程改变着自身的性质”，“在对过程的思考中，我们开始认为并越来越有意识地认为，正是增长、变化和发展是常态和真实的”[①]。

如果我们要真正地“看清”以“增长、变化和发展”作为常态的当今世界，那么在思考工具的选择上，就必须要锁定“系统分析”。因为，只有“系统分析”才能让我们在关注“整体”的同时，实施对整体系统演变“过程”的“动态”分析，进而让着眼于未来“变化”的判断与预测，成为可能。

三、融资租赁行业观察的“系统分析”应用[②]

为了更好地理解“系统分析”方法，以下提供两个应用该分析方法于融资租赁行业观察的示例[③]。

示例一：主要针对“如何在中国这个特定的经济系统内，建立并保持长期竞争优势”问题展开讨论

在这个示例中，“系统分析”方法的应用主要体现在两个方面。一是从企业与外部系统环境时刻发生物质、信息和能量交换的角度，说明企业作为一个更小的“子系统”，必须要对外部环境“大系统”的存在提供某种功能支持，只有这样，才能获得外部“大系统”持续的资源注入。所以，“竞争”的着眼点不应该过多地放在打击同行上，而应该更多地考虑如何才能对外部进行价值的创造与贡献。二是通过对外部环境“大系统”在资源配置方式方面的趋势性判断，得出两个结论。①企业“子系统”必须要观察到并去主动跟随外部环境“大系统”的趋势变化；②必须要观察到外部环境“大系统”中的主导力

---

① 本段中，对于德鲁克思想观点的内容介绍与文字引用来自德鲁克著作《已经发生的未来》，东方出版社2009年出版。该书的英文名称为《Landmarks of Tomorrow》，另译为《明日的里程碑》。

② 本节内容整理扩充自“工作室行业述评文章”《读2015政府工作报告，聊聊融资租赁那些事儿（14）》（2015年6月）、《读2015政府工作报告，聊聊融资租赁那些事儿（15）》（2015年7月）》、《“三重博弈”下的中国融资租赁企业生存利基》（2015年8月）。

③ 需要指出的是，“系统分析”是一种方法，其应用必须要服务于某一特定的“问题”或“目的”。比如本节示例，就是为了回答“在中国这个特定的经济系统内，如何建立起真正长久的竞争优势”，“通过观察系统环境的特征，如何寻找可供自身企业选择的生存利基”两个问题。换言之，“系统分析”作为一种分析方法的适用场景，必然与特定问题和目的相关，应以“问题”和“目的”为中心考虑是否需要使用以及怎样使用。这个提示同样适用于后文的“利益分析”。

量——在本例中，即中国的政府部门的国家治理意志，并主动地去顺应和利用好这股主导力量。

示例二：主要针对“融资租赁企业如何在一个具体而复杂的市场环境中发现并选择具体的目标市场”问题，进行讨论

“系统分析”方法在这个示例中的主要应用表现有两个方面。一是企业这个“子系统”所处的外部环境“大系统”是多重的。在本例中，主要体现为国际层面的国家系统、国家层面的政府系统以及政府层面的中央与地方政府系统的层次分隔。二是多重的外部系统之间存在着彼此的影响，比如国家间的竞争压力，会依次向内部各层系统传递，影响内部各个层次“子系统”的内部运行模式与关系改变，同时内部各层次“子系统”的运行也反向作用于外部更大的各层次“系统”。在本例中，这种各层次系统间的相互关系与彼此作用，从“三重博弈”的角度予以说明。

需要特别指出的是，这两个示例，虽然在这里被用作“系统分析”方法运用的一个示范，但是，必须要充分重视这两个示例所讨论问题本身的价值，也即应对这两个示例本身所承载的智力成果予以高度关注——对于本章后文“利益分析”部分所提供的示例，也应抱有同样的态度。

（1）中国特色市场经济演进趋势特点与融资租赁企业竞争优势建立

赢得竞争，是任何一个企业（当然也包括融资租赁企业）避免被市场“清洗”的直观而具化的原则性认识。但竞争的内核特质却绝对不是直观而具化的同行企业间的相互“剿杀”，而是一个企业面对外部环境、外部市场，在持续的自我革新与扬弃的过程中，不断增加自身对外部社会的价值贡献能力的一种恒在的奋进态度与行动。虽然在表象上，融资租赁企业间的市场竞争呈现为对一个个具体客户或项目的争夺，但最终赢得竞争的融资租赁企业，其真正竞争力量的来源却是在需求与战略方向上愈发洞彻清晰的对外部市场的认知，以及在运营和团队方向上所呈现的自身管理能力的不断壮盛与强大。一言以蔽之，赢得竞争就是不断强大自己以贡献外部，进而获得外部资源的汇聚与支持

去战胜对手，而不是以逼仄狭隘的心态去处心积虑地打击对手。这也就是中国古语所言的“仁者无敌”。

由是观之，赢得竞争的第一步，就是观察外部环境的趋势性变化，以及思考诸种纷繁变化所内含的规律，把握经济社会的演变动向，并在其中找到自身可以发挥最大贡献效度的事业取向。“知其雄，守其雌”——深深了解趋势力量的无可挑战，然后去顺应和引领，找到建立在对外部趋势深刻观察基础上的事业方向定位[①]，驾驭趋势，建立起超越同侪的竞争优势。

从中国和西方市场经济发展轨迹的对照来看外部环境趋势走向，可以发现一个有趣的现象：西方市场经济，在完全自由市场经济的发展演化过程中，逐步添加为弥补“市场失灵”而日渐显著的政府干预成分；而中国特色的市场经济，则在完全的命令经济中，为解决决策效率与发展动力问题，在不断地增加市场化成分。一句话，中国和西方在资源配置的问题上，正在从两个截然对立的极端，相对而行。也许在未来的某个时点，将会发生历史性的趋同汇合。建立了这样的资源配置的趋势性认识后，再来思考融资租赁企业在企业管理领域内的使命确立与战略规划问题时，很自然地，必须将中国政府制定的经济发展规划与模式当作认识外部环境趋势潮流变化的一个重要甚至是决定性的因素来看待。其重要性，不亚于技术更迭与人口变化等趋势性因素，至少在中国是如此。

在当下的中国，既然我们已经将政府对经济社会的治理意志，以及对整个经济社会的控制与动员力量，视为中国特色市场经济中的一个关键导向性因素，那么，融资租赁企业在进行外部环境审视的时候，就必须以深沉的敬畏之心去揣摩、思考政府的意志所在。回顾融资租赁在中国的发展历程，跟随政府治理意志驱动的资源要素流动与配置方向以实现期望经营成果的例证俯拾皆是：医疗、教育、住房福利的货币化决策，令医院、高校和重化工业相关的融资租赁业务放量发展；以融入全球化经济体系为背景的出口导向的外向型经济增长路径确立，令低端加工制造业、航运业成为众多融资租赁公司的目标指向

---

① 用企业管理的词语表述，就是“确立使命”。

行业；为加速工业化进程，保持经济高速增长以维护稳定大局，投资拉动的经济增长模式令地方政府平台、建筑工程行业和基础设施建设相关行业成为众多融资租赁公司的主流客户群体。2014年以来，在经济逐步过渡到“新常态”的形势下，国家层面的新的整体应对战略决策与实施动作已经次第显现——“一带一路”“京津冀协同”“长江经济带”“中国制造2025”“互联网+”“万众创新，大众创业”等。面对新的环境变化，中国融资租赁企业也必须再次做出新的战略思考和调整①。

但是，这种对政府意志的关注，也绝不是一种向行政干预或体制寻租的退步与回归，而是对政府作为中国市场经济体系内一个重要参与主体的一种尊重与敬畏——拥有如此强大的社会动员力量、资源调动力量和社会控制力量的组织，全球无出其右者。与此同时，中国融资租赁企业也必须清醒认识到，市场作为资源配置手段的地位强化，已经从“基础性的”变成了“决定性的”②，换言之，政府意志也必将通过市场化的行为来实施与体现③。中国企业，当然也包括中国的融资租赁企业，正站立在一个历史性的机遇点上——顺应时代潮流，重视政府意志的前提下，可以真正通过市场化的行为，通过自身管理能力的锤炼与提升去成就一番事业——虽然这个机遇点的现实意义大小取决于中国改革的深化程度与纵深突进速度。正是对这个由时代趋势所提示的机遇点抱有充分的信心，我们才有理由相信，中国融资租赁企业因体制背景差异而被区别开来的两个企业群体，不但会无一例外地感受到市场化所带来的不断趋强的竞争，而且这两个企业群体也将在直面竞争压力的同时，面对着两种截然不同的命运前途：对于现阶段拥有相似体制资源禀赋的融资租赁和金融租赁企业群体而言，能否超越“资源诅咒”而实现生存模式的根本转型，将成为这个企业群体能否继续保持绝对行业竞争优势的一道严峻考验④；而对于在企业数量上更为

---

① 参阅本书第四章。

② 参阅中国共产党十八届三中全会《公报》。

③ 国企改革领域内的“国资委—国有资本投资公司—国有资本运营公司”三层结构设计，央企合并重组以增强在国际市场竞争市场与资源的能力，以及直指“政府—市场”边界划分的“简政放权”，皆为例证。

④ 参阅本书第五章《监管套利：金融租赁公司群体面临“资源诅咒”》一节。

庞大的“体制外”融资租赁企业群体而言，能否放弃短视的投机理念，勇敢步入因改革深化而逐步释放或创造出来的新的增量市场空间，将成为其能否把握住这一次历史发展机遇。能否通过建立“市场端”优势形成与体制内融资租赁公司“资金端”优势的对抗平衡，对“体制外”融资租赁公司是实现长久生存与发展的一种艰难的自我挑战①。

当然，融资租赁企业的经营决策，同任何企业一样，永远存在着当前和未来利益平衡的问题。如果说，为了赢得竞争去体察外部趋势变化并进而确立企业使命更多的是着眼于“未来”的话，那么，如何盘查自身资源和禀赋条件，进而规划具体的战略与战略路径起点，则是另一桩同样重要的、关乎企业当期生存的关键决策了。

（2）“三重博弈”下的中国融资租赁企业生存利基②

无论是新成立还是成立稍久的中国融资租赁企业的高管，都会常常思考这个问题：该怎样做这家企业？既然在过去从未有一个时代如同当今这样，世界如此绵密繁复地联系成一个被各种力量和关系捆紧包实、内向压收的“小小寰球”，那么，思考企业应如何行动时的视野所及，也超乎过去所可想象的疆域，由国内扩展到国际，由经济延伸到政治，由企业提升至国家。换言之，作为中国融资租赁企业的经营决策层，在体认中国经济社会众多领域的趋势变化的时候，除了要将融资租赁企业放在“中国”的大背景下去观待外，还要将中国放在“世界”这个更大的背景下去观察。由此，才能体悟中国最高决策层种种政策意图背后的机理，才能更准确地判断趋势，决策企业经营的方向。贴近本质而言，这是一个融资租赁公司战略路径、经营定位和经营策略的问题，更是一个决定融资租赁企业能否赢得竞争、实现生存的问题。

---

① 虽然那些抱有投机心态的融资租赁企业，那些希图寄生体制的融资租赁企业，那些借融资租赁和互联网金融的“壳”去还欺诈性“抬会”之魂的融资租赁企业，依然会涌现，但是，不断强大而理性的市场，必将完成对这些企业群体持续、决绝的清洗。

② “利基（niche）”，原本是一个生态学用语，用以描述某个生物或生物群体，在生态系统环境中的一个特定位置或空间，以及其居于这个位置时与生态环境建立起的功能关系，后被借用到管理学领域中，主要用来表示大市场环境当中的某一个特定的细分市场，以及企业在这个特定细分市场中占据并保持竞争优势的状态。

在当前的形势下，中国融资租赁企业群体所面对的所有这些外部环境的多重力量和多维关系，大体上可以由“三重博弈”来统摄表述。换言之，当前的中国融资租赁企业就是在这“三重博弈”的大背景下，或有意或无意地选择了自身的图存之路——选择和构建了自身的“生存利基”。

第一重博弈：国家间博弈。

每个政府都需要通过国家的富足和强盛来证明自身存在的合理性。实现这个目的无非两个途径：创造价值或转嫁成本[①]。暂且略过创造价值。如果说，早期英国对外转嫁成本的对象是以坚船利炮所威慑的遍布全球的殖民地的话，那么当前美国对外转嫁成本的对象，就是以美元信用所劫持的遍布全球的经济体。以相当实力的实体经济和军事力量为基础的、呼吸一般转换的美元的周期性升贬值，影响和调动着全球，实质为货币购买力的资本流动。而资本，又恰恰是任何一个国家政府实现富足和强盛所必须倚仗的核心生产要素。

于是我们可以看到，次贷危机之后，美国通过量化宽松，面向全球抽取铸币税、攫取资本之后，再度以升值和增加区域不安定状态作为撬棍，撬动全球资本回流。与此同时，“单极”美国之外的各个经济体为减少自身伤害，纷纷启动零和的竞争性贬值博弈。而我们国家，在面对如此复杂的国际形势时，当然会产生全球资本的驻留和净流入的需要。至此，我们不但可以洞悉2015年夏天中国那场震撼人心“股灾”的内在脉络，更加会了解融资租赁行业中“内保外贷”“内保内贷”“法税租赁”“跨境人民币融资”等等资金运作手法为何风行于世而政府并未干涉，甚至以设立自贸区来表达积极鼓励态度的原因所在了。同样，众多上市公司设立融资租赁公司以求建立境外低价格资金融入渠道也同样事出此因。可以说，在这第一重国家间博弈的背景下，融资租赁企业可以选择高效引入境外资本作为自身的一个生存利基。但是，选择这个利基需要在国内具备“信用支点”，需要考虑信用风险和汇率风险。比如2015年“811”汇改后，人民币三天累计4.6%急速贬值。在这第一重博弈之下，融资

① 亦或兼具两个途径，对内断增强创造价值的能力，也即提升国家实力，对外则积极转嫁国内实力提升所需付出的成本。

租赁企业也可以选择跟随国家战略，拓展海外蓝海市场。

第二重博弈：中央政府与地方政府间的博弈。

前文已述，新中国成立后，中国选择了外交上向苏联“一面倒”的政策，换取了加速工业化进程的苏方经济援助。但无可避免地，整套政府行政体系也随之一并复制，从而搁置了早前“新民主主义经济”过渡的构想，快步进入了全面的计划经济[①]。随后，为保持主权底线而同苏联的决裂，令中国启动的偏向于重工业的快速工业化的进程被突然打断，导致中央政府面临空前的财政赤字危机。于是，财政“分灶吃饭”政策出台，地方财政独立。此后，出现了“一放就乱，一收就死”的多次博弈循环。在此过程中，中央政府与地方政府的博弈关系隐约浮现。改革开放后，地方政府利用掌控银行资金[②]的权力数度加热经济，造成了“价格闯关”“海南地产泡沫”等若干过热经济形势。直到20世纪90年代中期，“分税制”改革才重新厘定了中央、地方利益[③]。随后，以“入世”为表征的中国的全球化融入，再次舒缓了二者间的博弈关系，从而促成了21世纪头10年的经济高速增长。

次贷危机爆发后，早前的地方政府“公司化”以及地方政府通过“土地财政”再次获得强大资金资源动员能力，令中央、地方政府之间一直存在的责任与收益的失衡关系日益凸显：地方政府可以享受地方经济增长收益，而由此派生的一系列经济成本、社会成本则全都归于中央承担。中央动用金融系统收摄地方政府，奈何地方政府在利用土地财政[④]和政府融资平台摆脱限制的时候，一方面虚拟经济领域内无风险利率水平被不断抬升，另一方面也导致了大面积、成规模的“影子银行”出现。而中央政府为了稳定大局、保增长，也只能无奈坐看地方债务危机持续酝酿。

至此，中国融资租赁行业在次贷危机过后的几年间所表现出的爆发式增长，以及巨量的通道业务和地方平台业务涌现，就不难理解了。换言之，中国

① 也有人称之为“命令经济”。

② 经常被当时政府行政人员简称为“银根”。

③ 2016年8月，国务院发布《国务院关于推进中央与地方财政事权和支出责任划分改革的指导意见》，标志着由22年前“分税制”改革厘定的中央地方财权事权划分格局，开始发生根本性的改变。

④ 也被人称为“地根”。

融资租赁企业的另一个可选择的生存利基，即是游走于中央、地方博弈的利益纠结关系之中，把握住中央一再强调的“不发生区域性、系统性风险”的底线，在“刚性兑付”尚未被打破的时候，继续向地方政府输送资金，继续向“足够大而不能倒”的重化工企业为代表的各限制类国有企业输送资金。这也就是即便在“中国制造2025”“一带一路”战略发布后，行业新闻里依然频频闪现各大金融租赁和融资租赁公司向钢铁、焦化和地方政府进行资金投放的缘由所在。也正是看清了这种博弈关系，某知名融资租赁公司高管才敢于断言：未来十年，投资仍是拉动中国经济增长的主要手段，即使存在显见的产能过剩，但融资租赁在工程施工市场内的空间依然巨大。

但是，能够采用这一生存利基的融资租赁公司绝非泛泛之辈。新常态下的投放机会直如黄金般珍贵，此类显赫国有背景的潜在承租人早已成为众多中国租赁“大咖”公司的争夺目标，从动辄基准下浮的租赁利率、超长的租赁期限[①]、象征性的保证金收取比例、低频的偿租节奏，以及承租人发布融资租赁交易公告中屡屡提及的“可以降低融资成本”等表述中，就可以发现这已然是一片高手云集的“红海”所在。

第三重博弈：地方政府间的博弈。

地方政府间的博弈关系最早可以上溯到计划经济时代，尤其是地方财政包干以后。对有限生产资源的争取，从各地方政府到中央“跑部钱进”的调侃说法中可见一斑。改革开放后，在20世纪90年代初期逐步形成并最终实施的“财政联邦”构想，令各个地方政府间的竞争博弈关系陡然绷紧。举例而言，GDP挂帅下的地方政府招商引资工作几乎沦为了“割肉比赛”。不时公布于世的各省GDP增速排名，以及各省在GDP统计中屡屡出现的“统计误差”，都显示了在粗放的以生产要素追加投入为经济增长主要驱动模式下，在政绩与仕途的激励下，地方政府间的竞争博弈达到了怎样的程度。

进入新常态后，在“反腐”和“全面加强党的建设”的护持之下，科学

---

① 2016年12月20日，北控清洁能源集团公告，其旗下两家间接子公司——河南日升和安阳永歌分别于中信金融租赁签订规模为3.3亿和6.3亿人民币的光伏电站售后回租赁。在这两项回租赁交易安排中，租赁期限被设定为“10年”。

发展和绿色发展的要求被强力贯彻。2015年，某省官员在被环保约谈后的痛下决心表态，以及山东临沂不惜激增数万失业人员泛起民情扰动依然关停十数家高污染企业的新闻报道，让我们有理由相信，地方政府间竞争博弈的内容和方向正在悄然发生改变。举例而言，贵州省的“大数据”战略就引起了习近平总书记的关注，前往实地调研并予以充分认可。

所以，在当下全国各地融资租赁企业云起之际，可供企业选择的另一个生存利基即是利用自身的属地化优势，紧紧贴合地方政府经济转型的发展部署，将融资租赁企业自身的成长融入地方经济的创新驱动发展中去，借助中央政府的趋势引导，跟随地方政府的资源协调力量，实现快速健康发展。可以说，这是一片真正的“蓝海”。尽管其中也必然难免曲折，但是对于真正希望“做企业”的投资人或职业经理人而言，这确确是一片广阔的生长空间[①]。

鉴往知来，循着历史的脉络，中国融资租赁企业的生存利基选择已然隐约分明，一如马云所言：机会一直都在。

① 就总体形势而言，以下主题词值得揣摩关注：生产领域内——高端装备、企业集群、产业生态系统、县域经济、信息化、公共服务，以及消费领域内——“人”的城镇化、老龄化社会等。

第二节 利益分析

一、“必须为之”且必须“持续为之”的利益分析

“利益分析”是通过判断利益取向、评估利益主体力量、研判特定系统结构下各方力量角逐的结果走向等几个步骤，对特定系统环境下的局势演变进行预判的一种分析方法。

所有的生命体，如果说有一个共同特征的话，那定是“追求快乐，回避痛苦”，也即时刻追求“离苦得乐”[①]。对于人而言，正是为了不断地达成并提升“离苦得乐”的状态，才演化出各种各样的行动，以实现各种具体而别的意图和目的。因为有了“目的”才会产生“利益”，也可以说，“目的”和“利益”是结伴共生的，是一个硬币的两面。概括而言，人因“苦乐”而激发出行为和行动的“目的”，以“目的”为基准又界定出了相对应的“利益”，也即“利益”是因“目的”而生的，是一个相对的、变化的概念，不存在绝对

① 这就是值得所有人深思但却又被绝大多数人所忽略的“苦乐问题”。所有的动物都是追求“离苦得乐”的，植物是否也有这样的追求现仍存疑。

的“利益”[①]。——中国有句话叫作“有人辞官归故里，有人星夜赶科场”就是对此一个很好的诠释。也正是因为“利益”是人的最本质和最深层“离苦得乐”动机的一种外现，并且不同的人以及由不同人所组成的不同组织存在各自不同的利益诉求[②]，乃至同一个人或者组织的利益诉求随着时间的变化也会发生显著甚至截然相反的改变，所以“利益分析”才不但有“必须为之”的重要性，而且还有着“持续为之”的必要性[③]。

二、因“利”而起的“力”与“势”

因目的差异而导致的利益取向差异，是促成利益主体[④]进行“合作”与“对抗”的根源。所谓“共赢”是因不同利益主体间的利益耦合，激发了彼此力量的汇合；而所谓“同行是冤家”则是因为不同利益主体间的利益冲突导致彼此力量间角逐与攻击的发生。所以，利益主体的利益取向差异，导致各个利益主体所拥有或可动用的力量，在汇合与对抗之中不断地生灭消长，而各方力量生灭消长过程中时刻凝聚而成的一种“合力”，即成为所谓“趋势”的一股重要推动力量。简言之，所谓“趋势”的成因，即是因“利”而起的“力”之汇聚。

---

① 中国古代兵书经典《孙子兵法》中有一句话，叫作“计利以听”。对于这里的“听”，通常的解释是“听从，采纳”，这是不正确或者至少是不恰当的。实际上，这里的“听”，其发音应该是四声，也就是打麻将时，差一张就“胡牌”时所说的“上听”的那个“听”。那么，“计利以听”的意思是什么呢？这是在描述一种带兵将领在进行行动决策时所需遵循的原则：“听”在那里保持安稳地冷静观察（体会打麻将“上听”时的那种身心状态），一切行动的实施都要以“计利”为标准——算计好有“利益”才去行动，“动于九天之上”，否则的话则保持“听”的状态，“藏于九地之下”，不盲动盲从也不拖延迟缓，牢牢掌握战场上的主动权。这样，“利益”的持续获取与积累才会逐步加强自身的决胜把握，实现“乃为之势”的优势地位取得。在此处，我们可以通过对“计利以听”的解读，来理解“利益因目的而起，不同目的对应着不同利益”这个“利益相对性”的观点：“计利”的大前提是要有一个“目的”作为去“听”的基准，由此，目的不同，利益的界定自然也就跟着不同了。

② 至于不同的人与人之间，为什么会有如此差异巨大的利益诉求取向，则是另外一个非常有趣并且值得去深入探讨的问题——如果人真的很在意自己的“苦乐”的话。

③ 往圣先哲对于利益分析是极端重视的，只不过其表述方式各有不同而已，举两例：孔子感叹，“视其所以，观其所由，察其所安，人焉廋哉！人焉廋哉！”（《论语·为政》）；马克思说，“人的一切行为，都是为了利益的获取”。

④ 所谓“利益主体”可以是一个个体的人、一个有秩序的人群组织，或者一个无组织的社会群体，但是最基础的利益主体，还是个体的“人”。

所以，在采用“利益分析”方法进行趋势判断的时候，第一步即是明确各方利益主体的“利益”所在。在判断不同利益主体的利益取向时，可在两个层面上展开分析：利益诉求是什么，以及为什么会有这样的利益诉求。在分析难度上，前者较易，后者较难。但是，如果分析主要希望达成的目的是利益主体的行动解读和预测的话，那么，能够比较准确地完成利益“是什么”的分析，也就基本可以满足所需了。需要进一步指出的是，分析利益主体的利益诉求是什么时，主要的观察重点是利益主体的实际行动，而不是言辞。也就是说，要“听其言而观其行”，而不是“听其言而信其行”。

不同利益主体的利益一旦存在冲突，则利益主体必然会通过自身的行动，调动自身的资源来进行持续动态的利益博弈。“利益”是博弈的动因，而“力量”才能决定博弈的结果。所以，评估不同利益主体的“力量”及其消长态势就成为“利益分析”方法的第二个关键步骤。从“系统”的观察视角而言，不同的“利益主体”可以被视为不同的“系统”。由于系统间的能量、物质和信息可以不断发生彼此交换，所以，评估不同利益主体间力量对比变化发生的过程和力量格局变化走向，就成为利益主体力量评估的最关键一环。对于运用“利益分析”方法去进行利益主体力量评估的人而言，顺利而从容完成力量格局演变判断这一步的首要前提就是自身至少可以同作为被分析对象的利益主体处于同一个“思维层次”，最好自身要处于较被分析对象更高的“思维层次”上。实际上，不同利益主体间之所以会发生彼此力量对比的消长变化，其主要原因即是不同利益主体的思维高度间存在差异——“二维的蚂蚁”永远无法赢得三维世界中的竞争。

如果说，居于更高“思维层次”和认知高度的利益主体可以洞察更多重系统环境的运行，进而击败或吸纳其他利益主体的力量，以“英雄造时势”式的气魄来实现自身利益诉求的话，那么，其改造时势的一个大前提却正是要顺应时势——利用并承借所处的外部环境系统结构特征。所以，在使用“利益分析”方法进行观察时，除了对“舞台”上各方利益主体及其力量进行分析之外，还要对“舞台背景”进行观察，将所有相关利益主体的行为放置在一个更大的系统环境中进行观察。这就是“利益分析”方法的第三步——在特定环境系统结构下去观察各方利益主体，那因“利”而起之“力”，所引发的趋势走向。

三、融资租赁行业观察的“利益分析”应用[①]

此处，结合融资租赁行业观察“利益分析”方法的应用[②]，给出三个示例。

在“示例一：融资租赁创新——‘工具’还是‘责任’？”中，主要从融资租赁“创新”视角上，展现国家、融资租赁企业以及部分融资租赁企业高管个人之间的利益冲突：国家希望通过赋予融资租赁更多的创新空间，将巨量的民间资本引入实体经济——从国家利益角度，希望让融资租赁企业承担更多的“责任”。融资租赁企业却将融资租赁融资模式视为一种“投机”获利的“工具”加以运用。与此同时，一部分融资租赁企业高管为个人利益不惜犯险，将融资租赁企业的利益置于不顾。并且指出，在中国融资租赁行业这个特定的系统结构之下，由于融资租赁本身的金融属性特征，融资租赁的投机模式前途暗淡。

在以“民营资本融资租赁企业的经营考量”为题的“示例二”中，主要展现不同民营融资租赁公司在涉及企业“长期利益”和“短期利益”的实现与权衡问题上所展现出的不同的“思维层次”：关注短期的投机利益的“赚快钱”，以及重视长期事业利益的“赚大钱”。此外，在事业初创时，能否观察外部系统环境结构，并基于对外部其他利益主体力量的客观评估而选择一条真正适合自身利益实现的发展之路，将决定民营融资租赁公司能否避免一系列执

---

① 本节内容整理扩充自“工作室行业述评文章”《融资租赁创新——“工具”还是“责任”？》（2015年4月）、《融资租赁模式创新：不要让“新瓶旧酒”变成“新瓶毒酒”》（2015年5月）、《“民营资本融资租赁企业的经营战略考量（上、下）：要“图钱”还是要“前途”？》（2015年4月）、《以融资租赁为名：“地方融资平台”曲线启动“脱缰回归”？》（2016年5月）。

② 实际上，本章所提及的“系统分析”和“利益分析”，其应用领域远远不应局限在融资租赁行业观察方面。换句话讲，这两种分析方法都具有相当的普遍适用性，可以被应用到其他行业分析、宏观经济分析、时事评论甚至对于个人技能方面的外部销售技能、组织内部沟通与协调技能、人际关系处理等方面。

行层面的决策错误。

“示例三”则通过对若干地方政府融资租赁扶持政策的意图剖析，充分呈现出在强大中央政府利益主体力量引导下不同地方政府利益主体的意图分化，以及这些外部相关利益主体力量汇聚叠加后对于融资租赁企业为实现自身企业利益而需进行经营路径规划所带来的显著外部影响。在这个示例中，我们还可以通过中央和地方政府这些不同利益主体之间力量博弈的动因描述，来体会“利益因目标而产生”“力量决定利益的实现”以及“判断利益取向要重行动轻言辞”等“利益分析”方法所主张的观点内涵。

示例一：融资租赁创新——“工具”还是“责任”？

时下，国家治理和经济增长层面的“创新驱动”定位，正在牵引整个经济体系的各个组成部分应声转动。两三年间，在最高决策层创新驱动战略推动下，融资租赁行业也一派“欣欣向荣”：自贸区融资租赁租赁公司兼营商业保理、由“P2P”衍生出的“P2L”、商业地产和工业厂房可能被允许用作租赁物件、天津自贸区启动融资租赁企业备案制……这一切无疑是令人振奋的——市场空间、资金空间、产品空间和外部行政管理空间全面扩展。对于融资租赁企业，尤其是计划进入和刚刚进入融资租赁行业的企业而言，这些新的变化，为胸怀高远志向、格局超迈的新进企业快速跟进融资租赁企业群体的“第一梯队”，甚至利用后发优势实现弯道超车，创造了非常有利的时机和条件。但从整体行业的视角，我们也必须看到，各路“浮躁”的资本也开始陆续在融资租赁旗下集结，一时间人马喧嚣、黄尘滚滚。

中国连续三十多年的天下承平，经济的持续高速发展，创造了一个绝对数量层面上庞大的社会工商业高资本保有人群。这些人以及这些人所持有的巨量资本，是新常态下最高决策层希望积极引导调动、发挥期望作用的一股重要力量。这些人及这些人持有的资本，也已经开始向融资租赁行业注入——这些宝贵的资源不应该被浪费，尤其不应该在所谓的融资租赁“模式创新”的花雨中消解。

一般认为，金融领域内的产品创新，相比较于实体经济领域内的技术、模式创新更容易发生。就融资租赁行业而言，历来许多在交易结构、筹资方式方面的新变化、新手法都被称之为“创新”，经久不绝。实际上，融资租赁企业也当然还是“企业”，所以单就创新发生的领域而言，也应该同所有企业一样，发生在外部经营和内部运营的方方面面。换言之，融资租赁创新不仅应该包括产品设计层面、筹资手法层面的新变化，更应立意于企业管理的高度，研判创新的方向，推动创新的落地——这种立意的差别，直接决定了所谓种种融资租赁创新是“一个工具”还是“一项责任”。

同“创新”一样，境界高远、智意精深的词句如“责任”，被如此缺乏诚意地肆意泛滥使用，令这个词语内在的本意消磨减损，面目大异。王石自称，在其办公桌上贴着两句话，一句是巴顿将军评价成功人士的标准，另一句话是肯尼迪就职演说中所言“不要问你们的国家能为你们做些什么，而要问你们能为国家做些什么”——这就是“责任”。也许，有人会将“责任”视为空洞的泛道德说教而报以哂笑。但是，无论对“企业”还是“个人”而言，“责任”都意味着“生存”——在这个高度系统化精密分工的经济社会里，任何不承担“责任”的企业或个人，任何不对外部系统环境进行价值创造和贡献的组织或个人，都将失去让自身得以“长久生存”的根基。换言之，即使就最功利主义的动机而言，“责任”也是最大的“现实”。

但我们实际看到的，却往往是“创新”在短期攫利层面的“工具”定位——一种罔顾风险后果，而通过工具设计超越资源限制和外部管制的趋利定位。以融资租赁的跨境融资方法为例。如果立意在导入境外低成本资金，投向境内带有“生产性”“成长性”企业群体，依靠实体企业的盈利能力保证投放资金安全的话，那么，这种在筹资手法方面的创新即是一种“责任”；相反，如果只看重当期可以产生的一些项目收益而无视资金投放风险，只想着“进来赚一笔”的话，那活脱是一种视创新为“工具”的心态。融资租赁作为金融的一个分支，其本质永远不会改变：资金的融通，资金由闲置向生产性用途的配置流动。无论模式创新的招数如何精致繁复，这一件件“新瓶”当中，永远都应装着“旧酒”，任何对此金融本质的偏离或背离，都将自招祸患——大者如次贷危机，小者如江浙“抬会”，频发如P2P平台的连番跑路，偶发如2015年创业板指数的半年翻番。但是，在融资租赁模式创新声浪迭高、方法百出之际，对于如何驾驭创新风险的审慎精思，远远少过对创新手法的燥热追捧。同时，一干攀附行业的人扇风鼓噪，唯恐肥羊不入圈、雁过难拔毛，以求浑水取利。在这内外两重作用之下，一些持有强烈投机心态的资本进入融资租赁行业，其前途令人扼腕。正如一位业内人士所言，“这个行业风险很高，想进来捞一把就走很难”。

这种“工具”定位的所谓创新活动之所以存在，其背后的根由主要在于公司治理领域内的“代理人问题”，以及由此产生的“道德风险”。一些实际不称职的融资租赁公司管理层出于短期绩效压力和个人利益考虑，在无力面对常规竞争的状况下，将会通过各种工具定位的创新手法，滥用股东资金资源或股东的信用资源，在个人提交“纸面绩效”表现的同时，将最终风险留给了股东——国有亦或民营资本所有者。

如此，“创新”犹如一柄利刃，其正负功效取决于对于创新是一种“责任”的认识还是一种“工具”的定位。

示例二：民营资本融资租赁企业的经营考量

毫无疑问，在中国融资租赁企业群体当中，名为中外合资而实为民营独资的融资租赁企业，在数量上最为庞大。同样毫无疑问的是，就融资租赁资产规模而言，这个企业群体所占的比例却是最低。在当前的经济格局和社会环境下，这类民营资本融资租赁企业如何完成经营相关的诸多重大抉择，是一个严峻的现实问题。

民资租赁企业在进行重大经营抉择之前，首先要回答的一个问题是：要“图钱”，还是要“前途”？

就所见而言，多数民资租赁公司都对“图钱”这种短期利益实现最为关心——快速获利的投机心态很旺盛。以至于许多民资租赁公司在匆忙注册成立之初，其实连融资租赁到底是怎么一回事儿尚且懵懂，只觉得这个行业有政府政策鼓励，又是金融业，能借钱生钱、杠杆经营，自信已有的一些“资源”可以撬动更大的资源，可以让自己手里攥着一个资金的水龙头——虽然钱不一定是自己的，但跟着资金流向走甚至掌控资金流向，依然可以成就一个赚快钱的好机会。所谓融资租赁的“通道业务”，由此流行。在通道业务的场景下，将融资租赁视为一种单纯的盈利模式来看待，也可算是一种经营战略定位——前提是要能控制、承受或逃脱通道业务的战略定位风险。

另外，也有一些民资租赁公司却是实实在在想做点事，希望有“前途”。实际上，追求“前途”就是追求长久的发展、长久的事业，那么，长久的盈利当然也是题中本有之意。从这个角度而言，“前途”才是真正意义上的“图钱”——眼光的长与短、境界的高与低，由此立判。民营融资租赁要想在因“体制优势”缺位而导致的资源优势缺位的现实形势下开创“前途”，就要在企业经营过程中，重点考量并解决三个问题：使命与战略问题、资金问题和团队问题。

马云在强调阿里巴巴是“使命驱动”的同时，也坦承谈使命会被认为是比较“虚”。其实，企业的使命很实在，就像一个贫家少年发誓要闯荡世界，给家庭一个安适生活的决心一样实在。企业的使命，是企业重大经营抉择、进行权衡取舍的最根本参照标准。企业使命是真正的企业DNA，它决定一个企业发展和成长的方向。如果说，使命的确立决定于外部环境的潮流趋势，所以确立使命的首要一步即是“察势”的话，那么践行使命的随后一步则是进行战略规划与思考。也可以说，使命实现的规律性发展演变认识与路径规划即是战略。如果说使命确立的思考过程，主要倚重对外部环境发展演变趋势进行观察的话，那么战略路径的具体规划，则除此之外还需要考虑现实的资源和团队问题。换言之，民营融资租赁租赁公司一旦确立了企业使命，就需要依照自身信用资源、外部市场资源和可用团队的人力资源具体情况，完成具体战略实施路径的规划。

虽然，企业使命一经确立，主体市场的方向基本可以随之确定，但是对于众多民营租赁公司而言，自身不同的信用资源状况将决定其初始的市场切入点各有不同——这个“钱袋子”问题不思虑清楚，初始市场定位就容易出问题。融资租赁作为金融业的一个分支，自然无法超脱金融的许多本质规定，比如表面的资金融通、本质的信用融通。民资租赁公司在进行战略市场定位时，针对某一市场的不同分层目标客户群体，首先需要回答的问题是自身的信用可以融通到什么样的资金，并且竞争对手的信用可以融通到什么样的资金。这个问题的回答将决定是否应该进入这个细分市场：不具备竞争优势的相对低效产品，必然会被驱逐。金融市场里，资金如“水”，信用如“泵”，越强大的信用认可，越能抽取丰沛的资金之水。所以，其次要回答的问题是自身信用资源是否可以带来可以满足目标客户需求资金。对于这个问题的回答，将决定自身能否在这个细分市场里获得客户的呼应：不能满足需求的产品，必然会被抛弃。而第三次需要发问的是，是否有能力完成对这个细分市场中目标客户的信用评价。对于这个问题的回答，将决定自身是否有能力“驾驭”这个市场——这就涉及了团队问题。

以这三个问题作为一个“坐标系”，我们会发现有许多想要做番事业、追求“前途”的民营资本融资租赁公司在初始经营启动时，犯下的种种错误：①匆忙上马：将注册成立公司当作事业的起点，而不是将使命确立当作事业的起点；②盲从他人：看其他已运营或已发展若干年的租赁公司在做什么行业，随即跟随进入，往往直接陷入“红海”，为竞争所排挤，或在市场压力下不自觉放松风险尺度；③战略决策责任下移：股东未考虑使命和战略问题，而将此问题的解决寄希望于请一位“老法师”来操盘，一劳永逸。而履新的高管层在肩负分量颇重的短期经营绩效目标的压力下，又因“时间无暇”“主观无力”或“客观无法”等状况，将战略决策的履行责任搁置，甚至通过“目标分解”的途径强行向下转移，期望执行层在市场中可以自发地“杀出一条血路”来解决本应由高管团队来负责的战略问题；④“接不住”：即使市场需求已被捕捉，但囿于团队成员中“新兵蛋子”过多、专业能力提升跟不上业务发展要求而商机展现时，却出现“拿得来”却“接不住”的情形。

所以，对于民资租赁公司而言，首先，要看清趋势，确立使命；其次，股东和高管“老法师”要盘好腰里的“钱袋子”，完成战略市场初始定位；最后，组建和训练专业团队，快速提升“新兵蛋子”的业务实战能力。这就是民营融资租赁企业在成立之初进行经营考量时，所必须关注的三个问题。

示例三：不同地方政府的融资租赁扶持政策意图探隐[①]

2015年8月，国务院发布了旨在推进金融租赁和融资租赁发展的68、69号文。这是自李克强总理在此前的大约两年前，将金融租赁称为中国产业“新的高地”表态之后，首次以中央政府机构文件的形式系统而正式地发布金融租赁和融资租赁的鼓励政策。此后，一些省市地方政府陆续跟进发布了响应的政策文件。但此时的地方政府政策表述，除了少数关于融资租赁产业基金规模的规划描述外，大都还停留在比较“务虚”的层面。但很快就出现了新变化，一些地方政府发布的已经具备相当“可操作性”的融资租赁扶持政策陆续浮现。尽管这些地方政策都采用几近统一的政府文件行文风格，但其中的实质内容差异却不容小觑。

对于金融租赁和融资租赁企业的管理层而言，只要能够认同地方政府在中国经济系统当中拥有举足轻重的“市场参与主体”地位，那么针对这些地方政府融资租赁扶持政策当中，所隐含的各个地方政府不同的政策意图和动机，就必须再三地加以体会和品味——这将直接成为金融租赁和融资租赁企业经营方向和定位决策的关键抉择依据。

（1）察其所以

地方政府政策意图多样性的深层动因。了解地方政府政策意图存在多样性表现的原因，有助于我们预测中央和地方政府间的互动关系演进。从企业经营的角度而言，这关系到金融租赁和融资租赁企业对外部环境政策风险走向判断的精准性。与此相关而需要考虑的一系列问题包括：地方政府多样性政策的持久性怎样？地方政府的政策是否有可能以及在什么条件下会受到来自中央政府的干涉，甚至阻止？如存在来自中央政府的干涉可能，那么地方政府政策“自由活动”范围的清晰边界在哪里？这些“边界”如果被一时划定，那么动态地看，是否会有变动，以及变动的原因是什么？掌握了这些问题的答案，金

① 本节所提及的各个地方政府融资租赁扶持政策的推出，主要集中于2016年5月前后。具体的政策文件内容可在公共信息领域搜集获得，故不再详加列示。

融租赁或融资租赁企业就可以实现对来自中央和地方政府扶持政策空间的最大限度利用——考虑到政府部门在中国经济系统内强大而深刻的影响力，对政府政策的透彻把握，将直接作用于企业的现实经营绩效，并对其产生显著且深远的影响。以下，我们针对这些问题，先行提供一个框架性的分析论证。

一般认为，改革前期在计划经济体制下实施“放权让利”，以及再往后的“财政联邦”结构设计思路，是造成地方政府与中央政府间存在客观博弈状态的发端。但实际上，自大约2000年前秦王朝设立“郡县制”以来，中国的基本治理结构在总体上都沿袭了这种“中央—地方”的大一统的伞状架构。自此，中央与地方间统一又矛盾的相处关系，历数千年而未有根本改变。相反，通过坚硬的制度安排，并依靠最高领导人独具的领袖力量，使中国在改革之前的相当时间内没有出现特别突出的中央与地方间的利益分歧，反倒是一个十足的历史偶然。

此外，改革启动后，尤其是1992年邓小平南方讲话后，在主流意识形态领域正式确立了市场经济的改革方向。加之2001年中国正式加入世贸组织，全面而深刻地融入经济“全球化”——中国采用市场机制作为资源配置手段，在中央决策文件中的措辞使用也逐步从“有益补充”演变到“基础性”和“决定性”——中国的市场经济改革方向早已不可逆转。而市场发挥有效资源配置作用的根本依托之一，就是市场主体因“信息不对称”而必然采取的“分散决策”。在中国渐进式增量改革的大进程中，伴随着市场交易主体“分散决策”程度的加深，政府对市场的监督、管理和参与也必然表现出相应的“分散决策”特征。所以，地方政府在分散决策过程中，其意图和行动同中央存在一定的“偏差”也是无法避免的——市场经济规律使然。

也正是由于以上历史和市场的规律性原因存在，我们才能看到在一次次的“中央—地方”博弈当中，中央政府在表面和形式上对地方政府表现出了屡次的“容忍与退却”。例如，国企改制、土地财政乃至地方政府债务问题。但是，“强干弱枝”历来就是这个大一统结构得以稳定维系的根本原则，所以毫无意外地，我们依然看到中国的经济发展路径一直没有偏离当时中央最高决策层所规范的大方向。从这一角度来看，中国历届最高领导人的确有其超乎想象的治理智慧。同时，从过往中国政府官员坚定地“对上负责”的信念，乃至当前空前强化的“党的建设”，都可以令我们认为，中央对地方的驾驭与约束也相当地坚强有力。

基于以上讨论，我们可以得出如下结论：一是地方政府的融资租赁扶持政策不可能整齐趋同，中央政府也不会要求其整齐趋同。相反，“关键少数人”当中领导干部的创新意识，正是以习近平总书记为核心的党中央的期许所在。二是对于地方政府推出的各种融资租赁扶持政策，无论地方政府的动机如何，只要其行动不触碰中央政府的“底线”，都会得到包容和默许，但是假如地方政府的融资租赁扶持政策与中央核心战略方向相左，甚至容易引发成规模的跟进“效仿”，则必然会遭到来自中央的坚决制止。对于融资租赁企业而言，就意味着这里蕴含着巨大的政策风险。这个结论，是我们在下文对地方政府具体政策内容进行分析时所运用的基本判断工具。

（2）观其所由

地方政府融资租赁扶持政策背后的种种意图。从地方政府出台具体而可操作的融资租赁扶持政策的大背景看，中国经济微露暖意却又步履艰难。众所周知，巨量的中小型民营企业群体承负着中国的主要就业压力。然而，2016年一季度，在中央政府以压倒一切的态度强调“稳就业”的同时，民营资本的投资增速却表现出了显著的整体性下滑——尽管，进入电力等传统垄断行业领域内民营资本投资呈大幅攀升态势。相对应地，在金融领域内，虽然地方政府债券置换挤占了大量银行贷款，以至于2016年4月的信贷投放和M2增速大幅滑落引起一片哗然，但是Shibor在此间的走势却依然平滑而稳定。体会《人民日报》连续刊发的“权威人士”访谈，以及习近平总书记在省级干部学习18届五中全会精神的讲话全文稿的深意，并结合“僵尸企业”退出以及多起“国有”金字招牌下的债务违约事件爆发对“刚性兑付”心理契约的冲击消解效应——似乎，盘踞在金融领域的大量资金不但对踏入实体继续保持着逡巡犹疑的心态，而且对国有企业群体这个过往的主要实体投放方向也生出几分内心的戒备。这个判断，在融资租赁行业内也“恰好”可以找到能被视作印证的现象事件：2016年一季度，融资租赁行业总体合同余额，较2015年底增长区区800亿，增幅仅1.8%。在这般的行业形势下，招银租赁却以“最大规模”和“最低利率”的ABS项目，成为一时新闻。

自然地，如果银行信贷资金以及通过各种“通道”流动的银行信贷资金对民营企业商业信用采取回避态度，对国有企业商业信用新生出“疑惧”的态度，那么可纳入视线的重点投放方向也就只剩下政府信用了。于是，地方政府平台再次成为信贷资金关注的焦点领域就顺理成章了。但是，如果信贷资金集聚于政府部门，是最高决策层所希望发生的事情吗？当然不是。“当前和今后一个时期，我国经济发展面临的问题，供给和需求两侧都有，但矛盾的主要方面在供给侧。”习近平总书记的话语言犹在耳。政府部门的投资仅仅归属于可以被“适度”扩大的总需求方面。

于是，我们可以看到，市场的商业思维和政府的治理思维出现了严重的分歧。如何破局？从我们基于融资租赁行业的局部观察看，似乎政府采取了一种折中手段：以政府信用来“焊接”民营企业商业信用和银行信用。就是在这个基本的原则思路框架下，多个地方政府密集推出了具备可操作性的融资租赁扶持政策。

观察地方政府政策的标尺依据，是中央政府的全局政策；观察地方政府对融资租赁扶持政策的标尺依据，是中央政府对融资租赁行业的功能期望[①]。有了标尺依据，再基于上面全部的规律与形势分析，我们再来看具体的地方政府的融资租赁扶持政策内容时，则其意图动机顿时豁然显现。

意图一：维系原有产业基础设施，防止地方经济断崖式崩塌。地处华南的广东省东莞市，以基础性代工制造为区域支柱产业。近年，深受人口红利消失所带来的地方经济下滑压力，曾一度大力推进由融资租赁支撑的“机器换人”行动，尽管其效果如何尚待观察，但其行动是兼顾中央和地方治理意图则毫无疑义。所以，该市推出了以“融资租赁全供应链收益补贴”和“政府承担部分坏账风险”为主要特色的融资租赁扶持政策。政策文件对于承租人申报企业资

① 参阅本书第一章《第五波力量：方向》一节。

料的各项要求中，名列首位的赫然就是“减员绩效指标”。

意图二：对抗经济下行压力，孵化地方高端装备制造。福建省泉州市政府推出的融资租赁扶持政策，采用融资租赁交易双方同时激励的方式：针对融资租赁企业的提供收益补贴和风险补偿，针对承租人企业实施税收优惠政策，同时，辅以地方各个政府部门的高效服务承诺。以政府补贴形式引导指向区域高端装备制造的融资租赁交易达成，相当于地方政府使用辖区内的财政政策来为特定市场培育，创造温暖的孵化环境——既非行政干预，又符合供给侧改革大方向。

意图三：实现融资租赁产业集中所形成的产业集聚效应，为区域经济的后续发展，构建产业基础配套设施环境。广东省广州市政府对融租租赁扶持的着眼点，不在于特定实体行业和短期的交易规模对地方经济的拉动，而是将重点放在资源引入、制度构建和产业配套设施营造等方面——立意更加长远宏阔。一旦融资租赁在区域内形成产业集聚效应，则不但融资租赁本身可以成为区域经济发展的有力支撑，由融资租赁所“辐射”拉动的其他实体产业和服务业也将会成为区域经济发展的强劲动力来源。

意图四：推进工业产业升级，实现地方间的经济协同发展。华北重镇天津市政府的融资租赁扶持政策则直接附属于“京津冀协同发展”大战略下，成为汇入这个大战略落地实施的一股支流力量。“京津冀协同发展”的核心立意在于改变北京这座超大城市的功能混乱弊病，除了制造产业链条顶端的设计、研发功能以外，北京大量的工业制造产业需要向外“排出”。有“排出”就必须有“承接”，承接北京制造产业排出的城市，就必然要进行相当大规模的制造产业完善和升级。由此派生出的大规模的固定资产投资，客观需要充足的金融资源支持。在这样的背景下，天津市无论是拿出数十亿的融资租赁扶持资金来杠杆撬动金融资源流入，亦或是由政府组织辖区内制造企业同融资租赁企业实现精准“对接”，都是应有之义和必要之举——“创新、协调、绿色、开放、共享”发展之“协调”，寓意于此。

意图五：支持地方政府投资，拉动地方经济增长。有理由认为，山东省德州市政府是这一意图的典型代表。这一意图得以被正式的政府规定文件所承载并发布，其中幽远思虑，不可谓不周密。一是有依据：直接源于国务院2015年68和69号文件当中的“加大政府采购支持力度，鼓励各级人民政府在提供公共服务、推进基础设施建设和运营中购买金融租赁服务/融资租赁服务”。二是有法据：一旦形成正式管理办法，则在实际实施过程中各种审批就变成了集体决策的结果，从而回避了少数政府领导个人裁量的嫌疑。

用意既然如此绵密，则在这份地方政府文件当中，自然会看到至少三点值得关注的问题。一是行政审批对融资租赁交易的深度涉入：涉及投资项目是否采用融资租赁、融资租赁服务提供机构的选择以及融资租赁业务的实施。二是融资租赁业务的应用范围非常之广：涵盖公用事业、公共交通、医疗、教育、基础设施、IT设施和“市政府确定的其他项目”。三是地方政府深度嵌入融资租赁交易结构：对于不同的现金流创造项目，政府财政可以通过“购买”，承担本金乃至全部本金利息的偿还。并且，“购买”的能力被规定为“原则上”的10%公共财政收入。

此项政策，如果可以被“适度”地用于“适度地扩大总需求”，通过政府投资一些可以被李克强总理称为“有投资性的”项目，则的确可以产生一些对地方经济乃至宏观经济有益的作用。但是，这般规定的结构和内容也有可能产生一些“意外”的后果——“地方融资平台”曲线地实现“脱缰回归”。对这种意外后果的担心，源于对以下问题的思考：谁有能力可以在 “事前”准确地确定一个投资项目的未来现金回报？政府“购买”是否会成为一种比“含糊”的财政承诺函更加强有力的融资担保措施？在中央政府倡导“简政放权”的大背景下，行政审批深度涉入融资租赁项目实施，是否会成为一种隐蔽的权力释放回避？如果一个地方政府的此种做法被其他地方政府所效仿，那么集聚起来的宏观经济冲击效应有多大？这种宏观经济冲击效应是正面的还是负面的？

考虑到地方政府“当期购买”的融资租赁服务，其购买的支付义务可以延伸到几年甚至更长，我们似乎可以将其视为一种实质意义的“负债”行为。如果这种政府购买服务可以被大范围地复制运用，那么当前的地方政府债务“全口径预算管理”机制是否已经将这种政府购买行为的管理包含在内？如果这个问题的答案阙如，则我们有理由相信，地方政府很可能又找到了一条“脱缰”的密道——一如当年的土地财政和融资平台。只不过，过往是通过土地来撬动银行资金用以充实财政收入去投资，而如今却是恰好相反，变成了以财政撬动表面上是融资租赁资金，而实际上仍然是银行信贷的资金用于支撑投资。

这个套路相信已然为众多“资金方”所洞见，以至于一些业内人士将之视为一种新的政府融资“模式”，激动不已。也许，另一场饕餮的盛宴已经准备就绪，只是，在席间，不知道中央政府是否会猛然推门而入，令许多甜蜜的“富贵梦”破碎一地？

第三节 分析方法发挥作用所需的其他配套条件

20年前的20世纪90年代，伴随着信息时代而出现的“信息爆炸”，让人们开始第一次面临“如何处理信息”的难题①。如今，即使将信息关注范围缩小至某一行业，对于行业观察与分析而言，每天所需面对、接收和处理的外部“推送”信息，其体量已经大得让人感觉应接不暇。如果考虑到因某一特殊问题的思考而需要去主动搜集、筛选和阅读的信息，那么在头脑中所要即时进行加工处理的信息量可能就要再次增加一倍甚至几倍。

为了不迷失于这纷繁迷乱、扑面而至的信息“乱流”，我们寻找到了两种可以用于指引分析的工具——“系统分析”和“利益分析”方法。通过熟练运用这两种方法，我们可以让大量的待处理信息在头脑中形成层次、建立联系、引发联动。这两种方法让我们不但可以快速地让大量而松散的信息碎片迅速地“系统化”，而且还可根据具体需要，让我们所需的关键核心信息在这个“系统化”的信息群中以一种动态的逻辑脉络做指引，被醒目地突显出来。

但是，要想让这两种方法真正能够发挥出作用，真正对这两种分析方法的运用有所“感悟”，则还需要几个配套的条件。

首先，必须要为这两种方法的使用，确立一个非常明确的目的。分析方法只是“工具”，工具的价值只有以工具使用目的为“基准”，才能对其进行

① 在21世纪的第二个10年中，“数据时代”宣告降临，如何对巨量信息进行有效组织并对其进行有效地价值挖掘，又成为一个新的问题。

评价。举例而言，这个必须首先确立的“目的”。对于融资租赁企业高管而言，可能是“如何建立差异化竞争优势”或者“应该选择哪一个企业来进行‘对标’”；对于融资租赁行业的政府管理部门而言，可能是“如何评估行业总体风险”或者“需要制定怎样的监管政策”；对于广大的融资租赁从业人员而言，则可能是“如何进行在融资租赁行业内的职业规划”或者“现在应立即提升何种能力以应对行业发展趋势的转变”。总之，任何人在使用这两种分析方法之前，都应该根据自己的具体需要来明确一个具体的目的。

其次，需要具有充足的“跨学科”知识储备，或者锻炼自己具备相当的“即时学习”能力。使用“系统分析”和“利益分析”对大量信息进行处理的基础，首先是能够对一个个具体而零散的“信息点”进行解析——“信息理解”是“信息分类”和“信息联动”的前提。由于外部环境系统中某一时刻产生的某一个信息点，往往是其他多领域多个信息点的一个“综合”反射，所以，充分而深刻地解析一个信息点往往需要多领域、跨学科知识储备的支撑。举例而言，阅读一份有关融资租赁“营改增”的政策文件，若想对其中内容实现即时的理解，就要至少掌握相关的税务、会计和金融知识。如果要更进一步地对政策内涵、意图有所了解，则还需要将金融租赁和融资租赁企业的有关监管政策、融资租赁产品设计要素乃至“营改增”出台政策背景相关的中国改革历史纳入思考。当然，面对更新迭代不断加速地信息涌现，已经很难做到将大量的知识进行“预先储备”，所以培养锻炼“即时学习”能力和习惯就成了一件非常重要的事情，也即随时思考问题、随时启动学习——将问题解决和知识更新同步完成。

最后，需要有意识地不断开阔视野、变换视角，扩展“思维规模”。“系统分析”本质上需要对尽可能多重的“系统”进行观察，打开大视野，而“利益分析”则需要具备一种将自己“投射”到其他利益主体位置，进行换位思考的能力。围绕一个或多个信息点、多重系统和多角度投射视角，将会引领思考去承载一个可以比喻为以“几何级数”速度扩张的“信息包”。所以，扩展思维规模，让头脑可以从容应对，被思考所激发出的大量信息就成为一个必须要解决的问题。

本章小结

以中国融资租赁行业的“纵向”时间和“横向”截面观察为基点，进行面向现实问题和未来趋势的分析，首先要掌握有效的分析方法——“系统分析”和“利益分析”。“系统分析”是一种处理外部系统环境不断产生大量信息的心智模式，可以让凌乱庞杂的信息碎片变得层次井然、系统联系、动态呼应；“利益分析”则提供了丰富多变的观察视角，对于突显和锁定核心关键信息、预测利益主体行动力量所汇聚引发的趋势性方向，大有裨益。对于“系统分析”和“利益分析”，除了对其方法本身进行深刻说明以外，通过提供分析方法的应用示例，则可立体而感性地加深对这两种方法的运用体会。并且，应用示例本身所承载的智力成果，也可供借鉴。画饼不能充饥，同样，对分析方法有了准确的认识和体会，也还不足以产生期望的作用和效果，真正要发挥出这两种分析方法的效用，还需要在有明确目标指引的前提下，以充分的知识储备或足够的学习能力为支撑，不断提升思考能力，从容驾驭因扩展视野和变换视角所激发的“思维规模”。

第四章

国策探微

国家战略与政府政策对融资租赁行业的影响

回顾过去，融资租赁行业发展路径的显现，端赖于对一系列行业事件现象的观察、分析与梳理，而面向未来的融资租赁行业演进方向与趋势，也将因无数在行业中不断出现的新的事件现象的汇聚推动而隐然形成。“有诸内，形诸外”，任何一个跃然而出并不断变化着的行业事件现象，其本身也正是由系统环境底层趋势力量推动所形成的一个表象结果。从这个角度而言，从任何一个行业的现象事件出发，我们都可能探寻到其背后的规律性东西。基于这个“规律性东西”，才能树立一系列有望实现的目标，完成一系列连贯而坚定的决策，付诸艰辛而恒久的行动努力，并最终取得期望的成果。

所以，如果说对过往事件现象的分析可以让我们看清自身所处的系统环境趋势的形成过程的话，那么，对即时发生的诸多行业事件现象进行分析，则可以让我们预先把握系统环境趋势变化的动向，并指导我们完成当下行动的所有重大决策。一言以蔽之，对事件现象的分析，既有助于对宏观态势的准确把握，也是进行微观决策的重要支撑。正是对事件现象的分析，让融资租赁企业或者融资租赁从业人员在自身的行动决策与外部系统环境的变化之间得以形成一种动态的“联动”，令微观主体的融资租赁企业或个人可以真正敏锐于环境变化，并让行动变得迅捷而坚定。也可以说，如果要让我们已经建立起来的，在融资租赁行业以及行业所处系统环境高度的所有趋势性、规律性的认识，真正对现实问题的解决有所助益的话，我们就必须再次将行业观察的焦点下移，针对不断涌现的重大行业现象事件进行深入分析，以求在动态修订行业趋势认知的同时，为具体行动的决策和执行提供判断依据。

本章，我们将在前文已经呈现的大行业背景之下，选取系统环境中发生的对行业有重大影响的几个政策事件进行观察分析[①]，并提出一些融资租赁企业经营的策略建议。具体到本章的内容安排，我们将通过对融资租赁行业所处外部环境系统的运行逻辑讨论引出对中国国家战略和政府政策制定的动机与意图分析，然后再进一步讨论一些具体的国家战略和政府政策对中国融资租赁行业发展可能产生怎样的影响[②]。

---

① 如果说，前文行业维度的分析，因其关注行业整体趋势和内在运行机理而略显“宏阔”的话，那么，这种定位于现象事件维度的分析，则因其更加鲜活而贴近行动而对前者形成了一种必要的“补充”。当然，必须要强调的是，如果行业高度的理性认知缺位，则所有的现象事件分析都将成为无本之木、无源之水，将因其失去了最为基础的分析依托而易陷于武断和臆想——这也是基于“系统分析”方法所可得出必然结论。

② 在本章，主要以“述评”式的行文风格来展开相关分析。对于一些更加具体的政策条文“解读”，请参阅本书《附录》中的有关内容。

第一节 理解国家战略与政府政策制定所需的基础逻辑框架

根据对西方融资租赁行业发展过程的梳理，一个关于融资租赁行业发展的“四个支柱”观点[①]，在业内渐成通识。但是，这种静态的、定性的框架性认识，无论是对融资租赁企业的经营决策还是对政府部门的行业管理工作来说，所能起到的启发和指导作用都非常有限。此外，如果将这种形成于西方国家、带有鲜明“小政府”特征经济系统中的认识，“匹配”到我国的现实国情，也会导致实践上的“水土不服”[②]。所以，在中国考察外部环境对融资租赁行业的影响必须同时做到两点：一是要基于坚实的基础逻辑，建立起动态的、从“环境”到“行业”再从“行业”到“企业”的观察视角；二是要充分重视中国政府对融资租赁行业发展乃至对经济系统的强大影响力。

可以被冠以“基础”的背景逻辑有两个，一是任何一个经济系统健康运行的基本机理，二是推动经济系统运行所必需的资源配置机制。

---

① 即税收、法律、会计和监管等对融资租赁行业发展影响巨大的四个外部环境条件因素。

② 所谓西方“小政府”，主要是从政府和市场以及政府和社会关系角度来看，西方国家政府对市场和社会的影响，在意愿和能力方面都不大。而在我国，政府部门对市场和社会的影响力，则远为巨大。对我国这种“大政府”状况，应该从两个角度去看：一方面，在市场经济作为决定性资源配置手段的经济系统内，应该清晰界定政府与市场、政府与社会的“边界”，让政府从“越位”和“错位”的领域退出，所以“简政放权”才会成为深化改革的一项重要内容。另一方面，也必须认识到“市场”不是万能的，无论是从所谓“市场失灵”角度来看，还是从加速中国崛起的民族理想来看，“政府”都必须补足“缺位”，充分利用好中国可以“集中力量办大事”这个最大的制度和政治优势，强化政府在顶层设计、公共物品生产、利益分配与平衡等方面的作用。

任何一个国家或地区的经济系统，其功能所在就是进行生产——既定资源约束条件下，尽可能高效的物质和服务生产。而“生产”的目的，则在于“消费”，这既是每个社会成员生理和精神方面的基本需要，也是维系整个国家社会系统的存在与发展的最基础物质需要。而“消费”则为“生产”提供了不断得以扩大的牵引力量。所以，所谓健康经济系统的运行，最核心要解决的就是“生产—消费”的互动能形成一种动态的良性循环。消费越旺盛，生产因消费而受到刺激可能提升和发挥的空间就越大。但是，消费能否持续保持旺盛，与其说取决于社会成员的消费意愿，不如说是取决于社会成员的消费能力，而消费能力的大小，则直接取决于具体的人群社会中，对于生产出来的产品和服务，在不同的社会成员之间如何进行“分配”。实现现实“分配”的过程，同时也是一个产品和服务从生产场所流出，根据某种规则、采取适宜的方法进行“流通”的过程[①]。当一个生产阶段的产品和服务完成了在不同社会成员之间的分配之后，不同社会成员可以对自己分到的产品和服务进行两种处置——一部分在当期“消费”，另一部分则形成了“储蓄”。当期的“消费”为下一轮“生产”提供新的产品和服务需求，“储蓄”部分则为生产的扩大和升级提供了追加投入支持——尤其是在“金融”的催化下，“储蓄”对生产扩大和升级的支撑效果急剧提升。

所以，“消费、生产、流通、分配”是观察任何一个经济体——无论其社会制度如何、意识形态如何——能否健康运行的最基础的逻辑框架，也可以说，从“消费、生产、流通、分配”来观察评价一个经济体的运行是一种超社会制度、超意识形态的观察视角，是一个最为“基础”的逻辑框架。

第二个基础逻辑是经济系统运行所需的资源配置机制，也即在“消费、生产、流通、分配”这个大逻辑框架下，回答生产出来的产品和服务应怎样在不同社会成员之间分配；以及如何将各种生产要素——土地、资本、劳动力、

① 严格来讲，“服务”无法被运输、流通，“服务”也无法被“储存”。此处，主要希望通过尽量简洁易懂的叙述，完成对经济系统运行机理的刻画描述。所以，对这些在经济学意义上的重要定义区分做了模糊和简化处理。实际上，当引入“货币”概念后，服务虽然无法被储存，但可以被交易，进而通过向货币的转化来实现另一种意义上的“储蓄”——设想，你中了某商业活动“欧洲七日游”的大奖，但你选择将此机会“出售”转让给一位朋友，然后获取了一笔现金，存入银行。

企业家才能等，投入到各项具体的生产活动中。这两个问题实际上就是在回答“分配”如何进行以及“生产”如何完成的问题。总体来讲，这两个问题的答案有两种不同的思路：一个主张由政府来统一安排，典型的代表就是所谓的“计划经济”或“命令经济”，另一个思路则是由所有社会成员分别决定，典型的代表就是“市场经济”。

从历史的实践来看，很显然，以当今人类的技术手段和道德水平，采取“计划经济”手段来配置资源，长期效果并不好。而“市场经济”则在全球的多数经济体实践中促生出了很好的经济发展结果。“市场经济”的资源配置手段，可以在价格信号的指引下，让无数微观市场主体分散且独立作出的决策，在整个社会的维度，形成一个无论从生产效率角度还是从社会福利角度都是“好的”结果[①]。也可以说，“市场经济”资源配置手段能够发挥作用需要几个最为核心的条件：价格信号由市场给出，市场主体可以独立决策，以及所有市场主体进行分散决策。

那么，是否“计划经济”思想就真的一无是处呢？答案是否定的。实际上，近似或者与“计划经济”思想有“交集”的许多重大的人类社会实践，都在暗示“计划经济”思想[②]有其独特的价值和强大的社会改造力量——铁血宰相俾斯麦对封建德国的重塑，苏联早期经济的飞速发展，新中国成立后不久的“两弹一星”等科技成就，乃至美国在应对20世纪30年代“大萧条”以及2008年次贷危机时，所展现出的明显的“政府”对经济活动的强力涉入等等都是明证。实际上，在中国当前“供给侧结构性改革”的推进过程中所被屡屡强调的“顶层设计”，其思想溯源，也很难说是与“计划经济”思想无关。

---

① 这是西方经济学中微观经济学原理所得出的最终结论。学术上的表达即是“一般均衡理论”，以及福利经济学的几条定理。但需要指出的是，西方经济学的研究结论是建立在一系列假设基础之上的。我们在前文已经提及，当以“系统”的观察角度去看世界时，世界可以在不同层次和不同角度展现为无数个系统的彼此互动与联通。所以，任何具有“假设”的研究，其结论在应用层面的有效性都值得推敲，都应该将理论同其所要应用的场景进行审慎的“对接”，否则就可能犯下教条主义的错误。据说，作为西方经济学鼻祖的亚当·斯密，就反对将其辉煌巨著《国富论》的观点，应用到超出他所能观察到的领域或国家之外。如果真的如此，我们对亚当·斯密的崇敬，应该有一个向上的再度提升。

② 请注意，是“计划经济”的“思想”，而不是“计划经济”。

所以，我们今天在中国宏大改革实践过程中所能观察到的资源配置手段选择，很难说是典型或纯粹理论意义上的“市场经济”，而的的确确带有显著的中国“特色”[①]。而这种中国“特色”的资源配置手段——以“市场经济”资源配置为基础，又兼具“计划经济”资源配置手段所蕴含的理性而有积极实践意义的思想——就是用来理解和体会中国当今若干重大国家战略和政府政策的另一个“基础”逻辑框架。

将以上两个最为基本的逻辑框架结合起来，也即将“市场经济”的资源配置手段动态地应用于“消费、生产、流通、分配” 经济循环四个基本环节，需要引入“竞争”因素。展现“市场经济”活力的资源配置效果的发挥，有赖于“竞争”。而一旦市场经济将“竞争”作为其动力的主要生发机制，那么在结果上，市场经济本身就不可能是一个会导致“均等”结果出现的资源配置方法——结果上无原则的“均等”，就意味着市场主体积极行动的激励缺失。从“消费、生产、流通、分配”的分析框架来看，就是以市场作为主要资源配置手段的经济系统，在“分配”环节不可能出现“均等”的结果[②]。

但是，让市场经济中竞争所导致的“不均等”真正实现其有效资源配置的价值，需要两个前提条件。第一个条件是，结果的“不均等”必须以所有市场主体的“机会均等”作为前提。任何形式导致的资源独占或市场垄断，都将通过扭曲价格信号而令市场有效配置资源的作用受到抑制。其次，“不均等”的程度不可以超过一定的“度”。一旦在“分配”环节过于不平等，那么这种状态将会让下一轮经济循环的“生产”环节的可提升空间受到压缩，对这种状态如果不施以影响，则可能导致整个经济系统陷于崩溃[③]。马克思将这称为“资本主义的基本矛盾”，也即表现为“消费”环节的有限购买力同“生产”环节趋于无限扩大的生产能力之间的矛盾，并进而得出资本主义必然灭亡的结

① 由此观之，习近平总书记屡屡告诫，要有“道路自信、理论自信、制度自信”，其胸襟与魄力，当真气度非凡。

② 也正是这个经济学规律，赋予改革早期提出的“允许一部人先富起来”以合理性。

③ 也正是这个经济学规律，赋予当前改革提出的“共享发展”以合理性。

论[①]。实际上，以市场经济作为最显著经济特征的资本主义国家经济系统，其发展的过程也就是一个不断去寻找和开拓市场空间的过程，也即为了令不断扩大的生产循环得以延续而不断地在“消费”环节拓展空间的过程。回顾历史，这个持续的市场空间拓展主要通过三种手段实现：向“空间”要市场，包括资本主义原始积累时期的全球殖民地争夺、全球贸易带来的市场扩大以及因生产要素全球流动而带来的跨国公司和全球公司兴起等；向“技术”要市场，主要通过三次工业革命带来的生产效率极大提升来扩大总产出，以此来松弛和掩盖“分配”环节“不平等”的结果对生产循环的障碍作用；向“未来”要市场，也即通过债务杠杆将未来的消费能力预支到当下使用，突破当期“分配”环节“不平等”对生产扩大的约束。

总之，采用“市场经济”资源配置手段，去推动经济系统在“消费、生产、流通、分配”四个环节健康循环的关键，就在于如何克服市场经济条件下“分配”对“消费”天然地趋向抑制的倾向，也即如何寻找各种合理的方法和手段，令趋向扩大的“生产”总可以得到充足的“消费”，也即市场空间作为支撑——用经济学话语来讲，就是如何解决“有效需求不足”的问题。

---

① 一百多年过去了，资本主义虽然没有像马克思预言的那样趋于灭亡，但并不能因此否定马克思论断的正确性。实际上，1930年美国“大萧条”以及战后西方资本主义社会得以存续与发展，其制度层面的原因，正是西方资本主义国家在制度的“柔性”发展方面吸收了许多“社会主义元素”所致。

第二节 重大国家战略和政府政策的形成动因

1978年启动的中国改革开放，其“改革”的一个重要内容，即建立社会主义市场经济体制，而“开放”则是全面与世界各国市场经济体系实现递进式的深度“对接”过程。所以，从经济的角度[①]来探询中国国家战略和政府政策的动因，最基本的分析出发点就是要将中国国家战略和政府政策的形成放置在一个以“市场经济”为主要特征和演进方向的经济系统背景之下去观察，也即放置在以上讨论的“基础逻辑框架”中去观察。

在次贷危机爆发之前，全球经济系统处于一种“稳态”之中。在这个“稳定”的全球经济系统当中，美国以绝对的经济、军事和科技实力优势，处于全球国际政治秩序的“单极”地位。在这种“单极”格局的全球经济体系中，美国主要负责向全球输出“消费”动力，以此来带动中国的“生产”以及中东、南美、俄罗斯诸多国家和地区的大宗原料商品供应。但是，随着20世纪80年代以来信息技术革命对全球经济增长的推动力量消减，美国逐渐表现出实体产业“空心”化倾向，也即不断地推动金融虚拟领域发展，用以叠加杠杆，通过债务来维系全球经济系统所需的消费输出支撑。但是，“树不会长到天上

① “国家”本身是一个庞大复杂的“系统”，从构成国家这个系统的“子系统”来看，至少可以包括经济系统、政治系统、社会系统、文化系统等多个子系统。对于任何一个国家高度的战略和政策而言，其制定和推出必然需要通盘考虑该国家战略和政府政策对各个子系统的作用和影响。换言之，对于经济系统的考虑，只是国家战略和政府政策制定的一个参考面。在这里，出于本书的主题和内容设定，我们仅从经济系统的角度来对国家战略和政府政策的动因进行考察，但在实际的现实问题分析与处理时，不可避免地还要更多地考察国内政治、国际地缘政治、军事、社会、科技、文化等诸多其他面向——其中或有主次取舍，但总体而言都值得关注。

去”，一直以来由美国通过美元的超级货币地位叠加杠杆形成债务来为全球“生产”提供维系生产循环的“消费”支撑，终会因过度透支而崩塌。次贷危机之后全球经济的萎靡不振，就是全球经济系统的“消费”动力因次贷危机而突然塌陷[①]，进而导致全球经济系统的运行陷于凝滞的结果。

从“消费、生产、流通、分配”的分析框架来看，全球经济系统在“消费”环节的突然断裂，导致了一系列严重的派生后果：位处全球经济系统中“生产”环节的中国，产能过剩问题被激化；以大宗商品资源为主要经济增长支撑的巴西、俄罗斯、中东等国家和地区，因大宗商品资源价格下挫而经济困顿；代表流通环节的全球贸易和航运业，遭遇重挫。面对如此严峻的突发经济困境，各国都很清楚，谁能够抢夺或者争取到尽可能多的“消费”支撑，谁就可以在此番经济震荡中生存下来，甚至实现跨越式发展。

总体上，在“消费”环节占据有利位置的思路有这样几个：①贸易保护：将自己国家内的“消费”封闭在自己国家的经济体内，但此举会招致报复性的贸易反击，最终效果带有不确定性。②集结力量：向国境之外争夺资源，获取外部“消费”。这种思路的极端形式，就是对外发动战争，转嫁危机成本——第一次和第二次世界大战都爆发于两次世界经济危机之后，并非偶然。但是，当今世界的“核恐怖平衡”，将大规模战争爆发的可能性压至极低。③寻找新的“消费”空间：在国家间通过缔结更高标准和规格的贸易协定，可以释放过去因制度压抑的“消费”力量。此外，开发经济落后地区，为世界经济系统注入新的需求和市场力量，也具有同样意义。④发展科技：通过快速推进科技进步，在“生产”环节做大“蛋糕”，将自然导致“分配”环节所引发的“消费”力量提升。⑤加速产业升级和技术转化应用，通过生产高品质产品来争取全球市场中原本属于他人的“消费”份额，也即力争通过高品质产品的生产，提升本国在全球经济系统中“分配”环节的地位，去争取更高的分配比例。

沿着以上若干摆脱经济困境的思路，我们就可以将我国一些重大国家战

① 次贷危机爆发不久，美国人认为自己是过度消费的受害者，然后负气似地说出了“该轮到中国人消费了”这样一句让人啼笑皆非的话。

略和政府政策的实施动机尽收眼底：“一带一路”战略着眼于通过开发世界经济落后地区，在联结形成更广大市场以创生巨量“消费”需求的同时，为中国过剩产能的输出找到现实的巨量需求对接；“中国制造2025”战略则以产业升级为抓手，通过智能制造、高端装备制造的推行来加速科技进步和科技成果转化，同步实现“生产”环节的效率飞跃，以及以高品质产品捕获境外需求，提升中国在全球“价值链”上的位置；全面“营改增”政策，主要着眼于经济系统的“流通”环节成本降低，在加速流通的同时降低企业在流通环节的成本支出，为以企业为主体的科技创新间接提供支持；“互联网+”则着眼于现有产业的升级以及加速现有产业间的融合，激发新的产业模式和商业模式生发，同时利用互联网技术更大力度地降低经济体内各种经济活动的“摩擦”，提效增速①。

只有对这些重大国家战略和政府政策的制定动因有深刻理解，才有可能在此基础上形成对这些国家战略和政府政策对中国融资租赁行业影响的正确看法。以下，将从两个角度来对此展开分析：一是以某一国家战略或政策为中心，围绕该重大国家战略和政府政策来分析其对中国融资租赁行业可能产生的影响；二是以中国融资租赁行业中的一些重大“现象”为中心，综合观察政策的制定实施已经对中国融资租赁行业带来了哪些现实的改变。

---

① 此处，仅列举一些重大的国家战略和政府政策，并随后就其对中国融资租赁行业的影响做进一步讨论。但是，我们在本章提出的逻辑分析框架，其应用远不止此。举例而言：“大众创业、万众创新”实际是通过强化市场经济环境下市场主体的独立决策地位和机会公平原则，让更多市场主体的分散决策变得更加有效；中央政府对“扶贫”工作的极度重视，在经济发展的视角看，实际上就是从“分配”环节着眼，同时对“生产”环节和“消费”环节产生正面的支撑作用；“自贸区”的设立，一方面在政治上是对美国“TPP（跨太平洋伙伴协议）”、“TTIP（跨大西洋贸易和投资伙伴关系协定）”的一种应对，另一方面在国内经济上，也是借助外部压力反向激活内部改革深化的重要举措——重新界定政府与市场间的边界，让市场经济的价格信号发现以及资源配置功能发挥，更加充分。凡此等等，不一而足。

第三节　一些国家战略和政府政策对行业的影响①

作为中国经济社会环境中生存发展的融资租赁企业，在意识到我们的国家和政府所面对的诡谲国际环境，以及据此而规划的国家发展战略和政府政策之后，考虑到中国中央和地方政府在中国特色市场经济系统内具备强大的甚至是决定性的社会动员和资源动员能力，那么我们就必须认真思考，这些国家战略和政府政策能够给中国的融资租赁企业提供多少拥有广阔未来生存空间和前景的战略方向道路选择。

1."一带一路"战略

实现民族独立之后，如何让尚在工业化和现代化道路上奋力前行的中国实现民族国家崛起的"中国梦"，关乎十数亿中国人的未来福祉。但是，冷静观待来自身处世界"单极"地位且手秉超级金融、军事、经济、科技优势的美国的压制，我们必须在行动上时刻保持理性。这也是当美国战略东移启动后，中国安守柔和、顺势战略西向启动"一带一路"国家战略的智慧体现所在。

习近平总书记提出的"一带一路"战略，在其宏阔的气度格局和系统的

① 本节内容整理扩充自"工作室行业述评文章"《"一带一路"召唤真正的"国际融资租赁"》（2015年3月）、《试炼："中国制造2025"与中国融资租赁》（2015年6月）、《"机器换人"可以给中国融资租赁带来多少机会？》（2015年6月）、《"三条路"——当前形势下，心怀未来的融资租赁企业战略选择路径分野》（2015年8月）、《谈谈当下中国的"互联网+融资租赁"》（2015年9月）、《中国融资租赁2015回顾：汇聚与融合进程中的配置试错》（2015年12月）、《潮平两岸阔：2016"营改增"对中国融资租赁企业的经营提示》（2016年4月）等。

智慧视野中牵引各方意志，平衡联结各方利益，将国内产能过剩、出口拉动力衰减、全球货币量化宽松背景下外汇储备保值及使用、东西部经济发展差异、深化改革保增长调结构、西藏和新疆、因美国幕后推动而导致的周边国家外交摩擦、世界政治经济格局由一极向多极演变等等问题，勾牵锁连，并于关节紧要处四两拨千斤，体现出举重若轻的境界气度。坦率讲，谈及“一带一路”带给中国融资租赁行业的机遇，如果用一种浮躁和功利的心态来思考，确实难寻觅到适用于大多数融资租赁企业的立竿见影的“赚钱”机会。但是，“一带一路”也的确给中国融资租赁企业带来了一个真正成为“国际融资租赁”企业的契机①。

融资租赁企业，或者推广到一般意义的做债权产品的金融企业，构建其超越同侪竞争优势的要件无非三点：资金成本、风险控制、营销能力。这三个方面的目前国内情形如下：①资金成本方面。由于银行业并非竞争性市场，利率市场化程度低下，银行系统可提供的资金成本与融资企业自身的体制资源禀赋高度关联，所以造成资金资源在经济系统中的诸多错配，资金成本高企。②风险控制方面。整个金融体系内充斥着两种“潜规则式”的评判标准。一是以中央政府为默认最终隐含担保人而确立的“国企”标准，某种意义上讲将“国有”和“民营”所代表的股东身份差异视为一种风险评判标准，是一种典型的市场歧视——虽然，我们可以平静地接受这个标准②。二是以抵押物价值高比例打折为条件的“强担保”标准。这两种标准的共性在于，都过度关注第二还款来源而较少关注第一还款来源。③营销能力方面，清晰经营战略指引下的营销管理能力薄弱。融资租赁投资人在规划筹备融资租赁公司时，在营销方面多考虑有多少“地方资源”；融资租赁公司在招募营销人员时，经常会首先考察应聘者“手里有多少客户资源”；而新成立的融资租赁公司则较少自行思考基于自身经营战略规划，第一反应就

① 以招商租赁为例。2016年和2017年，招商租赁在知名财经媒体上刊发企业宣传广告。2016年4月的广告软文全面推介招商租赁及其业务范围，而到了2017年4月，其软文广告的主题却锁定在“国际化租赁业务”上。

② 中国政府对于整个经济系统的强大影响甚至驾驭能力，令体制内的企业主体成为银行追捧的“优质客户”变得顺理成章——同一个“婆婆”，同一个隐含最终担保人。

是要看“别人在怎么做”[1]。这样的现实条件下，更容易诱导融资租赁企业去思考怎样依靠现有的资源条件、利用融资租赁“盈利模式”来赚取利润，而绝难大量催生真正意义上的融资租赁“企业”。

然而，“一带一路”的推进与落地，为中国融资租企业改变这种低层次经营模式提供了一种现实可能。换一个角度说，就是成就定位于国际间吸纳和配置资源、在国际间展开竞争的真正意义上“国际融资租赁”公司的环境条件正在逐步形成。

中长期内，“一带一路”国家战略的推行，将导致欧亚深度连接后的市场广度、深度，以及欧亚各国的经济紧密度提升至新的高度。就金融市场而言，“资金融通”是“一带一路”的重要支撑。“一带一路”所可能导致的欧亚大陆之间的资金高水平融通，不但意味着融资租赁公司目前面对的资金成本条件将可能随之发生质的改变，从“以开放促改革”的角度来看，由此而引发的国内融资租赁公司之间的真正意义的“竞争”也将呼啸而至。所以，阶段性的融资租赁企业“拼资源”的营销和“讲条件”的风控，也都将为外部的“竞争”压力所改变。

在短期内，有条件的中国融资租赁公司则可以考虑，通过跟随集结整合的中国巨型央企共同转战海外来激发自身的快速成长。但是，短期内有资格和条件选择这条道路的融资租赁企业屈指可数——需要同时在资本和资金方面具备优势，并且体制内的“血缘”优势也必不可少。形势上判断，中国的金融租赁企业群体最具备此种现实可能性。举例而言，工银租赁就曾在2015年表示，已经储备了数百亿规模的“一带一路”融资租赁项目。在具体的经营方向选择上，锋镝所向，可分两端：一是裹挟国内过剩的产业资本，跟随中国过剩的基础设施建设产能，向“一路一带”国家地区倾泻，分享国际间资源优化配置所创造的价值成果；二是跟随中国已经具有相当国际竞争力高端工业装备、挺进

① 融资租赁行业内企业的经营取向探索，显著表现出一种“头羊模式”，即少数企业——体制内企业依恃体制内背景支持，体制外企业凭借精明的“勇敢”——首先突入政策规定的灰度空间，依靠创新手法或模式率先取利，而后短暂观望的其他租赁企业迅速复制跟进，市场饱和。于是，“头羊”自忖“法无禁止，大胆操作”，监管机构慨叹“政策滞后，跟不上行业创新”的局面出现就不足为奇了。

包括“一带一路”沿途国家的全球市场，通过实现对外投资兼并国外融资租赁企业，形成国外的在地化金融资源整合能力，参与境外优秀实体企业所实现的资源价值增值分配。

但是，这条可供选择的发展路径并不好走：失去国内体制禀赋优势的金融租赁公司，在直面国外虎狼金融市场、经营所需国际性人才又非常匮乏条件之下去搏杀海外市场，其身处境遇正可用“夜半临深池”来形容。但事在人为，也许一些金融租赁公司，甚至其他一些尚未被我们所关注到的融资租赁公司，权衡自身资源，振奋于“一带一路”的构想，就在当下，已经朝向“一带一路”所提供的巨大商业机遇毅然起步。

2.“中国制造2025”纲领

数百年间，全球强雄更迭，从荷兰到“日不落”英国再到美利坚。唯一没有变化的，是来自不同大陆、操着不同语言、秉承不同文化和价值观的国家间的角逐。这种国家间的竞争压力，毫无例外地会向每个国家内部传导，在不同的机制下，激活这个国家内的所有公民主体——个人、机构、企业。于是，压力之下的每个国家中不同利益主体间的成本转嫁，连同不同国家间的成本转嫁，每时每刻都在发生[①]。但是，当成本的继续转嫁可能引发整个体系的崩溃时，内生的变革诉求和力量自然影现。2014年“新常态”被提出，也许在此后长达十年的时间跨度之内，中国都将处于转型期，增长速度甚或下落至6%——正是青黄不接时。

只要能稍微深入地体察时代背景下这个国家的历史趋向和当前所处的境遇，便会自然地升起一分包容和一种至少是模糊的责任感。只要稍微能够将自己投射到那个高处不胜寒的最高决策位置，去换位做些许的体认，即会感到一种巨大的压力忽然来袭，令人震撼不已。在这个阶段里，国家间的竞争与博弈烈度不但不会消减，反而会变得空前激烈。就是在这样一个时代背景下，为了

---

① 举例而言，美国凭借其美元的世界货币地位，通过量化美元稀释债务向全球转嫁成本。而中国改革开放的高速发展，其隐含成本也很巨大。这种事实上，过多由“三农”和环境承受经济增长成本的粗放的、不可持续的发展模式，已经开始被“科学发展观”指导下的可持续发展所代替，即以“供给侧结构性改革”为抓手的“创新、协调、绿色、开放、共享”发展。

应对来自于“美国再工业化”“德国工业4.0”这样严峻的国家间竞争，“中国制造2025”纲领被适时推出。

《中国制造2025》发布后，当其中赫然直书的“通过融资租赁方式促进制造业转型升级”，“积极发展面向小微企业的融资租赁”等语句展现世人时，对于任何一个具体的融资租赁企业而言，当然应该将之视为机会。但是，在阵阵融资租赁行业的“蓝海”即将照临的欢呼声中，每一个中国的融资租赁企业也必须清醒地认识到，这绝对不是一个可以乘着潮水轻松“赚快钱”的机会，而是一个接受“试炼”的机会。

从“机会”的角度来看，中国融资租赁企业可以考虑以下两个经营取向。

一是凭借自身信用优势，集合国内资金资源，面向国内新兴经济增长点配置资金投放。有望采取这种经营取向而获得成功的融资租赁企业，除了金融租赁公司外，还包括拥有良好体制背景且已选定市场化取向的国资融资租赁公司。毕竟，在“刚性兑付”尚未完全打破，因地方政府“公司化”所引生的中央政府“最终隐性担保人”心理契约尚未完全破除时，身处体制而面对市场的国资租赁公司所具有的筹资优势，是一种现实而固执的客观存在，并依然表现为一种现实而显著的相对竞争优势。同新能源、公共服务领域投资一道，“中国制造2025”指引下的中国制造业转型升级过程所创生出对融资租赁的巨大需求，将更有可能被这个融资租赁企业群体所赢得。但是，致力于这个经营取向的融资租赁公司也将面对激烈的竞争——一种本质上管理能力的竞争，以及因此而派生的，企业吸纳和培育管理人力资源能力的竞争[①]。

二是依靠自身的过往资本积淀，整合社会或各产业内碎片化资金，面向创新型小微企业投放资金资源，通过高度分散化和高利率价格水平对冲相对较高的风险。适合走这条路的融资租赁企业，其股东背景将主要为，借助中国融入全球化所带来的高速经济增长大势，凭借顽强拼搏精神、生存意志和生存智慧而成为各细分产业翘楚的民营实体企业。这类融资租赁企业的优势在于，拥有来自母公司的一定量的初始启动资本，以及同样来自母公司的各类管理资

---

① 中国融资租赁行业内专业人才的匮乏仅是表象，真正管理人才的匮乏才是实质。

源注入——人才、文化、企业家精神。但由于缺乏体制优势，这类企业同时面对来自资金端和市场端的垄断歧视，所以其生存发展的取向就势必要向体制势力不愿或不能涉足的领域迈进。在“大众创业，万众创新”导向之下，“中国制造2025”所需要的庞大而系统的生产性服务组织、配套制造中小或小微企业集群，就成为这个经营取向的重要市场参照目标。在这个经营取向的执行过程中，最有难度也是最紧要的挑战就是“创新”。举例而言，在产品维度，如何把融资租赁这种固定收益债权产品做出“股权产品”的腔调和品质，即是一个吃力之处。

从“试炼”的角度来看，任何制造业的转型升级，以及任何企业的生存发展，都不会像吟诗绣花一样惬意，其中的艰辛与变数必定超乎我们现在的任何谨慎猜度。毕竟，这是全球层面国家激烈竞争的一种投射，而这种竞争并不服从于任何长官意志甚至国家意志。对于以中国制造业为主要目标市场的中国融资租赁企业而言，面对“中国制造2025”这个试炼机遇，所需要的不应是对前景的盲目乐观，而应扎扎实实地努力做事。任何融资租赁企业都不应奢望可以不费气力地沿着“中国制造2025”这条大路浇灌资金、摘拾回报。毕竟，“中国制造2025”的定位不是模仿追赶，而是开创引领。在这个过程中，中国融资租赁企业的管理层，如果不能透彻领会“智能制造”“工业化信息化融合”的方向定位，如果不能在具体的市场中针对具体的细分行业及具体的企业进行有效识别与判断，如果不能真正“市场化”地行动，如果不能放弃投机心态而去踏实地提升管理、去有担当地“做企业”，那么，来自市场的优胜劣汰将会让融资租赁企业失去前途，让融资租赁企业股东折损资本，让融资租赁职业经理人毁掉功名、前程。

举例而言，在中国融资租赁企业的经营中，通常被视为“中国制造2025”落地执行的“机器换人”，就可能因错解“中国制造2025”纲领而令融资租赁公司的经营步入狭路[①]。考其本质，“机器换人”并不是一个“新概念”，而

① 中国融资租赁行业似乎在2011年之后连续几年的“快牛行情”中，不自觉地培养了一种下意识的亢奋、乐观情绪，即面对任何出现的新状况与新事物，总是惯性地或线性地将其与融资租赁的发展建立起正面解释。

只能算作是一个为了解决“老问题”而筹划的一个“新办法”。这个“老问题”，可以用比较优雅的词汇描述为“如何保持原有的支撑中国经济高速发展的核心比较优势”。当然，如果更加现实深刻地提问，这个问题应表述为“怎样继续压缩成本”或者“怎样应对人力成本的趋势性反弹”。

一直以来，中国超低的劳动力成本都被认为是一种独有的资源禀赋，时常被用来解释中国经济的持续高速增长。但伴随着中国人口红利的消减——据有关研究测算，2013年中国人口抚养比开始抬升，2030年人口机会窗口关闭——以及其他诸多因素作用的叠加，中国经济已经转入“新常态”。面对如此变局，真正需要回答的，首先应该是德鲁克的发问：应该把资源投入“问题”，还是投入“机会”？在当下的中国，融资租赁作为一种承载资源流动、发挥一定资源配置功能的金融工具，必须清晰、冷静地认识这个问题——资源的投向决定资源的回报。

从“机器换人”的思路来看，对于中国融资租赁企业而言，如果要将其视为一个“机会”，则必须关注以下三个问题是否能得到肯定的回答。

第一个问题是，在某一目标行业或细分的目标子行业中，对于采取“机器换人”策略的企业，也即潜在承租人而言，其国内外市场空间是否充分？无论机器设备还是机器人设备的投资需求都是一种“引致需求”——基于现实充分有效的消费需求而派生出的需求，如果前提性的市场需求不能保证，引致的投资需求就很有可能成为一个泥潭。

第二个问题是，采取“机器换人”策略的企业，其盈利水平是否足够高？从目前普遍的现实观察和经验来看，原有的具备“机器换人”动机的企业多半生产劳动密集型产品（如从事出口商品生产），应该已经被锁定在国际产业分工的“微笑曲线”底端，依靠微利艰难存活。从2015年的调查结果看，在使用国产品牌机器臂的情况下，“机器换人”的投资回收期为3年，而在使用国外品牌机器臂的情况下，则延长到了9年。融资租赁作为中长期债权产品，探查其风险的核心侦测指标之一就是承租企业的中长期盈利能力，如果“机器换人”只能解决微观生产企业内部的成本问题（暂且假设能够如此），而不能解决其外部所处的微利产业链定位的话，其盈利前景所代表的风险则必须严重关注。

第三个问题是，采取“机器换人”策略的企业，是否能够招募或培养足够多的技术和管理人员，以保证机器效能的充分发挥？生产工具和技术越发达，对代表高端人力资源的管理和技术人员的需求越庞大。据称，中国庞大的OEM产业集群可以从东向西迁移，一个重要支撑就是“可以快速培训上岗的简单劳动人力资源”。管理，或者说寓于人力资源之中的管理效能，是驱动所有其他物质资源的核心力量，是任何一个企业构建竞争优势的唯一来源。管理、技术人员供给有限且投入昂贵，任何不足以承担高端人力资源或无力培育和增值高端人力资源的企业，即使拥有了高端的生产工具，亦无法真正发挥这些生产工具的期望效能①。

所以，当在现实中看到“机器换人”已经成为融资租赁企业的资金投放目标市场时，我们还是应该继续观察并理性地评价“机器换人”给中国融资租赁带来的机会—— “中国制造2025”，对于中国融资租赁企业而言是一个机会，但也是一次试炼。

3.“互联网+”行动

融资租赁公司长久以来的资金资源主体渠道，是以间接融资的方式从银行获取资金，因此被略带调侃地称为银行资金的“二道贩子”②。资金问题一向被视为中国融资租赁行业发展的一个顽固“瓶颈”。2011年以后，由于融资租赁行业的进入门槛放低，大量自身信用实力尚待充实的融资租赁公司拓展了从银行获取资金的通道业务——本质上的一种影子银行业务。此外，以外资融资租赁公司为载体的跨境资金的通道业务也在行业中趁势而起。但是值得注意的是，2015年以来，融资租赁行业在直接融资方面启动了明显发力动作：资产证券化在2016年已经达到数百亿的体量规模，包括企业债、票据和境外人民币债券在内的各种资本市场融资手段也先后为融资租赁行业所触及。

---

① 历史上，比较极端的例证来自中国改革早期：那些无数的进口的先进生产线，在企业仓库和车间里蒙尘的景象，即是来自记忆的深刻警示。

② 某知名股份商业银行的退休支行行长，曾对于融资租赁企业的这种资金零售的“定位”表达出了一种明显的矛盾纠结心态：一种同时将融资租赁企业视为为银行业务来源和银行收益“分食者”的又爱又忌的心态。

然而，另外一个既不同于传统银行融资又与资本市场融资有所不同的融资渠道，也成为众多融资租赁企业积极“试水”的一个新领域。这就是因互联网技术和互联网营销在金融领域的应用而催生的“互联网金融”。不同于融资租赁资产证券化实施面临着种种障碍——法律权属要件的证明、成本的收益覆盖比例、操作周期的及时性、税收与增值税发票开立主体资格等，也不同于资本市场融资所需跨越的那道“准许入场”信用门槛，互联网金融似乎因其顽强的“草根”野蛮生长气势[①]，在叠加了互联网技术带来的极大交易便利之后，从而让自称“中介”的互联网金融平台俨然具备了某种“灰色”的、对银行存款业务的替代效果，并依此加速实现在融资租赁领域内的市场形成。这种因融资租赁公司开拓资金资源筹渠道而引发的市场力量，在国家“互联网+”战略对互联网理念的强力普及下，推动融资租赁同互联网金融快速实现结合——融资租赁同互联网技术和互联网营销理念的跨界结合，就是所谓的“互联网+融资租赁”。

但是，“互联网+”所代表的国家战略意向，是否可以在与融资租赁行业完成结合之后，强力突破制约融资租赁企业透过互联网金融渠道获取资金资源的各种现实约束，以加速实现融资租赁与互联网的深度融合，值得思考。

融资租赁作为非银行的金融子行业，其与互联网的结合也顺理成为“互联网金融”的一个组成部分。一些互联网金融观察家的分析研究认为，互联网金融的意义在于，通过互联技术应用、提升信息对称和金融去媒来大幅降低交易成本和增加金融市场参与主体规模，进而在一种“自金融”的形成趋势下推进经济增长。具体到融资租赁，一个理想的场景示例是：分散在全国甚至全球的个人投资者，通过移动终端的APP、平台网站或者垂直网站，可以根据自身的风险偏好，随意选择已经信用评级分类的各项价格不等的融资租赁资产包，然后通过便捷的在线支付完成任意小额度的资金投注，或者根据具有较高可信度的、符合投资需求的融资租赁项目风险分析信息和结论，在租赁资产实际形成前投资“众筹”的融资租赁SPV。

猛然望去，似乎这种理想场景已然实现了同现实境况的重合。但是，如

① 与融资租赁公司肩扛资金枷锁形成强烈对比的，是中国金融市场中新兴P2P平台的异常火爆——一个P2P平台在数月内汇聚数十亿资金，已不值惊讶。

果我们继续深入探寻并思考理性投资人群体、信用支点和价格门槛等问题，那么一种幻象破碎之后的理性重建诉求将会油然而兴。

我们需要讨论的第一个问题，就是在中国的互联网金融市场中，理性投资人群体是否存在[①]。

从早年间格林斯潘的“非理性繁荣”，到2015年的中国股市“巨震”，都深刻地揭示了投资人理性程度对经济体系和金融市场的重大影响。所以，在以“自金融”作为趋势愿景的互联网金融领域内，考察投资人群体理性程度就显得尤为紧要。但遗憾的是，就我们目前所能观察到的景象，即使暂且搁置信息对称问题，投资人群体的理性程度依然远不敷用——正如一位温州老板在接到某P2P平台销售电话后，反问作者：“你信不信？就是这样（拙劣的骗局）也照样有人上套！”或许，在非理性的群体行为当中，个体的非理性举措可以实际代表某种意义上“博傻”的理性抉择。但是，放诸互联网金融行业健康发展基础要件的考察框架内，则我们可以说，无论主动还是被动地放弃或丧失个体投资人风险理性，其无异于放大了市场失灵发生的可能性，无异于侵蚀行业发展所赖以承载的健康市场主体基础。

也许有人会说，微观主体理性问题并非中国所独有，即使是西方发达国家也依然会面临这个问题。的确，奢求众多金融市场个人主体的充分理性，发达金融体系国家亦难以成办。但是，针对这个问题的次优对策却不容轻视，这就涉及到了我们所要讨论的第二个问题：信用支点。

金融发挥资金融通功能的一个基本前提，在资金配置角度，是投放于生产性用途。而这个命题在借贷行为角度的表达，则是对“信用支点”的强调——对不确定性风险的识别与对抗。缺乏这个信用支点，就无法撬动资金从供给主体流向需求主体。理想的互联网金融市场体系非常扁平。在这样的扁平体系中，资金的流转带有显著的“脱媒”倾向，即摆脱各类资金融通中介机构，比如银行、保险、券商等。当然，摆脱原有提供“信用支点”的这些中

① “理性经济人”是西方经济学的一个核心假设前提，但是对此假设的质疑，近百年前就已出现：自凯恩斯反思美国20世纪30年代大萧条，提出政府的总需求管理政策主张时，作为其思考基石之一的“动物本能说”便畅行于世。

介金融组织的前提，是扁平体系下众多分散的投资人个体，可以找到新的“信用支点”供给来源——互联网金融场景下，主要是两种：依托大数据的信用风险计算和完备客观及时的信用评级体系。当下，基于在网行为的大数据，完成个体自然人的信用审查已然卓有案例，但是针对企业主体的大数据信用风险分析却尚待破冰。另一方面，尚未有可被市场所安然接纳的企业评级权威体系出现，更遑论针对于“互联网+融资租赁”所需要的项目风险评级系统。也正是出于此因，互联网P2P平台是否应该提供“担保”才会成为热议的话题——这也是P2P从美国舶来中国后水土不服的集中体现。于是乎，聚焦到融资租赁领域，我们也可以看到，既然真实可信的“信用支点”无从供给，那么虚假杜撰的“信用支点”便大行其道：传统的民间“抬会”可以借互联网而还魂再生，欺诈本质的庞氏融资模式也凭借虚假的信用支点创造而血食饕餮[①]——高大上的广告投放、高大上的集会场所、高大上的股东杜撰、高大上的项目描述、高大上的担保承诺，而唯一不能露的“尾巴”，就是具体投资项目的基础细节信息，甚至也包括具体投资人的统计披露信息——以至于某关注互联网金融的资讯机构，在陈述了周密的免责声明后，依然不无怅然地说到，“令人遗憾的是……一直无法获取其投资人数据”。

虽然有如是乱象，但依然会有真正做事业的融资租赁企业，坚信“真金不怕火炼”，毅然推进融资租赁与互联网的结合。只是在这奋力前行的路上，还需要解决一个棘手的问题，也即我们接下来要讨论的第三个问题：劣币驱逐良币所导致的“价格门槛”。

---

① 最典型的案例，来自于2015年底“E租宝”的全面崩溃。它的陨落，提点了许多问题：从技术、模式到监管和人性。但是，如果有人将“E租宝”事件当做互联网金融的一个反对理由的话，那么，他错了——与其说“E租宝”是互联网金融，毋宁说“E租宝”只是一个在互联网上“借尸还魂”的欺诈性“抬会”而已。“E租宝”事件对于业内人士而言，根本就不是个新闻，即使对于具备一定金融素养的人而言，其骗局也可以一眼洞穿——2015年10月前后，就在“E租宝”事发之前，作者转发给朋友一条业内流传的关于“E租宝”的微信图文消息，他在电话里说道：“照这个样子，年前就得出事！”真是一语成谶！互联网金融的趋势，从目前看是无法逆转的——虽然，还有许多问题有待解决。任何以“E租宝”事作为依据，套用美国的机械经验，以死板的教条对抗潮流的言论和举动，注定失败。这个事件当中，真正凸显的问题，其实是监管的滞后和社会投资人群体的浮躁。最后，还要提及另一个小小的插曲：2014年底召开的行业最高规格的“中国融资租赁年会”，给为“E租宝”提供虚构租赁资产的“安徽钰诚融资租赁有限公司”颁发了“2014中国融资租赁开拓奖”！于此，应生惭愧。

自20世纪90年代，以中国股票市场、房产市场逐步成为吸纳因结汇制度而超发货币的“海绵”为征象，中国实体经济与虚拟经济的二元分立状态愈发显著，也即所谓的“货币资本化”倾向愈发严重。同时，辅以中国金融改革在喉骨鲠般的“刚性兑付”潜在契约规则，虚拟领域内的“无风险利率”水平被不断抬升并保持在高位运行。由于虚拟领域的无风险利率虚高状况，与实体领域内不断堆积的宏观经济可持续增长压力所派生的微观主体盈利压力同步提高局面重叠出现，形成了虚拟领域和实体领域“倒挂”的收益率缺口，进而导致在中国出现的货币存量巨大背景下的实体经济资金饥渴状态无法得到满足。融资租赁作为中国最高决策层眼中一个重要的实体资金导入渠道，面对这样的形势，无论是否与互联网结合，都必须着手解决这个问题。更何况，与线下的银行融资体系相比，线上的互联网金融在定价问题上有更大的“自由空间”。据某资讯机构统计，2015年～2016年间融资租赁与互联网平台对接的名义年化利率大约在10%～15%，而相应的期限则多数局限在6个月以内，唯一一家期限超过一年的平台，其平均期限也仅为15个月。由此我们可以发现，除了由短线心态所展现出的超短融资期限和融资租赁的中长期债权产品内涵，存在本生的期限错配流动性风险以外，其高达两位数的融资成本，也足以令面对着“新常态”背景从事实体投放的融资租赁公司瞠目犹疑。也可以说，以虚拟领域内较高无风险利率为基准，被虚假信用支点所支撑的，承诺虚高融资收益回报的“劣币”平台，在当下的“互联网+融资租赁”领域里——也即所谓的P2L模式下，实质产生了针对“良币”融资租赁公司——面向实体优质企业进行资金投放——的“驱逐效应”①。

至此，我们可以说，真正意义上的“互联网+融资租赁”的结合，乃至于

① 除了在资金价格方面存在“劣币”对“良币”的驱逐以外，互联网金融一经嫁接融资租赁，则南拳北腿的各种套路纷纷“上线”，A2P、P2L等新造词汇频出，再辅以地面推广中装添“财富尽享”弹药的立体广告倾泻式的地毯轰炸，一时间，大有夺人心旌、眩目迷神之势。随后，众投、众筹等创新融资方式也开始与融资租赁相联结，煊赫一时。但是，当我们挥去“互联网+融资租赁”表面上的浮华之后，实际看到的是基本一致的商业逻辑：建立平台、放置资产、对接人群、形成“资金-资产”对流。究其本质，依然是资金吸纳与资金配置的金融根本逻辑；审其功能，其实是对银行存款业务一种变相替代。换言之，也即通过互联网平台变相地获取了一种银行存款业务——这也就难怪监管红线当中“不做资金池”赫然在列了。

由互联网技术应用和市场行为演化所导致的，融资租赁在市场端的互联网应用实现，以及同其他产业在“融合”意义高度的创新呈现，都还有一段路需要走。从我们以上的讨论看，理性市场投资主体需要随着金融市场体系的不断成熟、完善而逐步造就。而价格门槛的消除、评级体系的建立，也离不开政府层面的监管完善①、金融公共物品生产的充分供给。这些都需要融资租赁企业群体时刻保持关注，并协调行业服务机构，面向政府去不断呼吁和不懈推动。

但是更重要的，是融资租赁企业自己先要把事做好——创造并展现优秀的经营绩效。因为，这才是真正的“信用支点”，是真正的生存基础。

4. 全面“营改增”政策

毫无疑问，“营改增”在2016年的正式推出②，是中国这个全球第二大经济体的一桩大事。在消除流转税重复纳税并通过增加制造业进项抵扣以达成“减税”目的的意图之下，隐藏着的是一个全新的趋势正在拐点处发力——“弱国”到“大国”之后的，向“强国”演进的拐点。这种来自更高视野的“宏大叙事”，深刻地决定了中国这个经济体，从宏观到微观方方面面的参与主体应该如何行动才能保持生存与延续。在这些主体当中，自然包括中国的融资租赁企业群体。换言之，中国的融资租赁企业群体要想维系生存，就必须深刻关注系统环境的深刻转变③，否则，环境压迫与市场抛弃所产生的“扭力”

---

① 2016年8月17日，中国银监会、工业和信息化部、公安部、国家互联网信息办公室联合发布《网络借贷信息中介机构业务活动管理暂行办法》，其中规定，“同一法人或其他组织在不同网络借贷信息中介机构平台借款总余额不超过人民币500万元”。此举被认为将导致融资租赁“止步”互联网金融。

② 此前，“营改增”在融资租赁行业曾有过试点。2013年5月，一纸“37号文”下发，由于该文件对融资租赁主流产品“售后回租赁”在税收环节的严苛规定，整个融资租赁行业突然如堕冰窟。经行业多方奔走呼号，半年之后的2013年岁末，又一纸“106号文”下发，对此前“37号文”的若干规定给出了补救式的政策补丁，整个行业才倏然春暖花开。另外值得一提的，是在这段“营改增”政策带给行业戏剧性经历的过程中，“37号文”发出后，大部租赁公司噤若寒蝉，而与此同时，依然有少数租赁公司对回租赁业务“照做”——天然的“体制内”身份，以及强大地方资源的调动与勾兑，很可能在其间发生了重要的作用。也可以说，体制禀赋差异是造成这种强烈对比的一个可能原因。而在“法制”成分尚大于“法治”的环境背景下，更有意味的是，融资租赁企业面对“法制”所感受到的一种“围城”心态：无法可依时，希望立规制范，以免动辄得咎，授人以柄；有法规制时，又欲回避超脱，蹊径独走。

③ 参阅本书第二章《“次贷危机”后的中国融资租赁行业格局流变》一节。

和“离心力”，很快就会让企业在经济系统中破碎消解——一如许多已然倒下或遭受重创的融资租赁企业一般。

2016“营改增”针对融资租赁给出了若干规定，依循这些政策规定，我们不但可以从这些政策细节上“全息”地体会到那趋势变化巨力的磅礴，与此同时，也应据此站在微观融资租赁企业个体的角度，完成持续经营的思考更新。

（1）政策适用门槛：1.7亿实收资本

“企业”，绝不是一个空洞的“有限责任公司”或“股份有限公司”的名号。“企业”之“企”，原意即踮起脚尖，竭尽力量去向上追求。所以，真正做企业从来就没有轻松的时候。所有意图投一时之“机”，以巧智黠慧快速获利的人，是“商人”——一个“其兴也勃焉，其亡也忽焉”的群体。近40年以来，在渐进的中国改革过程中，利用改革所引发的经济社会嬗变所导致的各种机会来“套利”，从来就不是新奇的现象：回首遥远的20世纪80年代，“价格双轨制”引发“官倒”公司一两年内的开业数量激增数万家，这与近些年金融领域内的信托、担保、债券、融资租赁的发展态势，何其神似！然而，那数万家“官倒”公司零落消陨的结局，似乎并没有给“后来者”以任何触动，并且，这些“后来者”似乎也并没有发现外部环境已悄然发生了质变——中国经济系统中“市场”成分比重越来越高，以及中国经济系统越来越深度融入全球经济系统。这就意味着，投机取利的机会越来越少，成本和风险也越来越大。2016年春夏之间，各地相继启动了关于融资租赁风险的“排查”工作。由此项工作所获知的统计数据，是大约有3/4的融资租赁企业依然处于“空壳”状态。固然，其中有常谈多年的资金瓶颈和人才瓶颈问题，但更深刻的原因却是：想在当前的中国经济系统中投机获利，已经成为一桩非常艰难的事情。

面对这样的情景，投机的商人多半会尝试在有限空间内的继续“博弈”，有理由相信，此次“营改增”对于融资租赁企业1.7亿实收资本的要求，将引发对短期注册资本融资需求的显著膨胀。然而，即使形式上达成了1.7亿的实收资本要求，这也并不能解决任何本质性的实际问题。并且，在中国的经济系统内，任何市场主体意图与政府进行博弈，尤其是理论上的无限次博弈，其最终结果必定是一个极端于己不利的均衡结果——回顾政府对于融资租赁行业的一系列动作：从区隔金融租赁与融资租赁，到融资租赁企业设立的备案制，再到约谈“空壳”企业，再到企业发起的投资人“约谈”，再到这次的实收资本门槛设置，我们可以看到，政府对于融资租赁行业的理解和监管，已经展现出愈发深刻和成熟的趋向。在这种情况下，除了少数具备特殊背景可以调动和驾驭巨量资源的“投机者”以外，“草根”投机者的生存空间趋向于被压缩至真空。

必须决绝地放弃投机心态，在“做企业”而不是“做生意”，“投资”而不是“投机”的方向上努力发展。这是此次“营改增”新政策带给融资租赁企业经营的第一个提示。

（2）不动产融资租赁定名、跨境租赁服务税收减免与融资租赁业务17%税率的确定

此次“营改增”新政策，正式给了不动产融资租赁了“名分”，结束了不动产融资租赁过往在“灰色”地带尴尬生存的窘境。对于习惯于线性推理的人而言，这是对融资租赁的一个“利好”。与此类似，“标的物在境外使用的有形动产租赁服务”被“免征增值税”的规定，也自然引发了一种本能式的应激判断：境外租赁市场大有可为。然而，当看到融资租赁业务的增值税税率被定为17%时，一些人却大呼：不利于推动新设备融资租赁市场发展。

难道，政府有关的决策层，真的会如此“官僚”而“矛盾”地同时推出或有利或不利于融资租赁发展的政策吗？“不识庐山真面目，只缘身在此山中”，造成如此困惑的原因，在于狭隘的“融资租赁”本位视角——不能将融资租赁放置于整个中国经济系统中去观察的融资租赁自我中心潜意识。更重要的是，如果不能够深刻洞察中国经济在宏观层面的演进态势，不能够看清融资租赁在整个宏观经济系统中的位置和功能，就无法在融资租赁企业发展方向选择和战略路径规划方面做出正确的决策，而方向一旦偏差，所有的努力都将转化为企业为自己掘墓的累累黄土。所以，系统理解此次“营改增”新政策的

深层政策意图，必须首先要了解最高决策层的经济治理总体思路①，在此基础上，我们才能从去库存、发挥有效投资拉动效能、产能输出、金融系统向实体系统让利等多个综合维度，去体会和把握“营改增”政策的深意所在，并进一步地，从如何看待政策所引导方向同企业自身的资源条件的关系出发，而做出务实而稳健的经营决策。

实际上，在如何斟酌政策对自身经营决策影响这个问题的背后，更本质的问题是如何看待政府在中国经济系统中的地位和作用。从现状来看，政府对中国经济的“管制”效能依然厚重，但是从趋势来看，政府对中国经济的影响方式也已然到达了一个全新的“拐点”。在这样的新形势下，将政府臆想为救世主式的操纵者，是一种惯性的麻木孤陋，虽然，我们必须以绝对敬畏的心态来看待政府在中国经济系统中，所拥有的足以傲然睥睨全球的社会资源动员力量。政府对企业的影响，正在从面向局部的“给政策”转变为面向全局的“给空间”，也就是说，政府正在完成由“点”的“给助力”向“面”的“降阻力”的过渡——亦即“简政放权”，强化企业的“创新主体地位”的精义所在。所以，融资租赁企业必须冷静地从自身条件出发，而不能狂热地盲从某一单项的政策指引方向，否则必然会承担“市场化”的后果。

必须在洞察环境系统演进趋势的基础上，理性认识政府政策的用意同自身资源条件间的关系，以现实理性的市场化的行动跟随趋势前行，是此次“营改增”新政策带给融资租赁企业经营的第二个提示。

（3）回租赁被视为贷款业务，一些相关费用禁止进入承租人进项抵扣

此次“营改增”关于融资租赁的新政策中，最能体现中国政府决策层“实用理性主义”特点的，当属有关回租赁的规定。谁会面向现实制定政策时，去关注生冷的“真假租赁”问题②？谁会刻舟求剑地去借鉴美国的租赁行

① 参阅本书第七章第二节中“‘杠杆’与‘有效需求’”的相关内容。

② 所谓“真假租赁”问题，如是产生：业内一些人，从西方国家融资租赁实践的观察出发，将西方的一些融资租赁经营模式加以教科书化，称之为“真租赁”；而将中国广大融资租赁企业在中国现实经济环境中的种种经营动作，视为一种对“真租赁”的偏离，而成为一种“假租赁”。这是一种意图让“驴唇”匹配“马嘴”的机械教条的无益主张——尽管，我们也必须直面中国融资租赁企业在现实经营中对企业基本功能的种种偏离，并努力去纠正。

业经验？谁又会拘谨于书本的融资租赁定义，而去牵强附会硬板的“理论”？我们看到的，只是简短有力的表达：回租赁本质可视为信贷金融，那就按信贷金融的办法来；回租应该成为主流银行信贷在提高配置效率方面的补充，而不应该成为简单的银行信贷资金的“分销”，所以，发挥你该发挥的作用，而不要寄希望于坐地食利！

面对如此强悍的政策态度，有人慨叹，回租赁产品的节税优势被削减，回租赁业务规模将出现收缩——又一种线性思维判断。为讨论“营改增”新政策对回租赁产品的影响，我们不妨先简要讨论回租赁产品的价值所在。众所周知，回租赁是以租赁形式向承租人提供一笔资金——一笔不同于新设备融资租赁锁定于固定资产投资用途的、可用于多个用途的资金。这也是在产品维度，回租赁之所以被认为风险更大的原因所在。从一个需要融资的实体企业角度而言，其维系生存并取得发展，必须达成一种状态：在企业组织中，通过持续的物质资源代谢达成持续的盈利。要维系这种状态，企业可以通过三种途径或三种途径的组合来实现：增加收入、降低成本、维系代谢。所以，抽象掉具体的资金用途，回租赁的资金必定会使用在这三个方向上。举例而言，投资和扩产所需原料购置的回租赁资金着眼于“增加收入”，加速折旧节税和跨境资金通道下的回租赁资金则主要用于“降低成本”，缓和应收压款和地方平台业务的回租赁资金则主要着眼于资金链，也即“维系代谢”。从原则和性质判定来看，资金用于增加收入，是“正道”；资金用于降低成本，是“奇兵”；资金用于维系代谢，则是“邪路”——当然，邪路也是一个“路子”，能走却走不长远而已。

基于以上的讨论，我们可以说，“营改增”新政策只是在“降低成本”方面略微削弱了回租赁产品的效能而已——实际上，在供给侧改革的减税减负大背景下，回租赁原有的节税功能被相对削弱原本就是理所当然的事情。更何况，从过往的行业产品情况看，以内部收益率（IRR）度量的融资租赁项目收益水平，其跨度可以从7%到达25%以上，这其间的差异远远不是一项“节税功能”所能解释的。

当下，对于真正“做企业”的融资租赁公司而言，真正要考虑的是如何为回租赁产品（当然也包括新设备融资租赁产品）在“增加收入”方面，找到良好的产品适用市场。换言之，如何完成新的经营方向和市场定位的决策。实际上，这项工作对于成立不久的融资租赁企业尤其重要。因为一些存续多年的融资租赁企业，多因系统环境突然转入“新常态”而背上了比较沉重的资产质量“包袱”——这是一个难得而宝贵的实现快速“弯道超车”的时间窗口。一些迹象——比如，一些知名领军融资租赁企业快速推进大规模且获利极微的租赁资产证券化，一些金融租赁公司一方面表现出总资产规模不变的利润增长，另一方面着手打造租赁资产交易平台等——都似乎在表明，这些先发企业正在通过“包装”租赁资产来“证券化”，实现租赁资产风险向外部的“输出”。换言之，正在借“筹资”之名，利用ABS行“排险”之实。也许，在“刚性兑付”被打破逐渐成为共识的过程中，如果出现一些租赁资产的证券化计划违约事件，我们不应为此感到惊诧。一旦这些老牌融资租赁公司在系统冲击过后摇晃站稳，凭借其多年的经验、实力和团队，再度出手时，恐怕众多新设立的融资租赁企业想要寻一个安稳发展的空间就不很容易了。

所以，看清形势，以旧业务维系生存，以开阔眼界确立“增长收入”方面的新市场、新模式和新产品，抓住宝贵的“时间窗口”，打破对旧产品的因循心态，面对趋势所向，快速建立自身的比较优势利基市场，是此次“营改增”新政策带给融资租赁企业经营的第三个提示。

潮平两岸阔，风正一帆悬。2016年“营改增”的融资租赁有关新政策，继续提示我们，大趋势正在平静展开，束缚与阻力正在渐次消退，市场远比我们想象得要更加开阔——只要我们理性地抛弃线性思维，并勇敢地付诸务实行动。

本章小结

在对中国融资租赁行业进行“纵向时间”和“横向格局”观察之后，讨论行业观察所需的“系统分析”和“利益分析”方法的主要目的，就是希望随时洞察重大行业事件现象背后的原因和演变走向，并据此做出各种企业经营、行业监管或个人职业发展相关的行动决策。本章主要聚焦对中国融资租赁行业具有重大影响的国家战略和政府政策，全面解析这些国策的制定缘由和治理意图，进而探讨其对行业的潜在影响。因此，首先要从经济系统视角讨论国策制定所遵循的基本逻辑框架。只有在对国策制定的基础逻辑和现实动因有了充分认识之后，准确而深刻的国策解读才有可能真正形成：“一带一路”“中国制造2025”“互联网+”行动乃至全面“营改增”政策的推出，是中国在面对全球经济系统因次贷危机而失去稳态、国家间竞争加剧的大背景下，为了在经济系统运行循环的“消费”和“生产”环节谋求创造和争取有效需求，在“流通”环节降低企业成本的国家治理动作。对于中国融资租赁企业而言，则必须充分认识到这种外部环境的趋势性转变，据此思考并发现面向未来的经营策略和发展路径。必须充分认识到，行业内众多企业因适应既往“要素驱动”经济增长模式而形成的“投机套利”“监管套利”和“体制套利”经营理念，必须加以更新和革除。否则，趋势扭转的荡涤巨力将会令一切逆潮流而行的融资租赁企业消殒于无声。

第五章

时移之势

中国融资租赁套利经营的市场空间坍缩

也许会让许多人感到意外，融资租赁行业在21世纪初的复兴，以及在2011年以后出现的来势突兀的繁荣，其最底层的动力都来源于各种“套利”的经营理念对经济系统增长模式的一种“匹配”或者“利用”。总体而言，中国融资租赁行业在21世纪开启后，十余年间飞速发展所依赖的套利经营模式一共有三种：投机套利、监管套利和体制套利。概括而言，“投机套利”就是大量实力微弱的民营融资租赁公司，以及一部分没有形成明确经营规划的国有产业资本背景的融资租赁公司，通过操作“通道”业务对接各方资源投机取利；“体制套利”则是一部分“体制内”背景融资租赁公司，利用自身的体制禀赋撬动银行资金，将之投向无法或很难直接从银行体系获得资金支持的实体企业群体；而“监管套利”则是中国银行体系利用银行监管与金融租赁监管的差异，通过信贷资产向租赁资产的转换实现利益获取的经营手法。

但是，这些套利经营的理念和手法正在因环境的变化而效力渐失[①]。正如我们已经看到的，新一届中央领导集体上任后，中国诸多重大国策陆续推出。这些国策正可以视为在全球经济局势深刻转变的背景下，中央政府在国家治理领域的一种应对和呼应。作为更大系统的一个组成部分，中央政府各种国家发展战略的制定以及政策措施的推行，也同样可以视为环境系统趋势转变的一种指征。这种系统趋势的改变，当然也会向更低维度的子系统施加影响。当中国金融业伴随着更高一层的中国经济系统而发生深刻改变之时，作为中国金融业一个组成部分的融资租赁行业也必然会发生对应的改变。

如果只用一句话来概括行业高度的对于这种改变的认识，那就是——中国融资租赁套利经营的市场空间，正在坍缩。

① 中国融资租赁企业“套利”经营模式的形成，除了依赖于过往要素投入驱动的经济增长的外部经济环境条件以外，从管理和治理的机制角度看也有其深刻的原因。这些微观企业管理和治理机制的原因如果不能消除，那么就将成为一种对抗外部环境趋势变化、支撑“套利”经营模式继续存续的重要力量。具体来讲，中国融资租赁企业“套利”经营模式，在微观企业管理机制角度的成因是简洁的五个字：利益不兼容。首先，是企业股东与职业经理人之间的利益不兼容。在民营资本融资租赁公司情境下，股东重视长远的企业利益，职业经理人注重短期的个人利益，而二者间的“信息不对称”，就造成了公司治理的所谓“代理人问题”。其次，是股东代表的利益与企业组织利益不兼容。在国有资本融资租赁公司情境下，企业组织当前和长远利益的实现，与代表国有资本进行公司治理和管理的高管团队利益之间不具备强相关性，也即企业长远利益即便实现，也无法有效转化为管理团队成员的个人利益，由此造成“激励不到位”。最后，是企业组织的局部经济利益与整体的国家利益不兼容。融资租赁企业主要关注租赁期限内的经济利益实现，而国家则着眼中长期的国家利益实现，在以市场作为决定性资源配置手段的原则指引下，企业组织自主决策的短期利益定位与国家引导的中长期国家利益实现之间存在利益冲突——这也是中国改革在资源配置方面坚持市场方向的同时，在国企改革领域却一直强调国有经济“主导作用”的原因所在。

第一节　监管套利：金融租赁公司群体面临“资源诅咒”①

1. 何谓“监管套利”

2008年，当中国金融租赁公司在次贷危机爆发的大背景下，被中国政府“重启”的时候，其他的融资租赁公司群体的内心中，不时泛起的是“狼来了”的紧张与不安。但是，很快这些融资租赁公司就发现，自己的担心至少阶段性地纯属多余——因为金融租赁公司并没有“入侵”到自己以中小型民营企业为主体的市场空间，而是从身边呼啸而过，直接打入了原本属于银行对公信贷业务中的自己几乎从未涉足的“高端”客户群体市场。

八年后，检索金融租赁公司当年的如此举动，我们可以清晰而简洁地表述个中因由：实现优势资源支撑下的“监管套利”。在需求端，银行业务的监管规则存在，导致相当数量企业的资金需求无法在银行体系内得到有效满足：其一是因信贷政策规制投放方向而产生的资金需求——比如来自于房地产和高能耗企业的资金需求；其二是因信贷政策限定投放额度，或者因信贷条件无法达成而产生的资金需求——比如对于单一企业的最高授信额度限制，以及虽然未超授信额度，但因不具备银行要求的保证条件而无法“提款”等原因所压抑的资金需求；其三是因银行经营的“属地化”政策区隔所

① 本节内容改写自“工作室行业述评文章”《中国金融租赁公司：面对“资源诅咒”》（2016年8月）。

导致的异地实体企业无法获得本地银行优势价格资金的需求。在供给端，从银行体系的角度，金融租赁的出现令其获取了一个有效的监管回避工具：可以利用“租赁通道”机动选择投放方向，也可以通过“金融租赁”实现对特定客户企业在“弱化”保证条件的同时，达成“增信”的效果，以及利用“金融租赁”的全国经营资质，实现实际意义上跨地域经营。而在供需对接的交易环节，当时依旧保持的高速经济增长经济背景，房地产市场在次贷危机后的报复性价格上涨，国有高能耗企业的体制身份，以及地方政府在GDP考核导向下所愿意提供的隐含信用背书，都成为银行坚定“引爆”这些为监管所抑制市场需求的充分理由。

这种在银行体系的资金资源优势、市场资源优势支撑下，利用商业银行和金融租赁两个不同领域监管差异的套利行动，是造成中国金融租赁快速发展的最核心推动力量。通俗地说，就是在规避监管的动机下，银行体系通过从母公司银行信贷资产到子公司金融租赁资产的“乾坤大挪移”，“造就”了中国金融租赁早期快速启动，以及稍后“逆势”强力发展的光鲜表象。

虽然，在中国金融租赁公司随后的发展过程中，投放方向上增添了过剩产能“僵尸企业”和地方政府融资平台这样的“新面孔”，许多融资租赁企业也“典身”成为银行资金的“通道”，而“租赁通道”也成为跨境资金的一个新的通道选择，并且借助金融租赁资产交易来“调整”银行报表以操控某些外部监管指标的手法也诉诸使用，但是，这最为核心的“监管套利”主体逻辑却没有发生根本变化。

也正是因为这个最根本的逻辑依然在运行，我们才能够清楚地明了，金融租赁公司业务在相当一段时间内来自母公司银行分支行推荐，金融租赁公司主要做“大客户和大项目”的经营定位，诸多金融租赁公司开业之初或数月之内资产规模即达百亿数量级等等这些周知现象的真正底因。而且，我们还能由此洞悉，自2016年以来演绎愈发炽烈的金融租赁同质化竞争状态，金融租赁公司与过剩产能企业交易中不断走低的租赁利率，金融租赁公司与融资租赁公司建立起实质为“经纪”合作的战略合作关系等等行业现象背后所暗示的，因自身可控的“监管套利”市场资源快速趋于耗尽，所引发的为继续保持“监管套利”收益不至快速下降而付出种种努力和博弈的根由所在[①]。

但是，新的情况是，除了“监管套利”经营逻辑内生导致的，金融租赁公司自身可控市场资源必然在不断强化的套利空间挖掘中趋于快速耗尽之外，外部的形势也正在发生变化。而且对于金融租赁公司而言，这些外部形势变化也许要比市场资源的消耗更加致命。因为，其所冲击的正是“监管套利”逻辑得以成立的所有基础性条件。

2. 来自供需两端的“资源诅咒”

在世界各国经济发展的进程中，有一个很独特而普遍的现象，即一个国家的自然资源禀赋越优越，其后续发展的劲道和质量反而会越低下，这种状况被称作“资源诅咒”。在中国的融资租赁行业中，有这样的一个企业群体，它们口含“金钥匙”出生，拥有超越群伦的体制资源、资金资源、市场资源甚至政治资源。在这些优越初始资源禀赋的支撑下，短短数年之内，它们发展迅猛，虽然只有极低的行业企业数量占比，但是却实现了近半的行业资产规模——它们就是中国金融租赁公司群体。

但是，外部环境的系统性和趋势性的变化，令这个企业群体一贯秉持的“监管套利”经营变得越来越难以维系。次贷危机爆发后，“宏观审慎监管”成为在各个时事财经媒体上出现的一个高频词汇。“宏观审慎监管”的目的，就是为了消除从前在金融分业或混业“微观审慎监管”框架下导致的所谓“合成谬误”——大量金融企业在微观监管层面的合规经营动作，其效应合并后反而会形成更可怕的宏观系统风险。这种合成谬误所导致的宏观系统风险，并非远在美国或将发于未来。实际上，中国2015年夏天的“股市巨震”，就是一个现实而令人震撼的、近在咫尺真实案例。中国金融的监管结构和监管效度，在中央政府“不发生系统性区域性风险”底线要求的指示之下，必然要发生质的变化和飞越。2016年以来关于改革“一行三会”监管架构所展开的“单一央行模式”与“一委、一行、一会、一局”争论，不过是这种监管质变将要发生的最初征兆而已。

---

① 参阅本书第六章第二节中“金融租赁公司的经营计谋”的相关内容。

2017年2月下旬，《关于规范金融机构资产管理业务的指导意见（征求意见稿）》，这份当时并没有被官方认可的文件，被多家媒体披露冠以“史上最严”资管规定，而四下流传。一旦央行统一监管落地[①]，由于监管机构的权责主体变得“唯一”，因“循名责实”[②]而派生的执行压力，将对金融领域的监管套利空间，施以强大的压迫力量。因此，对于中国融资租赁行业而言，不走向“市场化”经营道路的融资租赁企业，其所面临的政策风险，将以几何级数的速度上升。

而在“宏观审慎监管”框架在完整建立起来之前，原有的“微观审慎监管”层面上所展现出的，则是全面趋紧的动向——信托、基金子公司、互联网金融领域等一系列的资产“穿透”要求，严禁“资金池”等监管动作频出，保监会高层官员对保险企业不可成为大股东“融资平台”的发言，措辞严厉而尽展威慑，融资租赁公司则被暂拒新三板……凡此种种，俯拾皆是。所以，对于金融租赁公司一贯赖以发展的“监管套利”经营逻辑而言，外部总体上监管环境的趋势性变化，正在对其形成釜底抽薪的一记重击。

在需求端，金融租赁公司“监管套利”逻辑框架下的市场需求，无论就其需求本身的“有效性”还是此类需求所可获得的外部信用背书支持效度，都出现了恶化的迹象。所谓需求的“有效性”，是指需求本身所具备的信用债务自偿能力，也即企业风险分析工作中通常所指的“第一还款来源”的可靠性。根据十八届三中全会《公报》中“市场在资源配置中起决定性作用”的最新提法，对“市场”的倚重，已然发生了从“基础性”到“决定性”显著提升。而市场发挥“决定性”资源配置作用的一个重要表现，就是“市场退出”——这就是“去产能”和淘汰僵尸企业等等治理动作背后的政策根由所在。然而，这种“退出”一旦启动，对于金融租赁公司的“监管套利”逻辑而言，不但意味着套利市场空

① 出于机构改革对各方力量和利益的平衡，存在有多种监管机构组织形式选择。但是，具体的组织机构形式并不是关键，问题的关键在于，能否实现金融领域各方监管在功能上的“统一”。2017年2月28日，中央财经领导小组第十五次会议召开，习近平总书记在会议上，除了表达坚决处置“僵尸企业”以外，针对金融监管，还着重指出要“加快建立监管协调机制，加强宏观审慎监管，强化统筹协调能力”——这实际上是来自最高决策层治理意志的对融资租赁“监管套利”在需求端和供给端所同时给予的又一强力打击。

② 中国古代战国时期，“法家”思想的核心主张之一。

间在需求端的萎缩，同时还意味着“退出”过程必将伴生着痛苦的租赁资产质量恶化状况出现。2016年，我们在云维股份的债务危机中看到了招银租赁的身影，同年，兴业租赁也在声动一时的“东北特钢”信用违约案件中发起诉讼。这些因大型国企违约导致的金融租赁资产出险，似乎并不能完全用“偶然”来做解释。已经有人指出了招银租赁在2014至2015年间，租赁资产规模增长乏力的现象，而一贯以“绿色金融”作为经营指向的兴业租赁，面向“东北特钢”实施投放的举动，也值得品味。当然，在“监管套利”逻辑下，需求端出现经营风险并不是一件意外的事情，真正意外的，是期望中的“隐性担保”并未如期出现。“东北特钢”违约案件中辽宁省政府“逃废债”的态度，给各方债权人内心带来了极大震动。虽然，我们依然可以看到云南省政府和山西省政府在云维股份债务危机和七大煤企融资安排方面的积极行动，但一个不可否认的事实却是，地方政府的信用背书效力正在显示出弱化的征兆——从前彼此默契的心理契约已然破裂，地方政府现在需要用非常高调主动的具体行动，才能建立起金融机构在类似“债务重组”事项上的谨慎信任，并且这“谨慎信任”当中包含了多少无可奈何的意味，也只能由债权人自己体会了。总之，金融租赁“监管套利”逻辑在需求端的市场空间，以及交易环节的信用背书这两个方面所倚重建立的基础正在出现瓦解的迹象。

在供给端，金融租赁公司群体除了正在遭受来自于内部竞争加剧所导致的“监管套利”逻辑下“利差空间”的不断压缩以外，其过往独有的资金资源优势也在因外部资本市场的发展而受到侵蚀。从中国金融改革的方向看，降低银行体系的“间接融资”比例、发展资本市场、提升资本市场“直接融资”比例，是一项重要的任务。换言之，中国金融市场的金融“脱媒”程度，将在政府政策的推动下呈现出一种加速态势。有统计数据显示，2016上半年，以租赁资产作为基础资产的ABS规模已经达到500亿。也许，这区区500亿与行业近5万亿的资产规模相比还显得微不足道，但如果将之与2016年上半年全行业2400亿的资产增量相对比的话，我们就可从另一个角度发现，资本市场融资与融资租赁行业新增资产形成之间的“相关度”已经超出了许多人的想象。与资本市场融资规模不断扩大同步出现的，是租赁资产ABS的价格在持续走低。2016年7月，平安租赁发行25.62亿的ABS利率为3.59%——大幅低于“1～5年”的贷款基准利率4.75%，由此我们可以发现，如果说此时的互联网金融，其发展仅仅可能在“量”的方面对传统银行体系发起有限冲击的话，那么，ABS资本市场融资产品已经可以在“价”的方面对传统银行的资金供给产生现实的替代效应。但是，对金融租赁公司资金资源优势的冲击还远远不止来自国内。2016年8月，华科融资租赁以5.20%的票面价格，在新加坡成功发行为期3年的5亿元的人民币境外债券。有理由相信，出于加速人民币国际化的内在需要，此类跨境人民币资本市场产品，因其可以刺激人民币的在岸或离岸市场广度及深度扩展，将会不断得到政策支持和市场呼应。此外，金融租赁公司虽然在货币市场依然保持一定优势，并且2016年8月颁行的《全国银行间同业拆借市场业务操作细则》也进一步提升了金融租赁公司在货币市场交易的操作效率，但是货币市场拆入资金所形成的短期负债，与金融租赁公司动辄三至五年的长期资产之间内在的期限错配，无法得到有效协调。所以，货币市场的优势仅可以为金融租赁公司在流动性和资金头寸管理方面提供便利，而对于在负债端的绝对竞争优势的保持和建立则助益有限。

山雨欲来之势，似已初显。然而，另外存在的一些形势力量，其所产生的“对冲”效果还是让局势的演变平添几许变数：宏观审慎监管框架还远未成熟，而微观层面监管与监管规避的多重博弈，也会令许多监管手段效用大减；在去产能进程中的政策态度，相对于“产能消灭”而言，“产能消化”才是真正的理智首选，而新常态下的中国经济增长，也不可能放弃政府投资的拉动作用；金融租赁公司群体也一样会充分利用中国资本市场的发展来进一步来保持和强化自身在资金资源方面的传统优势。但是，所有的迹象至少可以表明，中国金融租赁公司赖以快速发展的“监管套利”经营模式正在逐步走入穷途——在中国金融租赁公司依靠其独特的资源禀赋实现耀眼升腾之后，其所要面对的，却是同样因这些禀赋优势而招致的“资源诅咒”。

第二节 投机套利：环境激活“通道”自毁基因[①]

1. 融资租赁“通道”成因

在资源禀赋差异的视角看，资金资源和人力资源一向被认为是制约融资租赁行业发展的关键“瓶颈”问题。客观地讲，这种资源局限也正是导致融资租赁“通道业务”流行的一个重要原因。

在资金资源的获得方面，数量上最为广大的“非银行系”的融资租赁企业[②]存在显而易见的歧视性资源禀赋差异。长久以来，不断演进的中国银行体系凭借“排他”的存款业务，以其所构建的延伸至社会无数角落的资金吸收管网为依凭，盘根错节地嵌扣在中国日渐庞大的经济体当中。银行体系对这种因垄断存款业务而取得的低成本资金资源的控制力度是如此强大，以至于许多业内人士都将融资租赁企业喻为银行资金的“批发零售商”。这种资金资源禀赋差异，决定了融资租赁企业群体相对于“银行系”金融租赁公司，有着更大的银行资金接入难度。也正是这种与银行相对比而言的资金资源上巨大的现实禀赋差异，让融资租赁企业群体在求索更多的资金筹措渠道——境外资金、证券化资金、租赁资产转让资金、互联网平台资金等等——的同时，也因生存所迫而不

① 本节内容整理扩充自“工作室行业述评文章”《有没有“无风险”的融资租赁“通道业务”》（2015年3月）、《读2015政府工作报告，聊聊融资租赁那些事儿（9）》（2015年4月）、《读2015政府工作报告，聊聊融资租赁那些事儿（10）》（2015年5月）、《中国融资租赁2015回顾：汇聚与融合进程中的配置试错》（2015年12月）、《反者道之动：中国融资租赁“通道”发展路径的修正》（2016年1月）。

② 包括几乎全部的民营资本融资租赁公司和相当比例的国有产业资本融资租赁公司。

断求助于融资租赁“通道业务”[①]，以求为资金资源压力的释放寻找“出口”。一言以蔽之，沉重的资金筹措压力的笼罩下，许多非银行系融资租赁公司原本应具的资源配置功能渐渐退失，表现出了明显的资金通道的“工具化”倾向。

但是，资金资源方面的禀赋差异，并不能够解释所有的融资租赁“通道业务”现象。在所有非银行背景的融资租赁公司群体中，虽然不同出身的融资租赁企业——比如，国有资本融资租赁公司和民营资本融资租赁公司，有着天悬地隔般的银行资金获取能力差异，但是，大量可以“轻松”从银行获取资金的国有资本融资租赁公司，也还是成为了银行资金的“通道”。造成这种国有资本融资租赁公司“通道化”的原因，除了部分国有融资租赁公司尚不具备可以通过“体制套利”来维系生存的能力以外，融资租赁行业人力资源的匮乏则是另外一个重要原因。

人力资源方面，当2010年之后融资租赁行业的企业数量激增态势出现后，原本自然繁衍的行业人力资源平衡状态[②]被迅速打破，取而代之的是行业原有保持相当集聚状态的专业人力资源群体被迅速解构。分散的人力个体落入大量新成立融资租赁企业，形成一种相当疏离的人力资源分布状态。这种疏离状态所消解的，不仅仅是专业融资租赁从业人员的聚合力量，更加是原本已经形成的专业团队内在饱含的“管理张力”——明星教练、明星球员和一般球员可以组成一支“明星球队”，但让这只明星球队成员各自重新组队，得到的则更有可能是多只平庸球队，而不是多只明星球队。与此同时，来自于各实体产业、金融业和校园毕业生群体的行业外人力资源汹涌而至，融资租赁行业所处外部

① 为了解决资金筹措压力，融资租赁公司群体还在“通道”业务结构下，积极探索利用“客户信用”以获取银行资金资源。比如，为获取优质客户的业务，在产品设计方面不断放松“底线”——更长租赁年限、更低频偿付节奏乃至更低的保证金比例；此外，利用融资租赁，实现对上市公司“资产负债表”的“美化”，也成为融资租赁产品的一个重要“卖点”。这背后，折射的其实是融资租赁公司因资金资源筹措困难而希望曲线借助客户信用“支点”来撬动银行体系资金的无奈心情。

② 2000年前后，当历经亚洲金融风暴洗礼的中国融资租赁行业再度艰难起步时，实体产业和银行业中不时游离外溢的少量人力资源成为融资租赁企业的渴求对象，成为融资租赁行业“长征”过后的首选洗练精兵。厂商和第三方融资租赁公司承借宏观投资边际效益递增大势，通过探索、试错而逐步完成了经营战略定位，此后数年间，以此些微人力资源为起点，作为一个行业外部人力流入与行业内部人力提升并行过程的结果，首批成熟的融资租赁专业人员群体渐次丰满成形。

社会经济环境也在发生显著的变化，导致对融资租赁企业所需的真正的管理人力资源缺口愈发扩大。最终，形成一种融资租赁管理人员手下缺乏专业技能人员，有限的专业技能人员难以肩负大量行业新进“粗坯”人力的培养压力，以及行业外管理人员无法快速适应融资租赁企业管理等多种人力资源配置上的冲突并存状态。也正是这种融资租赁公司所面对的人力资源“窘境”，令“通道”生存模式成为一种融资租赁企业群体“不得已而为之”的无奈选择。

如果说，这些资金资源和人力资源在行业内分配的禀赋差异是融资租赁“通道”业务得以发起并存在的一个客观原因的话，那么中国民营资本对“投机获利”强烈的天然欲望，则在主观上为融资租赁公司成为银行资金“通道”提供了强劲的主观动力，以至于融资租赁“通道”业务快速演变为一个行业普遍现象。这也是在“第三方”融资租赁公司群体当中尤其在实际为民营资本所掌控的融资租赁公司中，这种业务模式尤其流行的原因所在。也正是因为融资租赁“通道”业务带有一抹可以“空手”获利的金色光泽，因此而甚至有人认为中国的融资租赁行业几可类比于20世纪90年代开始勃兴的房地产业——一个金光灿烂暴利行业的早期阶段，一个可以充分利用体制资源和人脉禀赋通过嫁接“资金”而快速掘金的获利大好机遇。

实际上，这种对融资租赁“通道业务”模式的追捧，已经在行业企业数量和行业资产规模两个方面展现出巨大的作用力。从业内流行使用的一些行业发展衡量指标，诸如行业租赁资产累计规模、行业租赁资产占全国金融资产比例等来看，中国融资租赁的发展堪称迅猛剽悍。其行业租赁资产规模在短短几年之内，就迅速攀升到“万亿”量级。以2016年1月的统计数据为例，行业发展态势就被浓缩为简洁而饱含张力的“四千家、四万亿”六个字。这其中，所谓的融资租赁“通道业务”贡献良多①。在融资租赁“通道业务”资金的需求

① 引发中国融资租赁行业资产规模快速扩张的真正原因，实际上就是从银行体系视角出发，利用金融租赁公司进行“监管套利”所至。这种“监管套利”以两种形式出现：一是“通道业务”，二是银行母公司信贷业务向金融租赁子公司租赁业务的“转移”。对此，可变换一个视角，回顾上一节内容，增加一个新的理解维度。另在本书撰写期间，有统计数称，2016年中，融资租赁行业拥有将近4.7万亿的资产规模，以及5700余家企业。而2017年初的行业统计显示，中国融资租赁行业的企业数量已经突破了7000家。

端方面，多年来一贯的要素投入驱动的投资拉动增长模式，为通道业务提供了来自于地方政府亦或是众多生产性企业的现实的巨量资金需求。供给端方面，在国家全面管控或垄断的银行体系内，由众多银行的激烈竞争所派生的经营压力，促使银行在微观经营层面不断寻求对既定监管框架的“灰度突破”，以求创生一块可供延展盘踞的市场空间。而在通道资金的供需对接环节，为避免“失速”而陷国家于动荡，中央政府在现实上隐约成为一个默认的最终担保人。随着“刚性兑付”隐性契约在中国金融领域的缔结，政府的“隐性担保”最终粘合了通道业务的供给与需求，在多种结构性金融产品的架构内，实现了对市场割裂和监管规制的超越——可被称为融资租赁影子银行的“通道业务”，就此应运而生。

2.“通道”经营模式的发展路径修正

但是，从宏观经济系统的角度来看，通道业务实际上是一种对结构性问题的适应性调适，是一种延缓甚至掩盖问题爆发的被动调节。其可以存在的一个最根本的前提原因是“市场割裂”——国际资本账户管制所造成的境内外金融市场割裂、银行属地化经营所带来的区域市场割裂、信贷政策规制所造成的资金融通规制，都在客观上为通道业务创造了催生条件。所以，一旦时移势易，外部的这些环境条件发生变化，融资租赁“通道”业务爆发增长态势将会迅速发生反转。从另一个角度来看，融资租赁“通道”业务规模在不断攀升，也即融资租赁“通道”业务在迅速膨胀行业资产的同时，也静静地内生积累着自我修正甚至是自我毁灭的力量——反者道之动。世间诸事，无论巨细，自然概莫能外。

融资租赁参与其中的中国金融领域内的通道业务，在寄生经济机体饕餮吸金的同时，也在不断推动一系列结构化问题趋于恶化——地方政府债务问题、产能过剩问题、虚拟领域资金空转问题、金融领域无风险利率推高实体融资成本问题等等。这些问题的恶化不但趋势性地扭转了中国经济高速增长的势头，同时将中国经济压制在“L”型的增长通道之内。经济基本面的新常态，在增长模式层面倒逼需求侧的要素投入驱动转向供给侧的效率创新驱动，在资金融通层面倒逼提升资本市场直接融资比重，在国际金融领域则触发了人民币的贬值通道开启。而这所有的条件转换，无一例外地直接改变了融资租赁通道业务的存在前提：43号文封堵地方政府融资平台市场、“权威人士”对“僵尸企业”的清理决心收窄过剩产能市场、“811汇改”后汇率剧烈波动的常态化将跨境人民币通道业务市场趋于压缩归零……

所有的趋势性征兆事件都表明，中国融资租赁在“通道业务”方向上的发展路径正在发生深刻的修正。虽然，守住不发生系统性区域性风险底线的指示，依然为政府平台业务容留了些许空间；虽然，过剩产能的对外输出和传统产业的升级要求，依然为过剩产业的通道业务提供了现实需求；虽然，我们认为，2015年岁末北京市禁止批复设立包括融资租赁在内的投资性企业机构，以及2016年的融资租赁企业被“禁入”新三板，也都仅仅是对“E租宝”等借助新金融形式扰乱金融市场秩序现象的一种应激式制动，而并不代表政府对整体融资租赁行业的态度转变。但是，我们依然可以笃定地认为，偏离金融“有效资源配置”本质要求的通道业务，其前景从未光明。其实以上所述的境况，在通道业务的发端之初就早已注定。

实际上，从中国金融市场的现实情况出发，结合其他类型通道业务的发展历史和权威官方态度表示，也可以得出关于中国融资租赁“通道业务”前途推测的相同结论。2012年前后，中国金融领域内的“通道业务”最先在信托业发端，也即所谓的“银信合作”，虽然中国的信托业因此而大加火爆，然而出于对逐渐加大的信托风险考虑，银监会随后叫停了“银信合作”，并开始关注中国的影子银行问题。然而，受到信托业的启发，处于证券市场熊市中的券商随后启动了以基金公司子公司为媒介的证券市场“通道业务”，2016年以来，对于基金公司子公司的通道业务监管措施不断收紧。2016年7月，证监会副主席李超甚至直接发出了“通道业务迟早要消亡”的重磅警示话语。而在保险领域，银行资金通过购买“万能险”，或者银行在保险公司收购上市公司时提供杠杆资金，则成为另外一种“通道业务”，

对此，2016年6月，保监会下发《中国保监会关于清理规范保险资产管理公司通道类业务有关事项的通知》，要求在清理规范期间，保险资管公司暂停

办理新增通道类业务。2016年8月，保监会主席更加明确地公开表示，“绝不让保险公司成为单一股东的融资平台”。2017年2月22日，保监会主席向新闻界表示，“进一步强化资金运用监管，加强股票投资监管，提高境外投资能力标准，严厉打击保险资金短期炒作、恶意进入上市公司管理等行为”。三天后的2月25日，在“万科股权争夺”中一时风光无限的前海人寿董事长姚振华被撤销任职资格，并禁业10年。2月26日，另一个参与“万科争夺”的中国恒大也遭惩戒。几乎与此同时，2月10日和26日，证监会主席刘士余也通过公开官方讲话，针对证券市场的各种乱象表达了严厉治理的态度和决心，同时强调“证监会与保监会两个部委一直无缝连接，精诚合作”。

再来看与地方政府债务有关的融资租赁“通道业务”的监管。2016年10月，财政部启动清理行动——因收到“举报”，要求贵州省“自查”。随即，贵州等地宣布发出的承诺函、确认函作废并收回。根据有关地方财政局文件，区县级财政局为帮助地方平台或地方企业融资而出具的承诺函，违背《担保法》《预算法》以及《国务院关于加强地方政府性债务管理的意见》（43号文）。有人认为这个事件标志着，市场对政府兜底、刚性兑付的信念正在被打破。2017年2月20日，“财新”媒体披露：财政部在2017年1月初，致函内蒙古、山东、河南、四川、重庆等五省市政府及商务部、银监会，建议核实处理地方政府违规融资问题，其中点名要求对上海爱建融资租赁有限公司（重庆黔江区财政局为其提供协调资金支付本息的承诺函）和江苏金融租赁股份有限公司（黔江区教委与其签订融资租赁合同）的相关责任人进行问责[①]。随后，同一媒体再度报道：“此次财政部实际致函的省份不止上述五个省份，财政部将继续加强跨部门联合监管，防范地方政府变相举债和违法担保。”从以上情况出发，可以发现几个值得注意的要点：①习近平总书记在2017年2月28日的中央财经领导小组会议上，强调“加快建立监管协调机制，加强宏观审慎监管，强化统筹协调能力”，而此前保监会与证监会的严厉表态，证监会所强调的与保监会“无缝连接”，以及财政部强调的“继续加强跨部门联合监管”，都与

① 2017年3月，媒体报道称，重庆黔江区财政局局长和融资平台董事长，被行政撤职。

彼此间遥遥呼应——最高决策层和最高监管机构的态度已经完全明朗。②财政部敢于直接致函各相关省政府、商务部和银监会，表现出了相当的“力道”。并且，财政部的问责线索来自于审计结论，于是我们可以看到一套“组合拳”正在虎虎生风地打出：审计提供线索、财政部推动问责、媒体及时报道——关于既定金融监管方针的执行，务实而有力。③问责力度可以随时“调增”：财政部在函件中，具体地要求对有关“授信审批人员”进行问责。但是这一“问责到人”的具体建议，完全可以理解为“项庄舞剑，意在沛公”——只要形势需要，问责随时可以向前一步，将金融机构负责人收入囊中。

以上所有的事实都指向一个结论：中国融租租赁“通道”业务的发展路径，正在经历着一种深刻而彻底的修正。

3. 融资租赁“通道”业务的自毁基因

如果说，适宜融资租赁“通道”业务发展的外部环境条件正在不断趋于恶化的现实，只能算作压制融资租赁“通道”业务，令其趋于崩解的一个外部原因的话，那么融资租赁“通道”业务本身的“自毁基因”——天生的“风险控制”缺位，则可称为导致“通道”业务步入终结的内在原因。

平心而论，如果不考虑宏观经济系统视角的融资租赁“通道业务”的“负外部性”问题[①]，单从企业经营的维度看，我们应该将融资租赁“通道”业务视为一种创新——一种通过为产品寻找更多使用领域而带来的市场扩大的创新。正如，将冰箱卖给爱斯基摩人以防止食物过度冷冻一样的市场创新。也许，我们不应该为融资租赁的“通道业务”添加某种情绪上，或者评价上的批判色彩，也正如当我们发现林立的高速公路收费站导致了运输成本高企时，我们不应自况超然地谴责超载货车的司机。

---

① “外部性（Externality）”是一个经济学术语，又称为溢出效应、外部影响、外差效应或外部效应、外部经济。是指一个人或一个组织的行为，对外部利益的正面或负面的影响。前者被称为“正外部性（positive externality）”，后者被称为“负外部性（negative externality）”。举例而言，一个污染企业将未经处理的污水排入江河的行为，对于这个企业而言，虽然有助于其降低生产成本，但对于外部的整个国家社会而言，却造成了远为巨大的损害，故而具有“负外部性”；而共享经济商业模式在不断催生“独角兽”企业的同时，也降低了整个国家社会维度的资源浪费，故而具有“正外部性”。另注，“独角兽”企业是指估值可以达到10亿美元的初创型企业，比如蚂蚁金服、滴滴出行等。

但无论怎样认可其在企业经营维度的创新性，风险——融资租赁“通道”业务的风险，必须纳入视野。

融资租赁公司在面对“通道”业务时，经常会听到“反担保”“回购”“无追索”“出表”等强调业务“无风险”的描述语句。然而，我们同样经常遇到的情况却是，当融资租赁公司希望先行看到承载有关“无风险”条件的法律文书时，却会得到各种理由的推脱和延宕；并且所谓的“反担保”涉及担保方的担保能力判断问题，“回购”涉及回购条件约定问题，而所谓的“无追索”合同条款则往往因内嵌的条件性约束条款而变成实际的“有追索”；而“出表”项目背后，往往都隐藏着融资租赁公司相关方——比如母公司的担保，以至于不能将之视为一种真正意义的“出表”。

融资租赁公司在操作“通道”业务时，必须面对另一个问题：风控独立性和话语权的丧失。原因很简单，融资租赁公司操作通道业务，其所凭借的并非“资金资源”，而是“资质资源”——而在现实的融资租赁行业中，“资金资源”很紧俏，“资质资源”却很泛滥[①]。因此，在面对通道业务时，融资租赁公司在资质层面的完全竞争市场，导致融资租赁公司的风控独立性和话语权基本被剥夺，融资租赁公司能够做的只有在有限信息下和既定风险控制条件下完成风险的快速识别和判断，然后决定“做”还是“不做”。如果真的承接了通道业务的操作，那么融资租赁公司作为完全法律意义上的“债务人”，将直接担负巨量债务的责任——尤其是相对于微小比例的通道费用而言，其风险与收益对比更是显著失衡。

当然，相信现实中也的确存在一些接近于“无风险”的通道业务，但是我们同样应该相信，面对同样的无任何差别的融资租赁“资质”，这样的“无风险”业务一定是花落“贵人”之家。所以，对于在资金资源和人力资源方面存在劣势的融资租赁公司而言，其通道业务的操作并不是一桩可以超然事外的生意，并不是一桩仅仅加盖几枚公章就可以轻松实现“无风险”获利的生意。

---

① 来自中央政府和地方政府的政策鼓励，令注册成立一家融资租赁公司的门槛和成本不断降低。融资租赁公司设立的“备案制”推出后，不但审批放行速度提高，“无需注册资金到位”也让设立融资租赁公司成为一桩很容易的事情。举例而言，找到一家专门从事融资租赁公司注册的代理机构，支付低至20万～30万元的费用，在一两个月内就可拿到一纸融资租赁企业执照。

相反，融资租赁通道业务对风险的识别、分析和判断能力的要求更高、更苛刻。所有计划操作通道业务的融资租赁公司都必须反躬自问：风险识别、分析与判断能力，是否已然无忧？然后，让我们想象，一旦潮水退去，银行是否会强力将承租人和作为“通道”的融资租赁公司的“底裤”，穿在自己身上？

“货悖而入者，亦悖而出。”——出来混，迟早都要还。

2015年以来，“潮水”已经开始消退。2015年底，人民币入篮SDR前后，离岸人民币汇率波动剧烈。同时，在央行2015年霜降日的“双降”后，美联储加息的靴子也在圣诞节前落了地——融资租赁跨境人民币通道的市场空间也因此而被挤压殆尽。其实早在2015年的“811汇改”之时，跨境人民币通道业务已现窘境。一些以跨境资金通道业务为主体的融资租赁公司的神经，骤然绷紧。其实，对于单纯的被用于通道工具的融资租赁公司，其业务本来就是与金融毫不相干的中介或介质性质。然而，对于已经形成一定投行模式的资金通道融资租赁公司而言，在中国国际金融资本账户尚未完全放开的情况下，资金的跨境流动往往注定是单向的。所以，在全球资本以电子货币的形式可以光速在国际间极速川流的时候，单边单向的跨境资金流动，从中长期看，其成功率的概率理论上限仅有50%。从这个角度讲，今天所面对的困境，原本就是娘胎里带出来的——起点已然决定了终点。对于一个想要做事业的企业而言，这种对基础环境条件的判断缺位，值得反省。当然，对于一个原本就想要赚快钱，拿融资租赁当个投机机会来看的公司而言，也许，在过去你赚到了，但是，除非你老早就预料到今日，进而设置了完备的汇率风险和信用风险对冲手段，否则身负巨债而要全身而退，恐怕尚有悬念。

于是，“裸泳者”也开始一一现形：跨境资金通道业务的期限错配和汇率风险凸显，已有业内知名的“通道”融资租赁企业折戟沉沙[①]；某大型商业银行总行以书面文件通知退出同民资融资租赁公司的通道业务合作，在业内引

---

① 某业内知名的跨境资金“通道”融资租赁企业，在2015年“811汇改”后，由于巨大的人民币汇率波动，导致深达数十亿元的巨额“浮亏”。之所以产生巨额浮亏，原因在于，如果采取事先的远期汇率风险锁定，则这种风险锁定所需支付的费用，将侵蚀掉所有的资金“通道”收益，所以，当初只能选择不进行汇率风险锁定的“裸奔”操作——这就是通道业务收益与风险对比的严重失衡。后续，该企业停止了原计划在全国展开的数十个办事处的“布点”规划，总经理也以卸任谢幕。

发惊呼连连；“内保外贷”在贫无立锥之时，政策风险甚至法律风险更高的所谓“外保内贷”又被喧嚣推出——在中国外汇储备持续消减，并且国内急需维持资本存量和资金流动性的大形势下，敢于斗胆尝试所谓的“逆向操作”套利的犯险举动，当真是让旁观者为之冷汗淋漓[①]。毫无疑问，微观企业主体心态上无视风险的“哪管身后洪水滔天”的权谋遗祸动机，给融资租赁“通道业务”所带来巨大隐患正在渐次展现。

言而总之，无论从宏观还是微观视角而言，融资租赁“通道业务”都是一种长期内的负价值创造行为，一种短期趋利的中介投机行为。虽然从中观行业的资源禀赋差异视角看，其存在具有一定的必然性，但是随着环境演变不断触发“通道”业务在“风险”环节的自毁基因突变，我们必须理性地认识到，这种并非着眼于有效资源配置和的价值创造的做法，对于融资租赁企业的长久发展而言，却是一种饮鸩止渴之举。

---

① 这是我们在2016年1月得出结论（工作室行业述评文章：《反者道之动：中国融资租赁“通道”发展路径的修正》）。十个月后的2016年11月，央行宏观审慎考核体系（MPA）将扩容至跨境人民币的消息由媒体披露——《经济观察报》消息：为严格落实跨境资本流动本外币一体化管理，央行近日或将跨境人民币业务风险管理纳入MPA体系考核。事实上，在2016年1月央行发布《关于扩大全口径跨境融资宏观审慎管理试点的通知》（银发（2016）18号）后，自2016年5月3日起，央行已经将本外币一体化的全口径跨境融资宏观审慎管理试点扩大至全国范围内的金融机构和企业。

第三节　体制套利：套利市场空间消融

可以说，非银行股东背景的“第三方”国有资本融资租赁公司的“体制套利”经营模式，是一种最不像“套利”的套利模式。具体来讲，就是在这种套利经营模式下，不但需要对资金投放目标企业进行审慎的风险评估，而且，只有在银行保持对中小型民营企业的信贷歧视以及整体经济持续高速增长这两个条件同时具备时，所谓的“体制套利”才能得以顺利施行。而一旦支撑“体制套利”的外部条件发生变化，原本采取“体制套利”经营策略的国有融资租赁公司，则很容易根据其不同的市场化经营管理的经验储备状况实现在新环境下经营取向的调整改变，进而在国有融资租赁公司群体中促进一种经营取向分化的局面形成。

1. 市场端套利条件消失

“体制套利”作为融资租赁“本土化”的一种体现，为中国融资租赁行业在21世纪开端之时的强劲复苏，提供了一个非常重要的动力来源。那时，中国经济持续高速增长的外部景气环境，如潮涌一般挟带着中小型民营企业群体跟随整个经济系统同步扩张。因此而在中小型民营企业群体中，创生出了巨量的融资需求。但是，中国改革的推进在实体经济领域和金融领域并不同步：在实体经济越来越多领域内市场化程度不断提高的同时，金融领域依然体制磐固，银行对国有企业和民营企业采取了明显不同的信贷政策。这种令中小民营企业很难从银行获取资金支持的信贷歧视，造成了中国中小民营企业迁延日久的所谓“融资难，融资贵”问题。当拥有优越体制背景的国有资本融资租赁公司看到，因经济景气而总体风险可控的中小型民营企业的庞大融资需求，和几乎垄断资金资源供给的银行体系坚持根据体制内外差异来执行信贷投放的歧视性政策同时并存时，“体制套利”应时而生——体制内国有资本融资租赁公司凭借自身的“体制禀赋”代替中小型民营企业解决“融资难”问题，然后通过收取一个利率溢价，将这种“体制资源”变现，最终实现一种跨越体制的套利。

但是，随着中国经济“新常态”特征的逐步显现，“供给侧结构性改革”要求快速实现“腾笼换鸟”，也即加速资源配置的新陈代谢。对于中国国有融资租赁企业的“体制套利”经营策略来讲，在银行的体制差异信贷歧视依然存在的情况下，“腾笼”一方面意味着原有“套利空间”的消融，而“换鸟”则意味着新生的“套利空间”也面临着被分流的现实。

随着应对次贷危机的“四万亿”投资刺激效果消散，中国经济下行压力逐步加大。中国民营企业群体作为中国经济系统中，抵御系统性风险能力最弱的经济组成部分最先显示出了崩解的迹象。民营企业群体盈利水平大幅消减，令信贷资产质量持续恶化的银行体系进一步收紧了对民营企业群体的资金支持，与此同时，面对不确定的经济前景，民营经济的固定资产投资水平也持续下挫[①]。对于中国融资租赁的“体制套利”模式而言，支撑其有效运转的两个基本条件中，高速经济增长下，风险可控民营中小型企业群体的宽裕市场空间条件已经不再成立。

那么，因简政放权及放宽诸多行业民营资本准入，以及因互联网技术和“大众创业，万众创新”激发下，由民营资本推动的，也存在巨大融资需求的，以产业融合、创新商业模式为特征的“新经济力量”，能否替代旧市场空间的消减，而置换成为支持“体制套利”继续发挥作用的新需求来源呢？从已

① 2016年，民营经济固定资产投资增速的“断崖式”下跌，不但成为财经媒体热议的话题，也引起了国务院的高度关注。而另一个引起广泛关注的事件，则是中国银行系统在2016年7月实现的所有新增贷款全部来自居民部门，或者更具体地说，来自住房抵押贷款。全部企业部门的贷款，竟然出现了小幅的负增长。

有的一些行业演进表现看，这部分新增的市场需求力量，更有可能因融资租赁行业准入门槛的降低而被“新第三方”融资租赁企业群体所分流。

2.“新第三方”融资租赁企业群体出现[①]

依照行业沿袭的习惯性企业群体分类标准，中国融资租赁企业通常依据股东背景，被分为银行系、厂商系和独立第三方等三个群体。但是，2015年以来出现的途牛旅游网融资租赁业务上线、优步（UBER）计划引入融资租赁为网约车司机提供融资、顺丰快递通过设立融资租赁公司完成货运飞机购置[②]以及普洛斯物流仓储跨国公司设立融资租赁公司服务园区企业等等案例，都让我们趋向于认为，中国融资租赁“新第三方”企业群体开始形成。

“新第三方”之“新”，首先，体现在资金投放的目标市场维度，开始启动了从“行业/子行业”向“商业生态圈”的本质性转变。

高速交通、即时通讯和信息互联技术不断推动产业分工从“链状”向“网状”演变，原有的行业边界不断被模糊，跨行业的商业模式整合创新迭出。原本只在更高的“社会经济体”层面才体现出的“系统性”，现如今已经开始被一些个体企业有意识地以自身为核心构建出来。这就是所谓的“商业生态”。与依靠自身信用支点撬动资金资源实现“接驳”的“老第三方”融资租赁企业专注精耕一个或数个“目标行业”不同，“新第三方”融资租赁企业的资金导引流向是整个商业生态系统。这就意味着，进行资金资源配置的认知基础，已经不是很困难的“理解行业”，而是更加困难的“理解系统”。某种程度上，这种对系统独到深刻的理解可以被视为更有利和更易保持的竞争优势：竞争者无法快速学习或者需要花费巨额成本才能获取的组织经验和知识。基于这种可以被视为核心商业机密的对商业生态系统的理解，“新第三方”可以极度灵动

---

① 本节中的部分内容完善改写自“工作室行业述评文章”《中国融资租赁“新第三方”企业群体出现》（2015年11月）。

② 顺丰快递通过设立融资租赁公司来融资购入的货运飞机的举措——虽然表象上是基于总体财务成本控制考量的动作，但也可视作一着“进可攻，退可守”经营布局的“闲招冷子”。但是，2016年8月，顺丰快递宣布出售旗下融资租赁资产，表明“新第三方”融资租赁公司的经营探索尚在坎坷颠簸中前行。

地实现多行业、多类别租赁物件的同步涉猎。以途牛为例。在未来，其除了为系统内的合作商家提供汽车融资租赁以外，如果还继续推出游艇、立体停车库、索道、快捷酒店甚至景区道路等基础设施的融资租赁业务，我们不应因此而感到讶异——基于系统的认识，一如“醉拳”，表面貌似散乱的招式，都统摄于冷静异常的内心。

其次，“新第三方”融资租赁企业的盈利点，可以较大程度地脱离即时的融资租赁利差收入，而指向系统中心企业——也可以用戏谑的“羊毛出在猪身上”来比拟。

所以，只要商业生态系统的中心企业愿意，“新第三方”融资租赁企业当前时点的利润规模被压缩和延滞的容忍度可以相当大——系统的局部利益，服从系统的整体利益。这一点，应该被竞争者视为一个很坏很坏的坏消息。因为这意味着，“新第三方”融资租赁企业可以依托身后系统的支持，用意想不到的低价占据市场，剿杀任何意图入侵和分裂系统的外来竞争者——看一看“滴滴”和“快的”为了将消费者捆绑进自己的商业系统所“烧”掉的海量现金，就知道这是一种怎样决绝的搏命心态。从这个角度而言，“新第三方”融资租赁企业表面上向系统内诸多企业的融资行为，实际上是系统中心企业向整体系统的一种投资行为——一种通过融资租赁作为支点，杠杆调用系统外资金进行投资的行为。也正是这种底层的投资行为性质，赋予了“新第三方”融资租赁企业相对于“老第三方”融资租赁企业的阶段性价格优势。

最后，“新第三方”融资租赁企业围绕目标市场的多产品协同能力，将显著增强其竞争力。

十几年来，一直令“老第三方”融资租赁企业心神难安的问题，就是如何增强目标客户群体的“粘度”——一种资金端逊于银行系租赁公司，市场端无法如厂商系租赁公司一样具备外部营销体系支撑状况下，油然而生的危机感。为此，“老第三方”一方面寻找多个目标产业的“附着点”，增强服务的综合性，另一方面，通过牢固把握优质目标客户群，提升自身信用实力压低间接融资成本，并积极向资本市场直接融资迈进，形成多渠道资金互补的局面，来消解这块“心病”。但令人惋惜的是，次贷危机后呼啸而至的“新常态”下，“老第三方”所倾力附着的诸多产业呈现系统性沉降，单点的融资租赁附着失力，多点的实体产业嵌入无力，阶段性地面临着一定的困难。相比而言，“新第三方”的系统中心企业，本身就是在宏观经济结构调整和产业融合的大背景下发展壮大，原有宏观经济增长模式的改变甚至断裂，对其而言，非但没有包袱反而是一个发展的机会，从而造成了实体经营绩效表现上的迥异对比。同时，商业生态系统内的企业群体，其本身的“共生”性，形成了现实的“利益共同体”。“新第三方”融资租赁公司所面对的目标客户群体，更易被联结和捆绑。同时，由系统中心企业设置的保理、各类供应链金融产品对于“新第三方”融资租赁企业而言，虽然从系统内的视角看带有一定的替代竞争性，但从系统外竞争角度来看，系统内多金融产品的协同则无疑增强了对外部融资租赁公司竞争者的屏蔽。

“新第三方”融资租赁公司有如此种种之“新”，其原因与中国的大经济环境背景紧密相关。2015年以来，中国经济的下行压力继续维持，结构调整和转型发展的阵痛期内，整个经济体系呈现系统性调整局面。当整个宏观经济增长模式由粗放的要素投入型转入集约的创新驱动，产业结构不断由“链式”向“网式”演进，中国开始由资本净流入而转向大规模对外资本输出时，外部经济环境必然会引导企业生成新的战略路径规划和经营模式，通过适应环境变化来达成生存和发展。而同样的背景环境变化，也自然会让那些已经深深嵌入原有经济发展模式之中、有过多年发展资产积淀的融资租赁租赁公司，比如一些行业标杆第三方租赁公司、厂商租赁公司，以及主打小微制造型企业的台资租赁公司，至少是阶段性地承受了巨大经营压力①。一个最为直观的表征，就是这些融资租赁公司的租赁资产质量趋于恶化。

对于其中的国有融资租赁公司而言，在“体制套利”原有旧市场空间消融的同时，“新第三方”融资租赁企业的兴起还让“体制套利”经营策略难以获得新市场空间的替代支撑，因而进一步增加了国有融资租赁公司在“新常

① 其他发起成立未久的独立第三方背景融资租赁公司数量虽然很多，但是，剔除相当比例的“空壳”公司之后，这个公司群体当中的绝大多数也并未脱离“资金通道”的经营定位，所以其所面临的经营压力也同样与日俱增。

态”下维系“体制套利”运转的难度。而所有的这一切，都推动国有融资租赁公司在不断加剧的竞争压力之下启动经营策略调整，以求实现对融资租赁“资产荒”经营困境的强力突破。

本章小结

中国所处全球经济系统的原有“稳态”正在发生趋势性转变，加速了中国经济发展理念的转变、丰富和落实。为积极应对和适应“新常态”，一系列重大国家治理战略和政府政策陆续推出并诉诸执行。对于中国融资租赁行业而言，这种外部经济环境所发生的深刻改变，从根本上动摇了行业十几年来快速发展所仰赖的“套利”经营模式的运行基础：“体制套利”在市场端失去了令其得以有效运行的中小型民营企业的资金需求条件，也因“新第三方”融资租赁公司出现而难以在“新经济力量”中找到替代的市场空间支撑；“监管套利”则因存量市场资源的加速消耗，资本市场直接融资对银行系金融租赁公司传统资金优势的对冲，以及微观审慎监管的不断强化与宏观审慎监管的加速推出，而面临着现实的“资源诅咒”；“投机套利”则因“通道”业务违背“实现有效资源配置”金融本质原则，而导致负外部性持续累加，最终将会招致来自市场的自发反制力量和政府强力规范手段的叠加冲击，并通过激活其天生本具的“风控缺位”自毁基因而渐趋末路。然而，这种趋势扭转，在给金融租赁和融资租赁企业群体带来巨大的经营压力的同时，也在企业层面激发出了各种经营策略调整和竞争计谋运用，以求突破现实的“资产荒”困境。

第六章

竞争透视

融资租赁企业破局"资产荒"的实战经营应对[1]

与企业的使命和战略有所不同，企业的经营和竞争策略的形成与调整，是短期内一种对外部经济环境和竞争环境变化的动态适应，也是一种企业对外部系统环境的反向作用与影响。对于具体的企业而言，兹事体大，事关生死。任何短期内的经营与竞争策略决策，虽然都应该将当期生存至于首要地位，但是，透支未来以满足当下的苟活却也绝对不可

① 本章内容整理扩充自"工作室行业述评文章"《金融租赁"战国时代"开启的底因锁钥》（2015年5月）、《中国融资租赁2015回顾：汇聚与融合进程中的配置试错》（2015年12月）、《重压下的突围：中国融资租赁2016之夏"祭"》（2016年6月）、《租赁大佬们的"三十六计"：融资租赁资产"食物链"上的计谋勾画》（2016年6月）、《我为刀俎：实力融资租赁企业群体亮刃"市场割据"》（2016年9月）。

取。中国融资租赁企业所供给的带有金融属性的资金服务，更是应依靠对未来的坚实把握而实现生存和长久发展。当外部环境趋势开始发生转变，原有的行业发展驱动模式已经逐渐丧失动力的时候，也即在中国融资租赁企业群体感受到越发沉重的来自市场端“资产荒”压力的时候，如何积极调整经营和竞争策略，如何在严峻的现实环境中平衡短期利益与长久利益，同步实现维系当期生存和筹谋未来发展，是任何一个金融租赁或融资租赁公司都必须要思考的问题。

在本章，我们将在讨论融资租赁“资产荒”成因的基础上，全面梳理行业内各类融资租赁公司在经营实战的竞争对抗中，破局“资产荒”的经营策略与竞争计谋，以此作为一种宝贵的经验提炼，为融资租赁企业面向未来的经营决策提供借鉴。

第一节　中国融资租赁行业“资产荒”成因

随着“新常态”下“供给侧结构性改革”的不断深化，中国融资租赁行业自2015年以来，感受到了越来越显著的“资产荒”压力。中国融资租赁行业这种“资产荒”局面形成的原因，可以从行业自身和外部环境两个角度进行观察。

从外部环境看，在更加宽广的视域内，中国的“新常态”其实是全球经济长周期在下降收缩阶段的一个组成部分，也是全球经济“新平庸”普遍状态的一个局部呈现。原有的相对稳固的全球化经济系统，已然发生断裂。以图存为首要目的，各国除了积极推进以重大科技突破引领的产业升级以外，以货币“量化”为主要手段的“零和”甚至“负和”博弈愈演愈烈。但事与愿违，即使是从全球视角来看，巨量的货币依然盘踞在虚拟领域之中，“流动性陷阱”几成事实。在资产的需求端，面对全球流动性泛滥，为了给“供给侧改革”争取时间窗口，中国“稳健”的货币政策不可避免地会存在向经济体持续注入流动性的倾向[①]，从而加剧了“资金”与“资产”的供需失衡，进而推动整个经

① 全球流动性泛滥这个大背景折射在中国，所体现出的景象便是，经济增长速度渐次下行的同时，M2依然保持了大约13%的高增长速度，大量货币堰塞在虚拟领域。2016年6月12日，证监会副主席姜洋在“2016陆家嘴论坛”上对中国资本市场“自娱自乐”现象的“敲击”，显示出官方对这种金融领域总体形势的关注甚至不满。于是，我们就能够理解，自《人民日报》2016年5月18日再度刊发“权威人士”访谈后，中国金融领域内以“收紧”为主要方向监管措施频频推出。其意无他，挤压货币进入实体而已。对于融资租赁行业而言，大可不必为此耿耿。以暂时的融资租赁禁入“新三板”为例，“去芜存菁”之意或有之，但倘若有人认为这是对中国融资租赁行业的“有意打压”，那就真的无从谈起了。

济系统的“资产荒”局面形成。2015年中国的股市巨震、保险资金充当“野蛮人”引发的“万宝之争”，以及2016年下半年伴随“地王”频出的中国一线城市房地产价格再度飙升，都是种种醒目印证。同时，在资产的供给端，由于“新常态”下经济下行压力不断加大，企业投资意愿和能力也随之下降，由此造成资产端供给的显著不足①。

这种在大经济系统中，同时发生在“资金”和“资产”供需两端的失衡，也已经开始让中国融资租赁行业整体行业资产的膨胀态势发生扭转，甚至可以形容为颓态隐现。在融资租赁企业数量依然保持激增态势的同时，2016年中，行业资产统计数据却显示，近三年间资产增量幅度已经大幅下挫。如果考虑到不断递增的行业总租赁资产基数，环比增长比率的下降速度必然更为明显。变换视角从微观企业层面观察，我们则可以看到，按营收排名的金融租赁和融资租赁“第一梯队”企业群体，其经营数据都表现出一个共同的特征，那就是收入增长速度远高于净利增长速度——这正是过剩“资金”追逐稀缺“资产”，在微观企业损益表上的真实的折射结果。于是，置身中国的融资租赁行业之中，我们很容易体会到许多实力金融租赁和融资租赁公司，因为手握大量资金无处投放而产生的叵耐心情②。

从行业自身来看，融资租赁行业中进入者数量激增，造成同质化竞争加剧，则是引发融资租赁行业“资产荒”的另一个重要原因。关于国有产业资本和民营资本背景的融资租赁公司数量激增的原因，我们已经在前文做过讨论③。虽然，金融租赁企业群体在数量上仅占全行业企业数量的约1%，但是由于其直接掌控着将近一半的行业租赁资产，并且其企业数量也呈现出快速增长的态势，故在此处对金融租赁公司在数量上的增加现象做进一步分析。

毫无例外地，中国金融租赁公司群体发展的几个关键时间节点都呼应着明显的政策意图：从20世纪80年代最早期中国金融租赁公司的成立，到2007年

---

① 2016年，“新经济”力量尚在形成之中，还不足以对整体经济下行压力提供有效的“对冲”。所以，中国民营资本投资增速的“断崖式”下降以及企业盈利能力的全面下挫，都令这种资产供给不足的局面更加引人注目。

② 尽管与此同时，占据行业企业绝对数量的众多融资租赁公司，还在因“没有资金”而愁苦不堪。

③ 详见本书第一章《第四波力量：数量》一节。

金融租赁公司设立审批的重启，再到2014年开始的金融租赁公司群体的快速“扩容”。从“政策制定者”的角度，加速金融租赁公司数量的提升显然是着眼于一盘更大的棋局。“中国梦”是大国在艰难突围中崛起的宣告，由此而导致的大国间博弈升级引致各个领域内的竞智角力——除了培育和积蓄自身力量以外，当然包括吸引外部资本、调动内部一切可以动用的资源。于是，除了对外通过使用过去三十年积累的外汇储备“能量块”来开掘“一带一路”创造巨大的市场空间潜力以利合纵之外，对内的重要意图则是吸引、调动并利用国内各方资本力量，并期望全球资本对中国的继续信任与驻足。所以，我们可以看到，设立金融租赁公司的发起者资质，并没有被局限在银行的狭小范围内，相反，任何有实力够资质的国有、民营乃至境外资本，都可以申请发起成立金融租赁公司[①]。这就在政策层面打开了金融租赁公司数量提升的巨大空间。

如果说，政策审批层面的放开只是为金融租赁企业群体扩张提供了“可能性”的话，那么，中国银行体系在监管之下的政策性目标执行过程中对盈利目标的追求，则成为银行体系积极发起金融租赁公司的内生动因。具体来说，就是对于中国的银行体系而言，除了盈利性目标之外，其体制内的国有身份，又要求银行必须达成当期盈利性目标和外部赋予的政策性目标的统一。然而一个客观现实却是，注重当期的盈利性目标和着眼长期的政策性目标往往存在冲突。这种目标冲突，在中国银行业增长放缓、整体资产质量状况恶化、存款来源被资本市场和互联网金融分流、地方债务“定向承销”导致盈利蚀损等等形势之下，尤其凸显，进而令银行业在实现“盈利性目的”的问题上出现了诸多困障。而银行背景的金融租赁公司群体，作为中国市场经济背景下的银行体系成员企业，其显性的盈利性目标实现，却因外部监管的相对发展滞后而拥有了相对于银行的母公司更加显著而独立的经营意志。于是，在可选的高盈利产品之中，金融租赁自然便成为银行的一个上好的选择。换言之，在“监管”与

① 以至于，在行业研究领域，有人已经开始将原来单纯的“银行系”金融租赁公司群体加以细分，变为“银行系”和“央企系”两个金融租赁公司子类。而2015年由外资韩亚银行与最能代表中国民间资本的中国民生投资股份有限公司共同成立的中民国际融资租赁股份有限公司，则是境外资本与民营资本背景金融租赁公司的典型代表。

“监管回避”的博弈过程中，金融租赁公司成为银行进行“监管套利”的一个重要工具。

至此，并结合中国新常态经济形势迫切的调结构、强实体诉求，则从2014年以后的金融租赁企业审批加速开放，到2015年开始的中小银行蜂拥设立金融租赁公司的因果来由，即可了然。于是我们看到，银行体系在最高决策层眼中的盈利性的政策工具定位、大国博弈引发的国际资本潮汐涨落，以及国有产业资本和民间资本力量的图存努力，都在合力吹响金融租赁的“集结号”，成为推动金融租赁企业群体数量快速增加、金融租赁“战国时代”降临的底层推动力量。

但是，无论融资租赁“资产荒”的成因如何，“资产荒”对于具体的金融租赁和融资租赁企业而言都是一个无法回避的现实。所以，从企业经营的角度去观察直面严峻“资产荒”局面的融资租赁企业，如何通过具体的经营策略实施来实现对“资产荒”困境的突破，更具价值和建设性。

第二节　中国金融租赁与融资租赁公司的“资产荒”经营应对

总体而言，除去主要依靠“通道”业务维系生存的融资租赁公司以外的，在行业企业数量占比上并不很高、但却手握行业大半租赁资产的其他金融租赁和融资租赁企业群体，根据其资源禀赋差异和管理经验的丰寡，可以分为三类：一是拥有丰沛资金资源、体制资源和市场资源的金融租赁企业；二是拥有丰富融资租赁企业管理经验和经营实力，或者拥有相当资源实力的“领军”融资租赁企业；三是初创未久，缺乏管理经验，仅具备一定资源力量的“初创”融资租赁企业。

以下，我们将对这三类企业在现实中如何面对并试图打破“资产荒”困境的实战经营动作予以观察梳理，以期让更多的融资租赁企业可以从中获得正反两方面的借鉴。

一、金融租赁公司的经营计谋

1. “合纵联盟”

不管承认与否，“垄断”或者是某种对垄断的近似状态，总是任何企业在自觉或不自觉之间心向往之的一种市场地位。而在经济环境的严寒之下，面对“资产荒”困境，众多因资源实力超越群伦的金融租赁公司群体则更易升起这种对“垄断”地位追求心态，但是，这种追求垄断的心态，则又因对彼此实力的忌惮，而变形为一种“抱团取暖”的利益妥协。

2016年夏天，在金融租赁公司群体内，数个带有“合纵联盟”[①]特征的非正式组织陆续出现。

首先要提及的是相对于动辄千亿级别的大型金融租赁企业而言的，中小型金融租赁企业的“合纵联盟”——长江经济带金融租赁联盟。这个联盟的宣告成立，似乎是在尝试摆脱偶发的“联合”，而希望发展为稳定的“联盟”。从该联盟的一些公开主张来看，构建一个动态共赢的“生态”，是其非常突出的一个特色。但举凡“生态”的形成，需要几个基本条件的满足：资源互补提供交易可能、利益平衡实现交易完成、资源循环保证交易关系持久。此外，维系一个“联盟组织”所需的努力，不亚于管理一家企业——假如真的要令其高效且稳定的话。所以，除非此联盟中的企业可以通过协作而突入一个对所有联盟成员都是“新市场”的领域，并且其中有一家或几家企业可以利用联盟资源而实现自身独具的某种经营战略意图，否则此联盟将因利益冲突和协调紊乱而陷于实质性的分裂与疏离。几乎同时，由华南地区珠江金融租赁牵头发起的，联合全国各地15家金融租赁公司的“龙舟金融俱乐部”也宣告成立。不过这个

---

① 所谓的“联盟”经营思想，在中国融资租赁行业中很早就有。数年前，融资租赁通道业务刚刚泛起时，就有业内企业积极组建“联盟”，以求叠床架屋地增加对超大型融资租赁项目的对接可能。但这种“联盟”其实只是融资租赁产品维度所谓“联合租赁”的一种体现，也可以说是银团贷款思想在融资租赁领域的体现。

此外，对于一个金融企业集团或者金控集团来说，在本集团企业内部，也可以形成某种形式的“合纵联盟”，这也就是所谓的“混业经营”思路。在行业实践中，我们已经看到一些具有券商背景的融资租赁公司，不但在市场资源共享和产品组合的角度展开了可以被称为“联合营销”的市场开发动作，并且在战略取向上做“投行式”或带有显著金融衍生发展倾向的个案，并不鲜见——海通恒信租赁可供参考。为了考察监管部门在金融租赁或融资租赁混业经营问题上态度，我们查阅了几则金融租赁企业的银监会批复文件。从结果来看，与2007年最早成立的那一批金融租赁公司相比，在2015年的金融租赁批复文件当中，营业范围增加了“转让和受让融资租赁资产”“固定收益类证券投资业务”“吸收非银行股东 3个月（含）以上定期存款”等几项内容。据此，我们不但可以基本把握监管部门的“倾向性”态度，而且还可以认为，至少在合规角度，启动金融租赁企业“混业经营”已经有了相当现实的基础——如果，我们稍稍思考下，“固定收益类证券”有多么广阔外延的话。

“混业经营”思路提示我们，很显然，弄清楚“融资租赁”是怎样的一种“产品”，或是怎样的一种“模式”，都还浮于问题的浅表。真正需要回答和解决的问题，是如何找到“融资租赁”产品的应用市场，如何扩大“融资租赁”产品在某种场景下的应用效果。

组织似乎要比“长江经济带金融租赁联盟”更为松散，主要意图在于加强彼此间的资源整合、信息共享和思考交流。

如果说，以上提及的“合纵联盟”仅仅带有松散的“生态”合作特点的话，那么2016年6月3日，由“中国融资租赁三十人论坛”发起的，专门针对飞机租赁业务而成立的“CFL30飞机租赁专业委员会”，则似乎带有些许“卡特尔”的味道——至少在意图表达的用语上，带有这种倾向。它们以“为加强同业合作，避免恶性竞争”为宣传口号。以工银租赁和渤海租赁为首的“近30家国内主要从事飞机租赁的租赁公司派代表参加”了相关沙龙会议，并且“出席嘉宾对飞机专业委员会的成立表达了强烈的期待”[①]。“卡特尔”这种企业集体行动平台，通常会被认定为非法的垄断组织，《中华人民共和国反垄断法》中也有相似的法律规定。但是，具体到当前中国的融资租赁行业，情况也许会有不同：首先，联合租赁产品的实施，内在地允许企业间进行合作；其次，也是更为重要地，是要根据具体情况来判断是否真的存在集体行动，以及这种集体行动会对中国的经济运行，产生“负”的还是“正”的“外部性”。举例而言，如果此委员会成员企业，在中国大飞机C919正式推出后，可以实现对其向国内外市场销售的大力推动，则任你把业务做得惊涛骇浪，也自然安若磐石；倘若相反，若此委员会成员企业在某一航空细分市场内，在没有外资租赁公司与之竞争的情况下，以垄断价格加诸国内航空产业相关企业群体，或者，将大量的宝贵资金资源以回租产品导入海外国家经济体——比如，大量的以境外航空公司为目标的飞机回租赁业务操作，则有关部门的一两次“谈话”或某项适时推出的监管规定，就足以让这个组织顷刻瓦解。但不管怎样，这种联合力量以实现对目标市场的“围猎”谋划——如果的确有这种意图的话，俨然可以被列为一种应对“资产荒”的经营策略。

如果说，数十个金融租赁企业的“合纵联盟”是一种基于“共识”的经营谋划的话，那么嵌套于“合纵联盟”经营谋划当中的某个成员企业所精心构建的“局中局”，则完全是另一种精深微妙的经营计谋运用——浑水摸鱼。洞

① 引用文字来自“融资租赁30人论坛”微信公众号（cbnleasing）图文消息，下同。

悉这个“局中局”，需要再次回到上文提及的“CFL30飞机租赁专业委员会”的那次沙龙会议，只不过，关注的对象是“联合主办”此次会议并成为委员会首届主席单位的海航资本集团。

海航集团在中国的企业界中，具有卓然特色——其对高杠杆的运用，以及在迅猛资本运作推动下的急速成长，一贯为人咋舌。但事实胜于雄辩，其在次贷危机后所依然保持的高频并购似乎并未稍有止步，依然活力十足。其旗下的渤海租赁也一直在融资租赁行业内声光显赫，动作频出。即使如此，我们过往也从未对其有过评论，其原因在于，我们认为渤海租赁的所有经营动作。只是整体海航集团版图经营运作在融资租赁行业的一个“回响”。也可以说，与其说分析渤海租赁，毋宁说是在谈论海航集团，而海航集团则显然地不在我们的关注领域之内。

但这次的情况有些不同，因为还关涉到数十家金融租赁公司。令人颇感兴趣的问题有两个。一是海航资本与渤海租赁“父子”齐上阵，并且以“父亲”领衔的高规格，让人不禁对海航资本的意图所向，好奇心起；二是海航资本执行董事长刘小勇先生在表达“目前租赁业最大的问题不是监管，不是税收，也不是资金来源，最主要的问题在于资产荒”的观点后，他对飞机资产进行了显著“破格”地提点——“飞机资产则是租赁业乃至金融行业度过资产荒的一个非常好的手段”。对于第一个问题，似乎海航资本并不是来帮助渤海租赁临时“站台”——其当仁不让地成为第一届主席单位，足以说明其具备内在充分的参与动机。对于第二个问题，有消息称，波音2015年《当前市场展望》预测，未来20年，中国需要新飞机的总规模为9500亿美元——粗略换算，大约平均每年3000亿人民币。考虑到机队规模的渐进发展，早期所需的规模还应远低于这个数字。如果再剔除航空公司自筹资金购买一部分，则近几年内所剩余的潜在市场规模就更小了。诚然，飞机是可供融资租赁选择的优质资产之一，但将其重要性上升到让融资租赁业乃至整个金融业度过资产荒的高度，似乎值得商榷。

但不管怎样，稍加盘点，海航资本整合中国主力金融租赁资源的目的不外有三：买入资产、卖出资产、调集资金。由于其面向众多金融租赁公司，对飞机资产大加推崇，似乎其用意不在于从金融租赁公司手中买入飞机资产。所以，从海航集团近期已经完成或正在进行的频繁地针对国内外航空公司和飞机租赁公司实施的大举并购动作出发，如果海航集团的并购计划尚未完成，则其通过各种渠道筹集或汇聚后续并购所需资金的动机或许成立；如果相反，倘若海航集团在航空领域的并购动作已经达成预期目的，则其为这些刚刚入手的飞机资产寻找“退出”或“转换”渠道则必将成为当务之急——记得那位用2.8亿鸡缸杯啜饮普洱的上海滩投资大鳄刘益谦曾经说，对于一项投资品，他最关注的不是其实际价值而是是否存在现实的交易“对手”。

所以，静静观察海航资本后续向众多金融租赁公司发出的邀约，是联合收购还是转让资产，将成为勘验其当前用意的一个很好的印证标准——当前其是否正在行使“浑水摸鱼”之商业计谋，到时或可也能昭然若揭。

2.“假道灭虢”

如果要在中国金融租赁公司面对“资产荒”而不断谋划和实施的经营举动中，选出一个用意精深足可与海航资本相匹敌的，那一定是工银租赁在2016年6月7日正式发布“Cplease系统”①，宣布进军“同业服务领域”了！

工银租赁在发布此款同业服务业务系统产品时，其表述逻辑如是展开：①为了助推实体，帮助众多金融租赁公司迅速提升其内部管理水平，工银租赁用一年半的时间，将八年的系统开发经验加以萃取，推出Cplease系统。②以这套系统为依托，还可以创新同业合作模式。③关于具体合作模式的展开，首先，金融租赁公司可以选择“托管”系统和“租赁”系统两种模式，启动对Cplease系统的使用，并可享受免费的后续升级服务，当然，需要支付托管费或租赁费；其次，基于该系统，还可提供一系列增值服务，主要有三项，即资讯服务（Cplease+数据）、咨询服务（Cplease+咨询）和资产交易服务（Cplease+资产）。

---

① 读者如欲了解该系统项目的详细内容，可通过公开信息领域进行搜索，比如，进一步追踪详情可参考：http://www.360doc.com/content/16/0607/21/29835574_565889248.shtml。

看上去，一切都很美——直到“Cplease+资产”浮现。

我们不想去质疑工银租赁联合同业缔造新型合作模式的良好用意。但是在客观上，假如，数十家金融租赁公司全部加入这个以“Cplease系统”为标准对接端口的业务系统“网络”，实际呈现出的很有可能将是一个隐藏在各个金融租赁公司业务运营系统表象之下的，一个庞大的、覆盖行业几乎全部金融租赁资产的并且带有相当“高退出门槛”的资产交易、结算和资金流转的平台——由于系统处于“托管”或“租赁”状态，退出这个平台就意味着瞬时丧失对自身公司业务运营系统的使用权利，这对任何一家金融租赁公司而言，所带来的除了运营管理上的一种突然“休克”状态之外，可能还会有绵延不绝、迁延日久的内部运营混乱。

由于工银租赁牢牢掌握着整个资产网络平台的基础——Cplease系统，所以，工银租赁或将因此而成为整个金融租赁企业群体当中的“无冕之王”。类比而言，Cplease系统对于工银租赁的潜在战略利益价值，相当于美元对于美国在全球的经济战略利益价值。这个“网络平台”一旦成形，工银租赁则有可能由此获得一系列超越竞争的优势：像任何一家金融租赁公司“内部人”一样地洞悉同业企业实时状态；拥有超过任何一个政府建立的行业监控系统所无法比拟的、巨量行业运行状况信息；优先获取优质资产的分布情况，并启动快人一步的购买动作；掌握行业高度的资金需求与供给信息，并基于此开发更多的资金融通业务，获取融通或居间收益……

与此同时，鉴于存在巨大的“退出成本”，工银租赁还会有相当强大的掌控力，防止已经“在网”的金融租赁企业脱网“逃逸”。

所以，任何一家金融租赁公司在考虑是否要采用“Cplease系统”的时候，至少要问自己如下几个问题：①这个系统真的代表着某种高水平的管理智慧凝结吗？②这个适用于工银租赁的系统，真的也可以对我有益吗？[①] ③可以保证

① 关于这个问题的深入讨论，属于融资租赁企业运营系统是否可以进行“复制移植”的问题，是一个企业管理领域内的命题。作者在由“李喆融资租赁工作室”运营管理的企业管理主题的微信公众服务号——“怀邦咨询”（公众号：huaibangzixun）中，专门撰写了一篇文章，从融资租赁企业管理的角度，讨论这个问题：《融资租赁业务管理“E系统”：“移植” V.S. “转基因改造”》，感兴趣的读者可考虑继续进行延伸阅读。

自身的大量核心商业机密信息——市场客户信息、内部运营信息、资金管理信息、财务核算信息、资产质量信息等等，不会通过某个秘密的系统“后门”或者被系统内更高阶的某种管理身份所泄露或获知吗？④如果放弃使用这个系统，是否已有备选的运营管理手段做及时的“替补”？ 也许，对这些问题加以深入思考之后，会有丝丝寒意透出脊背。

二、融资租赁“领军”企业的经营策略

1. “走为上”计

中国古代兵法“三十六计”中的“走为上”计之“走”，并非“逃跑”之意，而是有目的的迂回“运动”，在“运动”中寻找空间，在“运动”中寻找生机。在“市场端”寻找新的生存空间，这是众多金融租赁和融资租赁企业在面对“资产荒”所必然导致的“红海”竞争时，自然生发出来的一种努力。在这里，我们也可以将这种努力称为突入一片市场的“空白之地”，而不将之称为突入“蓝海”——因为“蓝海”是一个后验的结论性概念，无论当事人如何宣称其蓝海战略构想，但“最终结果”才是唯一可以用来说话的凭据。毕竟，新领域的探索必然伴随着事先很难预知的新的风险。

就目前的观察所及，国内市场空间至少存在三个可供选择的运动方向。

首先，对于已经在若干目标市场行业中建立起稳固“根据地”的融资租赁“领军”企业而言，市场空间的扩展最早表现为以债权产品投放或股权产品楔入为特征的、沿着原有目标行业产业链的上下延伸。外部经济系统的稳态循环被打破后，原有的目标产业链市场空间被系统性的震荡大幅度压缩，于是，这些融资租赁“领军”企业则基于新环境形势的判断果断采取行动，向新的目标市场的挺进。举例而言，2016年3月30日，远东租赁在香港进行2015年业绩发布时，表示“加大行业景气度较高的医疗、教育、电子信息等板块的预算与布局，对工业装备、包装、交通、纺织业务板块则以调整为主、进一步优化业务结构；积极开拓新经济周期下受益的新领域，例如成立城市公用事业部、拓

展旅游产业等”[①]。

其次，“空白之地”的寻找，可以借鉴更加成熟经济体的现实启发。比如，通过对比中国和其他国家在通用航空领域的供给比例缺口以及洞察国家政策对低空领域放开的松动倾向，即有融资租赁企业对此兴趣盎然——比如，2016年5月，中民国际融资租赁股份有限公司[②]发布的“5300”规划。但是，除非已有相当把握的“庙算”筹划——一种战略管理领域的小概率事件，或者意图以醒目的“概念”震撼资本市场以利资金资源的获取[③]，否则公开而高调地宣布经营战略取向，向世人昭示有如此的“希望之地”存在，无异于自曝行藏，不但令自身的战略形成的成本投入成为一种为行业所有竞争者所共享的公共物品，而且还可能会撩拨起其他“大块头”蓄力进击的欲望。毕竟，新的市场“空地”只是一个在时间维度上的相对概念，在商业的市场竞争领域内，通常发生的状况往往不是“走的人多了，便有了路”，而是恰恰相反的“走的人多了，便没了路”。

最后，“空白之地”还可以通过纵向的市场客户群体的大力度“下沉”而得到开辟。农机融资租赁、小微企业融资租赁和面向自然人个体的消费类融资租赁，即是这个方向的典型代表。这是一个真的可以有所作为的领域，但是，其所面临的风险以及因“跨界”个人消费领域而招致的激烈竞争，仅仅是其内在需要的高水平管理的一种现象表达。客户群体的下沉的融资租赁企业内部运营管理，将显著超越目前金融租赁或融资租赁企业群体总体上“轻资产”和“资金密集”经营特征所需管理难度——组织员工数量的急速增加以及广泛地理覆盖所需的实体网点布设，会带来合格管理人员供给相对匮乏和内部运营控制压力暴增等问题。这些问题绝非旦夕之间即可消除——以世界赞羡的深圳华为为例，连续十几年“十亿”量级的资金投入之下，任正非依然表示“还没有实现全流程管理”。并且，互联网金融的兴起，将对此类市场定位的融资租

① 引用于“远东宏信”官网新闻（http://www.fehorizon.com/）。

② 该公司常见两种简称“中民租赁”及“中民投租赁”。

③ “资源紧张”的定义仅是一个基于投资规模而言的“相对”概念，也即无论公司来头和背景如何，面对超过自身能力的投资规划，资源永远会处于紧张状态。“突然死亡”的巨无霸企业案例，所见不鲜。

赁企业的经营构成巨大的潜在威胁——如果这些融资租赁企业不能去“主动拥抱”互联网技术的话。但不管怎样，有勇气向这个领域迈进的融资租赁公司，即应该得到来自行业各个层面的敬意——无论其主观是否是纯粹的商业动机，但客观上的确为国家和社会创造了巨大的隐性价值。

国外市场的运动空间方面，在中国已经完成了由“资本输入国”向“产品和资本输出国”的决定性转变，兼之“产能输出”和“人民币国际化”的国家战略方向已然确立的大背景下，中国具有绝对实力的金融租赁和融资租赁公司早已将海外市场收入眼帘。比如，工银租赁一贯秉承“国际化”战略，不但以“一带一路”为指引完成大量的海外市场开拓，而且还积极寻求与直击海外市场的中国高端装备出口制造企业建立合作。2016年7月12日，工商银行副行长张红力与中国中车股份有限公司副总裁楼齐良晤面，并见证了工银租赁与中车租赁《租赁业务全面合作协议》的签署。此外，众多“领军”融资租赁公司还积极试水跨境的飞机和大型设备租赁业务开拓。以平安租赁为例，德国汉堡当地时间2016年5月24日，平安租赁向LATAM航空集团交付首架空客A321系列飞机，此举被视为平安租赁在全球航空租赁市场布局的开始①。

2. “金蝉脱壳”

对于有着相当时间经营历史的融资租赁“领军”企业而言，整体经济下行的“系统性”风险冲击不但无可回避，而且还会因自身过往全面地深度融入实体经济系统，而承受超出一般融资租赁企业想象的租赁资产质量恶化压力。当融资租赁“领军”企业面对租赁资产风险凸显的时候，可供考虑的应对策略有三种：化解、承受和排出。所谓“化解”，即是依靠自身的资产管理团队，来对出险或存在出险可能租赁资产实施相应的资产风险处置动作②。但是，对于因外部系统性冲击而造成的大面积爆发的资产出险，不但很难保证有足够多

① 也可以被看作是平安租赁，由国内市场“走”向海外市场的标志性的策略落地动作——只是这一步，以回租产品打入目前整体经济境况堪忧的南美市场，似乎也在某种程度上反映了海外市场竞争条件之恶劣。

② 有关租赁资产管理与风险处置的具体措施与动作，可参阅作者另外一部融资租赁著作：《融资租赁公司经营：策与术》（中国发展出版社，2013年出版），第10章。

的资产处置人员可供动用，而且因系统性风险导致的租赁资产危急状况，也很可能会让任何具备丰富资产处置经验的“老法师”徒唤奈何。所谓“承受”，即是接受不良资产所造成的所有现实后果，通过核销坏账、冲抵拨备等方式吞下苦果。这种被动的“承受”，毫无疑问地会给企业的财务经营绩效带来巨大的负面冲击，同时还会影响到外部资本市场、信贷市场对企业前景的判断与信心，进而威胁到企业后续经营所需的资金资源供给。对内，则可能会对整体员工的士气带来严重的挫伤，甚至造成大面积的骨干员工流出，影响到企业人力资源维系与供给。

所以，面对“资产荒”局面下与之所伴生的租赁资产质量恶化趋势，针对不断攀升的不良或潜在的不良租赁资产，对于融资租赁“领军”企业而言，可供选择的出路也就只剩下“排出”风险资产一途。

从行业的现实观察看，租赁风险资产的对外排出，主要通过“资产证券化”手段完成。通常，融资租赁公司为让其保有的融资租赁资产实现向资金的转换，一种常见的手段是“资产证券化”之“资产支持证券”ABS，当然也包括另外一种应用于融资租赁行业的新形式——“资产支持票据”ABN[①]。基于通行的公司治理原则“股东利益最大化”，融资租赁公司在运用ABS或ABN实现“资产—资金”转换的目的，最终会在盈利维度有所体现，而实现盈利的原则性路径取向只有两途——增加收益和降低成本。ABS与ABN实现“增收”的机制是明确而显然的：通过排出资产获取现金，然后使用现金投入于高于前期排出资产所付对价成本的更好的投放标的，由此通过加速资产周转来推高收益水平，提升ROE。但是这个增收机制得以发挥作用需要一个必然的现实前提——存在更好的投放标的。而这一点，从融资租赁“领军”企业“排出”风险资产的目的来看，并不重要[②]。

所以，如果当我们发现，一家在承受着经济下行所带来的巨大系统性负

---

① 2016年6月7日，远东国际租赁有限公司于中国银行间市场交易商协会，完成信托型资产支持票据注册。此举被视为我国首单信托型资产支持票据产品（ABN）试水成功。

② 即使在“领军”融资租赁公司在采用“走为上”计，大力开辟新市场空间的情况下，若想令这种增收机制产生现实效果，也需要一个前提条件——新的市场空间投放可以从容吸收，经由资产转换而来的大量资金。

面冲击的“领军”融资租赁公司，在短短不到一年的时间里，以极低的“资产—资金”转换收益对价频频推出ABS项目，且累计规模单位触及百亿量级之时，那么理性地推测就一定是：这家公司正在通过降低成本来扩展被持续压缩的收益空间。更明确地讲，就是降低融资租赁资产的潜在坏账成本。如果更进一步地考察这家公司内外部其他状况，则可以获得更加笃定的论据支持：在已经拥有“多渠道、多产品和多市场”的强大筹资力量情况下，斤斤于效率更低的资产证券化渠道，其合理理由也许只有一个——对于夹杂在优质资产之中，经过处理包装后被“排出”的次级资产，其投资主体在追溯与维权方面，因分散与隐蔽无法形成对融资租赁企业的现实威胁，也不会对其信用构成重大的显性伤害。需要提示的是，不应该被“机构投资者持有”的表象所迷惑——在中国金融市场里，打通机构投资者持有资产与银行面向社会公众出售的理财产品似乎并非难事。

以此观之，融资租赁“领军”企业在积极开拓新的生存市场空间的同时，借助租赁资产证券化手段，对于沉重的租赁资产“历史包袱”予以积极主动的“排出”处理，无论从中长期的经营发展角度还是从“止损”和降低风险租赁资产处置资源消耗的短期财务角度来看，其紧迫与必要毋庸置疑。

3. 市场割据

对于任何一个企业而言，“竞争”都是一种保持自身活力与生命力的“维生素”。甚至，一些智慧的企业会有意在自身的优势市场领域内，容留一定空间给竞争对手——尽管，其目的却是恰好相反的，为了持续保持自身在此领域内的绝对优势地位。但是，承载这种超迈气魄的一个大前提，首先是这个企业已经在某一市场内建立起了绝对优势的竞争地位。同样，对于任何一个金融企业而言，时刻承负一种因竞争而起的隐隐的“资产荒”感受，理性地讲，也是一种健康状态——“穷则变，变则通，通则久”，但前提依旧，需要首先占据一块足供维系生存的利基市场。

时下的中国融资租赁行业，正在面对着严峻的“资产荒”困境。但是，这种困境其强度之烈，除了常态竞争所致之外，还平添了来自行业外部经济环境流动性过剩所带来的第二重的“资产荒”叠加压力。在众多融资租赁“领军”企业的“资产荒”破局策略之中，存在着一个共同的特征——“市场割据”。所谓“市场割据”策略的核心用意，即是通过各种手段，在一个细分或局部区域市场中建立起对市场空间的“排他性”的控制，通过在“小市场”内屏蔽竞争来达成在“大市场”内赢得竞争的意图，也即通过建立专属自身的“利基”市场来赢得生存和发展的空间与机遇，进而实现对“资产荒”困境的强力突破。

（1）*左右互搏*

随着融资租赁行业进入门槛因中央和地方政府鼓励政策而不断下降，大规模国有产业资本借道融资租赁迂回进入一向壁垒森严的中国金融领域。这些以央企或地方国有企业为代表的国有产业资本所直接掌控着的巨量市场资源以及其自身因天然体制禀赋而享有的高信用等级，在融资租赁公司这个“平台”上交汇，其结果，除了战略层面的“产融双驱”和经营层面的利润贡献以外，在市场控制的角度看来，这些颇具实力的融资租赁公司，轻松完成了对原本“开放”于众多金融租赁和融资租赁企业群体的自身“市场资源”的独占切割。以港口企业为例，上海港、青岛港、广州港和珠海港所成立的融资租赁公司，在强化自身港口竞争力的同时，也形成了对其他融资租赁企业染指本港融资租赁业务的一种屏蔽。以厦门港旗下的海信升租赁为例，“借力集团内部成员单位”，在与兄弟公司海通码头开展业务并且“已经成为厦门港稳定的设备采购渠道之一”的同时，也还在积极寻求对另一股东——建信信托市场资源的优先使用。此外，2016年9月于重庆成立的“中垦租赁”，其强大的农垦企业股东背景以及鲜明的农垦市场定位，所显示的正是这种来自于排他市场资源控制的自信——计划“3～5年在全国布局5～8户子公司，实现融资租赁业务达到400亿元，实现租赁业务收入80亿元，利润10亿元”，以及“登陆资本市场”云云。

实际上，这种通过对自身市场资源进行控制来实现企业阶段性生存的做法，也并非仅仅局限于国有资本①，只不过民营资本因其可控的市场资源处于

① 参阅本书第五章第三节中“‘新第三方’融资租赁企业群体出现”相关内容。

一个更加开放和竞争度更高的生态环境之中，加之自身的资源储备，无论是资本实力还是管理人力资本都非常有限，所以市场割据策略的实施效果，受到很大局限——2016年8月，顺丰快递出让旗下融资租赁资产的一个具体背景，就是顺丰在O2O“嘿客”项目上遭遇重大挫折。反观国有产业资本，则因其自身资源和可供调配的外部资源更加雄厚，因而也更易达成“市场割据”所愿。当然，至于其能否有能力“走出”资源庇护，继续称雄于其他细分市场，则是另外一个问题了。

（2）战略联盟[①]

“厂商租赁”在融资租赁所有结构化的商业模式当中，是非常经典的一种模式。究其本质，实际也就是一种贯通实体与金融、跨行业的战略合作模式：融资租赁公司的资金资源与厂商的市场资源对接，厂商获得金融资源支持销售的同时，融资租赁公司通过与厂商的战略合作实现了对某一细分市场的独占——尤其在所谓“绑定”合作关系之下更是如此。

虽然，在中国宏观经济大势的调整之下，早期以工程机械和工业装备为主流的厂商租赁模式迅速衰落，但是这并不意味着“厂商租赁”这种体现着“战略联盟”合作、快速实现目标市场到达与细分市场割据的经营思想随之没落。

相反，因受到“资产荒”的环境压迫，实力融资租赁公司种种表现为“战略合作”，意图以此快速切入并盘踞具体细分市场的动作频出——对于基本没有实体市场资源基础，或者希望进入全新市场领域的融资租赁公司而言，这种借力共赢的策略实施自然会成为不二之选。中民租赁（也即中民投租赁）2016年8月与北京红十字会等方缔结战略合作协议，为其“5300规划”的落地迈出了务实的一步。而几乎同时，中民投租赁在云计算领域，也借力斐讯通讯的市场渠道和深圳华为的品牌影响，谋求切入数据中心建设市场。与此同时，

---

① 不同于前文所述金融租赁公司群体中出现的“合纵联盟”，“战略联盟”主要表现为跨行业企业间的，基于不同商业模式对接的，以法律关系而扭结在一起的紧密而稳固的战略合作关系，而前者则仅仅是同行业内意在舒缓竞争烈度的、带有利益妥协意味的、松散的资源和信息交流合作。

光大金融租赁也与华晨汽车控股的陆金申华达成协议，共同为华晨集团提供融资租赁服务。此外，在中国平安于2016年再度荣登《财富》世界500强的背景下，平安租赁的“个人消费金融、经营租赁和运营租赁”的新市场发展方向，正式昭示公众。此时，平安租赁携手“又一车”二手车交易平台，进入汽车金融目标市场，并凭借战略合作关系，意图实现对目标市场的局部“割据”，也正是一种对既定经营规划的动作呼应。

“战略联盟”的本质，是利益的耦合。所以，因形势多变而利益多变进而导致合作多变的前景，遥可预见。从这个角度看，对于实力融资租赁公司而言，希图长久依靠战略合作来达成对某一市场空间的长久占据，并不是一个很现实的想法。尤其是对于意图聚焦某一细分市场进行“深耕”的融资租赁企业而言更是如此。也许，像中民投租赁这样定位于“投行式租赁”模式的企业，更适合于长久地借助这种策略来实现发展——毕竟，跳跃于实体浪头之上，在资产的形成与退出之间“与时俯仰，获其赢利”，才是其真正的兴趣所在。

（3）利益共同体

近年，中央政府先后在地方政府债务置换、国有僵尸企业市场退出、打破金融领域刚性兑付、重新划分中央地方财政事权等方面连出重手政策，其众多政策意图之一，就是规范金融秩序，抑制影子银行。中国融资租赁“通道”业务是中国影子银行的一种表现形式，而融资租赁“通道”的一个重要资金投放对象就是地方政府平台。虽然，这种借道融资租赁的影子银行的操作手法，因其悖逆于金融的本质——弱化中央政府在金融领域内的宏观控制效度，并以其低下的投资实效进一步加剧资源配置的结构性扭曲——而必然在中长期内趋于消亡，但是眼前“资产荒”压力所派生的紧迫的生存危机感，依然令众多融资租赁公司对地方政府资金需求趋之若骛。

不过，融资租赁公司毕竟是盈利性的企业组织，对于人所共见的地方平台风险不可能置之不理。于是，众多以地方政府为核心目标市场的融资租赁企业在操作地方政府资金业务时，必须同时实现对两类风险的控制——地方政府隐含担保风险和平台自身信用风险。对于隐含担保风险的规避，过往的通道操作手法基本无解。理由很简单，43号文就是悬在所有地方平台债权人头上的一柄利剑，考虑到中国地方政府在过往的诚信记录，43号文甚至有可能成为地方政府堂皇逃债的正大理由。而评估平台信用，在相当程度上，毋宁说是在评估地方政府财政信用。所以，在所有的平台信用评估中，地方财政以及更加本质的地方经济发展速度和质量就成为一个重要的决策依据。

2016年9月，贵州贵安新区开投公司和海通恒信租赁就联合投资设立融资租赁公司的意向达成，让我们看到了一个值得注目的、可能同时化解地方政府融资业务这两项风险的解决方案。首先，双方利益捆绑的形式体现为紧密的股权合作而不是松散的借贷合作。这种因股权合作而构建起的“利益共同体”极大巩固了政府隐含担保的有效性——毕竟，从政府行为合规的角度而言，国务院2015年的68、69号文，对于地方政府购买融资租赁服务，持明确的支持态度。同时，贵州省作为近年中国所有省份中，经济增长速度最快的典型代表，其当期经济表现和后期发展态势都值得首肯。以此为依托，贵安新区作为国家级新区的投资建设，当真是地方政府融资市场中的一亩良田。于是我们可以看到，通过双方在地区资源和金融资源上的对接，以股权合作为利益捆绑基础，贵安新区在建设区内金融服务基础设施的同时，利用海通恒信的人力和技术优势，打通了东部沿海丰沛资金流向西部的一条管道，而海通恒信租赁则通过此举实现了对贵安新区地方政府融资市场的独占——真可谓皆大欢喜。

事实上，这种通过“利益共同体”策略实现市场独占的做法原本有之。举例而言，深圳华为在其早期潜伏三四线城市发展的时候，就通过与地方电信公司的合资手段，快速占领了大片市场。也许，这种再度苏生于海通恒信租赁身上的策略手段很快就会引发融资租赁行业内更多实力金融租赁和融资租赁公司的效仿，进而，一场追随这种2.0升级“通道”业务操作版本的、“跑马圈地”式的与地方政府合办融资租赁公司的热潮很可能兴起。

（4）投融联动

如果说，以产品来开辟市场、以产品创新来增强客户粘性进而实现某一细分市场的优势地位，是一种温和恭顺的经营思路的话，那么相反地，以控制市场来反向推动产品销售的做法则显得相当剽悍而凶猛。据说，IT硬件国际巨头思科公司（CISCO）就曾通过收购潜在目标市场企业来推动自身网络设备的销售与普及——我先买下你，然后再让你来买我的产品。

目前，中国融资租赁行业中，可能就有这样的经营手段在悄然推行。至少从一系列经营动作的表象来看存在这种可能性。而这家可能正在如此彪悍行事的融资租赁公司，就是远东租赁。

对于远东租赁的经营动作，从观察行业实力企业摆脱同质竞争、排出风险资产、突围市场困境角度，前文已有过分析。但很显然，对于远东租赁这样的上市公众公司而言，仅仅保持一个平庸的经营业绩很难得到资本市场的认可。而且，随着租赁资产的不断证券化变现，虽然其中的一部分风险资产得以出手，但同时随之而去的还有大量优质资产所能带来的现金收益——毙敌三千，自损一万。所以，从一般的维系生存的思路推演，这种资产排出的规模和频率应该逐步降低。毕竟，当前众所公认的所谓“安全资产”的争夺是如此激烈，以至于想同步保持营收和净利的增长几乎成为了一种不可能①。

但是，我们看到的景象却恰恰相反——远东租赁资产证券化的规模不断推高，出售获利也不断降低。最新的一则消息称，远东宏信在2016年9月5日发布公告，称拟向中信证券出售两个子公司基础资产，合计30.81亿，而此项资产出售的预计净收益仅为区区1000万元。这种不计收益、快速大批进行资产变现的做法，已经无法仅仅用“排出风险资产”来进行解释了，背后的意图必定重大而深远。

也许，从远东租赁2016年中财报的披露信息中可以看出一些端倪。在该财报的重大投资事项披露中可以看到，虽然总体规模尚且不大，但是远东租赁在2016年上半年明显加大了对外投资收购的力度，新增签约的控股或参股医院、学校和高端幼儿园数量翻番增加。这种与过往租赁资产快速证券化变现同步出现的、面向目标市场的投资收购加速完成，似乎在暗示一种经营模式取向上的

① 前文已指出，2016年中，按营收排名的金融租赁和融资租赁“第一梯队”企业群体，其经营数据的一个共同的特征是收入增长速度远高于净利增长速度。

深刻转型，正在“新常态”经济环境的笼罩之下快速推进——挥别传统中小型民营企业融资租赁市场，在向上争夺大企业安全资产，以“走量”维系经营绩效不至“失速”的同时，通过加速对目标市场优质中小型企业的收购，在大企业租赁业务“利差”收益基础上扩容中小型企业市场的权益端收益，进而为中长期内经营业绩的持续显著提升寻找到澎湃的动能。按照这种思路我们应该会观察到，远东租赁在对外投资收购方面将会有更大、更密集的动作出现。伴随着投资收购规模的扩大，客观上远东租赁也在目标市场中实现了一种无可匹敌的“市场割据”地位。这种以“投融联动”为特色的“市场割据”，的确是目前所见最为霸气的手法——超越行业舶来的所谓“经营租赁”理念，至少一个量级！

但是，这种手段的有效实施，也存在非常苛刻的资源条件约束。在此场景下，资金资源已经不再是主要的甚至也不再是重要的资源约束条件，真正的资源约束将来自于人力资源。同时，随着投资收购规模的扩大，原有的管理结构、管理模式和管理机制将愈加显得不敷所用——因投资收购规模扩大所呼唤的对原有管理体系的调整甚至变革必将发生[①]。换言之，这条路能否真正趟出来，相当程度上取决于远东租赁将“人力资源”升级为“人力资本”的能力高低。

以上，我们看到了种种融资租赁“领军”企业群体在面对“资产荒”困境时所展现出的经营智慧，乃至更为可贵的“企业家企业”理念[②]。这些智慧和理念，也正是我们在面对阴霾密布的现实困境时时刻得以提振信心的谋略支撑所在，也正是我们在黑暗中顽强奔跑时时刻得以心怀光明的意志支撑所在。

三、融资租赁“初创”企业的经营手法

相较而言，任何处于早期发展阶段的企业生存压力尤其巨大。似乎是在

① 这是作者在2015年9月作出的判断（《我为刀俎：实力融资租赁企业群体亮刃“市场割据”》）。而在2017年初，远东租赁总裁的内部演讲印证了这个判断。有兴趣的读者可以延伸阅读一篇“李喆工作室”的管理评论文章《管理的“暗物质”：远东租赁2017“探险”经营的未来“赌筹”》（详见“怀邦咨询”微信公众号——huaibangzixun）。

② 参阅本书第七章第一节中“企业家企业”的相关内容。

暗合自然界的生存法则，得以顺利通过最早期“死亡峡谷”阶段的企业百无一二。反观中国融资租赁行业中普遍存在的，已注册但未实际运营融资租赁公司造就的所谓“空壳率”①数据，蓦然心有戚戚焉。如果依照融资租赁企业经营模式的差异来对企业群体进行“分层”的话，在这大量的“空壳”融资租赁公司群体之上，就是同样数量众多的以“通道”业务为主要经营模式的“通道”公司。而在“通道”公司群体之上，金融租赁和“领军”融资租赁企业群体之下则是一个可以被称为“初创”融资租赁企业的“夹层”群体。这个企业群体具备一定的资源实力，但还无法向上与金融租赁或“领军”融资租赁企业相抗；拥有一定的企业背景身份和管理能力，却又不甘苟活于“通道”业务。正是这样的一种处境，让“初创”融资租赁企业群体发展出了另外一套“剑走偏锋”的经营手法。

1. “突入险地”

在市场端“突入险地”是“初创”融资租赁企业的第一个特色经营手法。在“初创”融资租赁企业群体“可见”的市场空间内，似乎已经拥挤得无法下足：少数金融租赁企业已经紧紧跟随国家战略的落地实施，而在“一带一路”、高端装备出口以及跟随国家领导人出访签约国外的飞机、游艇的海外市场领域内取得独占；而具备资源优势的其他金融租赁和“领军”融资租赁公司，则早已通过刀刀见血的价格竞争，生生将下行经济趋势下的国内优质大型企业的融资租赁市场化为“红海”；虽然，曲线规避43号文、继续向地方政府和过剩产能融资的融资租赁通道依然畅通，但此间人头攒动，无数以影子银行身份存在通道融资租赁公司左右逢迎。而期望中的因国家政策而激发的市场爆发却迟迟不见影踪——尽管，每一次国家的重大战略宣布都会在行业里引发一阵集中的关注热度，但“一带一路”“中国制造2015”“大众创新、万众

① 也即，已经完成融资租赁资质审批和工商注册，但久久没有启动经营，没有任何经营记录的融资租赁企业数量，与行业总企业数量的比率。关于“空壳率”的具体数据，不同时间说法不一，高至85%低至60%的说法都有流传。虽然这些都只是局部或观察的经验数据，可能存在误差，但是，存在畸高的“空壳率”，则是行业内各方的一致结论。

创业”等国家治理战略，对中国融资租赁整体的实质性带动态势尚未显现[①]。所以，我们实际看到的更多的景象是：“初创”融资租赁公司群体在不断地通过“突破”市场端的“底线”，来寻找新生存空间——2015年起，活体租赁、权利租赁的探索见诸实践。在短短不到一年的时间里，“资产荒”的环境压力令这种行军“险地”的速度，迅速由“探索”转变为震惊四座的“偏向虎山行”：2016年5月，辉山乳业将把大约1/4的牧群—— 约5万头奶牛作价10亿元人民币（1.52亿美元），与广东粤信融资租赁有限公司操作售后回租赁。2016年11月26日，辉山乳业再次发布公告，宣称将与盈华租赁签订融资租赁协议，租赁标的为4万余头奶牛。随后，事件的开始发生戏剧性变化：2016年12月16日，浑水资本研究机构发布报告，坚称“辉山乳业利润率和收入作假”[②]。2017年3月24日，是辉山乳业（06863.HK）的“黑色星期五”：11点30分左右，股价出现异动。异动到什么程度呢？狂泻90.36%，12时午间收盘略微收窄至“85%”。此前一天，辽宁省金融办即下发通知，召开辉山乳业债权工作会议，23家债权银行均出席。另有消息称，辉山乳业核心高管，公司执行董事、高级副总裁葛坤疑似失联。至此，这个震动一时的巨量活体租赁事件，跌落尘埃。

实际上，对于活体租赁物的尝试探索，早在此前的大约10年间就已经为一些融资租赁公司所关注，所以从行业实践的角度，在所谓的“活体”租赁的概念创新方面并无新意。而彼时的融资租赁公司之所以没有去操作“活体”租赁，只有一个原因——风险难以控制。较早前，中央电视台有一档创业主题的

---

① 在本书第一章《第五波力量：方向》一节中，我们其实已经可以看清个中缘由：国家战略的宣布，其目的正是希望所有行业的企业群体可以能动而积极地予以响应——对于融资租赁行业而言，就是希望通过融资租赁公司群体的创新经营来助力实现这些国家战略，而不是相反。换言之，等靠国家扶持和优惠政策来“坐享其利”的时代已经不复存在了，任何一个认为“国家有新战略和新政策企业就会因此而兴旺发达”的融资租赁企业，犯了“倒果为因”的错误。

② 浑水表示，至少自2014年起，（辉山乳业）公司通过虚假宣称苜蓿草全部自供来夸大利润率。事件中另一位主角“盈华租赁”的公开工商信息显示：盈华融资租赁有限公司为“台港澳与境内合资”类型的有限责任公司，成立于2011年12月14日，中国融资租赁有限公司出资5834.48（万元），占股 21.38%；中国木材（集团）有限公司出资10133.57（万元），占股 37.13%；中经控股有限公司出资6924.65（万元），占股25.37%；深圳市东方银座集团有限公司出资4400.00（万元），占股16.12%。其中，东方银座集团在2016年11月4日的工商变更信息中，首次以股东身份出现。

节目，叫作“赢在中国”，其中一位选手怅然地反思自己为什么没有在一块“无人市场”中取得成功，那就是，“不是别人没看到，而是别人看到了风险和难度而没去做”。以此为类比，如果不能改变“活体奶牛”回租赁项目基本相当于信用借款的合理假定，如果不能有足够充分的理由去支持一笔巨额信用借款投放的话——尤其是在筹资企业管理层“十分”关心自身股价涨幅的情况下，那么对于“活体奶牛”租赁这样的“险地”之行，我们只能说“咎由自取”了。

2. “整合二级”

“整合二级”是“初创”融资租赁企业的第二个特色经营手法。如果把通过资金投放形成的融资租赁资产来获益的操作比喻为“一级市场”的化，那么，融资租赁资产交易环节就可因此而类比为“二级市场”。西方发达经济体中的融资租赁公司，其盈利构成中除了利差收入之外，还有相当一部分来自“二级市场”，也即经由租赁资产交易而获取利润。以此为借鉴，加之中国融资租赁企业群体中绝大部分企业在资金资源筹措方面存在显著劣势，所以针对租赁资产交易环节的各种经营尝试被屡屡推出。

客观而言，介入租赁资产“二级市场”寻求市场空间的现实条件，的确在不断成熟和完善。在资本市场方面，2015年初，资产证券化备案制落实及融资租赁资产被纳入ABS基础资产的落地，着实令行业情绪为之一振。虽然在法律关系、资产权属、定价等方面还有一些操作上的掣肘，但是声称ABS将成为融资租赁公司融资主渠道的声音依然不时响起[①]。“场外”市场方面，自2014年起，各种形式和名目的融资租赁资产交易平台成立的消息不时见诸新闻。

但是，面对日趋完善的外部环境条件，“初创”融资租赁企业在融资租赁资产交易环节的经营手法定位，往往并不是“投放形成资产—出售资产加速周转”的经营式获利模式，而是染指融资租赁资产交易平台建设的，“搭建平

---

① 2015年，融资租赁公司借道资本市场的筹资举措远远不止ABS一端，规模体量和背景比较高挑的融资租赁公司，香港上市者有之，伦敦发债者有之，债券票据融资者亦有之。而初创未久或者体质略显单薄的融资租赁公司也纷纷发力，抢滩新三板——尽管，实际在新三板的融资效果尚难下定论，但能以筹资为号召，PE投资人以此预留退出后路，亦不失为一步可走之棋。

台—服务收费”的中介式获利模式。汇聚融资租赁行业资源，搭建起促进租赁业务合作，促成融资实现的租赁资产交易的“平台”，本身是一件好事情，也是一个新的盈利点选择。但是，如果这种经营模式并不是作为主体融资租赁业务展开的一个补充和辅助，而是唯一地从事此类平台建设和经营的话，那么在某种意义上，这种可以类比为向融资租赁“二级市场”挺进的“突围”动作，可以被视为是在有意回避融资租赁市场中的直接正面竞争——不在牌桌上赢钱，而在牌桌下“抽水”。

当然，从企业经营的角度而言，这种“大迂回”的经营转换无可厚非，亦正大光明。但核心问题是，如果无法或无意在融资租赁市场上取得“差异化”的竞争优势，那么怎样可以保证在融资租赁“二级市场”领域内就可以建立起同等重要的竞争优势呢？用巴菲特的话来发问，就是“你的‘护城河’是什么”？如果对这个问题没有深刻的思考，没有坚定而艰辛的执行，那么无论是“租赁+”还是“租赁-”，无论是“交易中心”还是“交易平台”，都必将昙花一现，归于寂寥——在回避融资租赁正面市场竞争的同时，却不期然陷入另外一种更加缺乏胜算的遭遇“竞争夹击”的境地。具体而言，就是要同时面对来自政府和个人两个层面的竞争压力。

一方面，来自政府方面的竞争压力，几乎可以用“遭遇强势踩踏”来形容。以快速崛起为中国融资租赁行业“一极”的天津自贸区为例。2016年4月，天津自贸试验区管委会专职副主任蒋光建向媒体透露，备受市场关注的两大租赁平台，即中国天津租赁平台、中国金融租赁登记流转平台相关文件已上报国务院。2016年9月，天津市副市长阎庆民在“第三届全球租赁业竞力论坛”上表示：“我们按照关于自贸区和去年国务院常务会议通过的在天津要搭建金融租赁、融资租赁的登记托管流转交易平台，现在正在进行当中，这无疑给我们未来在座从事租赁行业相当于搭建二级市场，目前各部委，商务部、银监会、天津市政府正在积极做准备，我们力争明年在这两个平台，今年底会落户第一个平台，明年会做第二个平台，这样为大家提供价格发现，托管、登记、流转创造一个好的价格发现场所。”而在另一方面，这种定位于租赁资产交易平台的经营手法，还要接受无数以个人形态存在的金融中介“蚂蚁”的疯狂啃啮——在如此发达的讯息互联世界里，建立租赁资产交易平台，高调宣布去“抢”无数精明而勤奋的“金融中介”的生意，想得手还是有相当难度的。

3. “李代桃僵”

第三个被“初创”融资租赁企业使用经营手法，是“李代桃僵”。“李代桃僵”这个经营策略在中国融资租赁行业中的应用并不鲜见。以众所周知的融资租赁“通道业务”为例，无论是银行为规避监管而将融资租赁公司作为“投放通道”还是银行为获取境外资金而将融资租赁公司作为“资金通道”，实际上就是银行在运用“李代桃僵”之策，以融资租赁公司为“工具”实现自身经营利益。而在融资租赁企业群体内部，也依然因“信用级别”落差的存在，而令这一经营手法被“初创”融资租赁公司所运用。

在中国，具备体制资金资源禀赋优势的实力第三方融资租赁公司，其所实现的收益中包含一部分“跨体制信用套利”收益[①]。对这种特殊盈利禀赋，在另一个层面的理解，也可以说，其真实拥有的市场化运营能力至少阶段性的非常薄弱——通过勾兑自身资源以形成短时的急速业绩成长之后，其经营后劲明显不足。与此同时，大量的中小型融资租赁公司却处于严重的“资金饥渴”状态，于是，掌握区域内市场资源的中小型融资租赁公司与掌握雄厚体制禀赋资金资源的融资租赁公司，就通过类似“经销制”的合作，实现彼此间的资源耦合，自然一拍即合。从拥有资金优势的“初创”融资租赁公司一方角度，使用“李代桃僵”策略，寻找并确立地方性的市场经销合作方，就成为一个现实而理性的选择。例如，2016年6月14日，中海油国际租赁与烟台国裕租赁签署战略合作协议，使“烟台国裕融资租赁有限公司作为中海油融资租赁有限公司的烟台办事机构”，即可视为印证。

但是，需要做更进一步说明的是，如果这种合作框架下的双方企业都没有形成明确而坚定的经营战略规划，也没有在各自经营战略的基础上发展出真

---

① 参阅本书第二章第二节《垂直生态：中国的“千面”融资租赁》。

正的“共生”合作关系，那么双方目前这种“以利相合”的关系，随着时间的推移将展现出愈加脆弱的趋势性特征。设想，“初创”融资租赁企业内部发生的诸如人事变动等随机事件，或者区域内资金资源方面的形势发生逆转性的格局变化，则这种合作关系随时都有可能陷入“名存实亡”的境地，令这种融资租赁公司之间以“市场”换“资金”为实质的合作关系[①]悄然消散于无形。

本章小结

从经济环境和行业现实角度看，融资租赁“资产荒”局面的形成，源自实体经济困顿基本面上的资金供需失衡，以及因金融租赁和融资租赁企业数量激增所导致的同质化竞争加剧。所以，各类金融租赁和融资租赁公司的应对之策，也全都聚焦于代表资金需求的“市场”和代表资金供给的“竞争”：金融租赁公司群体在意图采取“合纵联盟”降低竞争烈度的同时，还谋求发挥自身资金优势，通过租赁资产的购买来间接实现资金与市场的对接；“领军”融资租赁企业则凭借自身长期经营积淀的管理资源优势，除了积极排出风险资产、卸下不良资产包袱之外，还通过对原有目标市场空间的延展，以及实施“市场割据”，构建专属自身的排他“利基市场”，来强化自身在市场端的竞争优势地位；“初创”融资租赁公司则意图通过承担更大的经营风险，后退转向提供融资租赁资产“二级市场”交易服务，以及与其他具备资金优势的金融租赁或融资租赁公司建立“经销制”合作关系等举措，回避市场端压力，弥补其在资金端的劣势。所有这些现实中的经营实战经验，都可以为面向未来的决策提供宝贵的经验借鉴，但是要实现融资租赁企业的长久发展，还要进行完备的行动准备，为全面的经营管理提升夯实基础。

---

① 业内，这种“经销制”下所体现的不同层级金融租赁或融资租赁公司之间的“共生”甚至“寄生”的合作关系，似乎暗示，对于在资金方面不具资源优势的融资租赁公司而言，从“融资租赁公司”向“融资租赁经纪公司”蜕变已经成为一种可予考虑的、现实的经营策略。

第七章

行动准备

管理理念、市场分析与策略借鉴

从融资租赁企业经营的角度出发，在经济系统、行业格局和企业竞争等不同维度，对中国融资租赁行业的历史演变和未来趋向进行立体视角的观察和研判，其最根本的目的即在于形成企业经营管理实战的决策支持和行动指引。既然毫无疑问地，融资租赁行业在宏观环境中的运行态势及其变化会影响到微观融资租赁企业的管理决策和经营动作，那么如果把融资租赁企业看作一个有机的生命体的话[①]，我们则可以判定，在外部环境变化的“刺激”与生命体对此刺激作出应激的肢体“动作”之间，一定还有一个大脑或中枢神经的决策和命令的过程。正是这个过程，让经

① 关于对“企业是一个有机系统”的更详细讨论，可参阅作者的另一部融资租赁管理著作：《融资租赁项目风险分析：知与行》（中国发展出版社，2014年出版），第二章。

济环境变化、行业格局演变和企业管理动作之间形成了一种动态往复的“互动”影响关系，而从企业管理的角度去看这个过程就可发现，这个过程由三个连续的环节构成：使命、战略和策略[①]。

使命确立、战略形成与策略制定，都离不开对外界环境的动态观察。使命的确立，离不开对外部多重系统环境的深刻理解；战略的形成与调整，则需要对行业格局及其演变趋势做出正确的判断；策略的制定，就是针对市场需求、竞争强度、资源流动等外部环境条件的快速变化做出迅速反应。但是，因使命、战略和策略也都是企业对外部环境的一种主观认知、判断和决策，所以，企业治理层和管理层自身的思维高度、思考规模和经验储备，也会直接影响到使命、战略和策略能否正确而有效地形成。换言之，为了在经营管理的实战中获得优异绩效，除了要对外部环境演变趋向进行准确而深刻地观察以外，还要保证企业治理层和管理层的主观认知能力足以及时确立和形成正确的使命、战略和策略，以反向应对、利用外部环境的变化，进而实现对外部环境的驾驭和改造。

所以，考虑到“使命—战略—策略”三环节是其他所有管理实战动作的实施前提，为了令其能够得到有效执行，就必须首先为其做好充分的行动准备：使命确立所需的管理理念、战略形成所需的市场分析以及策略制定所需的经验借鉴。

---

① 对于一个企业而言，“使命”是在表达企业要去做什么事——“使命”是所有企业管理动作发起的原点，没有“使命”的企业是没有灵魂的企业，也一定是短命的企业。“战略”则是企业对如何达成使命在规律和整体高度的持续动态思考——“战略”是达成为了实现“使命”而进行的路径规划，也会因环境变化而随机调整。“策略”则意图让每一个具体动作的执行变得可行而富有效率。

第一节　管理理念[1]

高度决定视野，理念决定格局。企业使命之有无，乃至企业使命之确立，可以在根本上反映出一个企业的思维高度和理念境界。必需的思维高度和理念境界缺位，将令任何对企业使命的宣讲沦为空谈，令任何对企业使命的表达沦为一句苍白无力的口号。能否让企业使命真正得以发挥管理效力，带来卓越的经营绩效，最关键的，就是企业最高管理层是否真正发自内心地认同、敬畏企业使命，甚至将其上升为一种信仰。否则，貌似恭谨心实虚惶的任何有关企业使命的表白，都不过是无谓的“欺人”与“自欺”而已。

而要确立一个对企业管理有实质提升作用的企业使命，并发自内心地去遵从和践行，就必须首先树立必需的管理理念。同样，管理理念也并非一个空泛虚浮的概念，相反，管理理念的最大作用就在于对现实经营困境的突破。对处于“新常态”早期阶段的中国融资租赁行业而言，管理理念的这种最为现实的作用，就是对“资产荒”困境的突破。

一、企业家企业

众多金融租赁公司和融资租赁公司所面对的“资产荒”，并非是融资租赁行业的一个特殊现象，而是一个中国甚至全球金融市场，在面对次贷危机后

---

① 本节内容改写自由“李喆融资租赁工作室”运营管理的微信公众服务号“怀邦咨询”（公号：huaibangzixun）首发的，作者撰写的融资租赁管理评论文章《突破融资租赁“资产荒”困境的管理第一步》（2016年9月）、《融资租赁“风口”拣选：做“圣人”，还是做“先知”？》（2016年10月）。

全球经济复苏乏力的艰难时局时所感受到的一个普遍现象。但是，既然目前的宏观趋势，是由过往各方微观市场主体的力量集合而形成，那么“资产荒”形势的扭转，也必将因各方微观主体的发力汇聚而渐次发生。从这个角度而言，在微观企业管理维度来探讨“资产荒”的破局很有必要——这实际也是金融企业如何在“资产荒”形势下实现逆势发展的关键所在。对于中国的融资租赁企业群体而言，当然也不例外。

无论是融资租赁公司的股东投资人还是职业经理人，在面对“资产荒”问题时，首先要在内心明确的问题是：“资产荒”宏观困境是否有可能因自身的努力而得到解决？如果对于这个问题的回答是肯定的，那么考虑“如何破局‘资产荒’”才会变得有意义。如果对于这个问题的回答是否定的，那么理性的行动只有两端：立即着手去全力争夺视野内有限的“安全资产”，或者在评估自身无力参与对“安全资产”的竞争之后，及时抽身退出，另谋出路。

从现实的观察来看，包括金融租赁和融资租赁企业群体在内的中国金融企业，除了在虚拟领域内依靠资金“空转”的“自娱自乐”而实现“食利式”生存以外，涉及实体投放的金融企业，目前绝大多数都将资源和力量投入到“安全资产”的争夺中。当然，从当下静态的时点的角度来看，这是绝对正确的——生存压倒一切。但是，从动态的过程视角来看，在过去绝大多数的中国金融企业潜意识中并没有“改变外部环境”以开辟自身生存空间的动机与理念，从而将自身不自觉地推入“零和”市场争夺的同质竞争“红海”之中。从某种意义上讲，这也是造成目前“资产荒”现象发生的原因之一。

有观点认为，“资产荒”是一个客观的周期性现象，言外之意，就是只有被动接受，苦挨待变。诚然，在现象上，整体的金融行业带有显著的“顺周期”特征，但是对于具体的金融企业——包括金融租赁和融资租赁企业——的股东投资人和职业经理人来说，是否认为自身所掌控和管理的企业应该“顺周期”，将成为区别两种有着本质区别人群的关键——“顺周期”理念下的“商人”和“逆周期”理念下的“企业家”。前者因适应环境而生存，后者因改造环境而生存。对于整个社会经济系统而言，这两种人群都是有价值的，前者提供动力，后者引领方向。但是对于具体的企业来说，“企业家”因其可以实现在当期适应环境求得生存和长远改造环境达成发展之间的平衡，从而更具价值。

中国融资租赁行业目前所面临的“资产荒”困境，如果从微观企业管理的维度去寻找原因，最首要的一点就是遵循“监管套利”“体制套利”和“投机套利”的“商人企业”比例过高，而“企业家”领导下的开创性企业比例过低。甚至，在这极低比例的“企业家企业”中，还有相当部分因资源局限而深深蛰伏。所以，从融资租赁企业角度来看，突破外部“资产荒”困境在理念上需要具备一个先决条件，那就是要有意识地放弃或者至少是弱化对“套利”模式的倚重——全面更新企业经营的理念，放弃潜意识中对外部环境的被动适应心态，而开始尝试通过改造外部环境来获得新的和更加广阔的生存空间。

但在这里我们也必须略带遗憾地指出，这种经营理念上从“商人”到“企业家”的飞跃，只有少数人甚至是极少数人才可以达成。在这些“少数派”中，一部分人是“天生的”企业家，他们发自内心地厌恶因循平庸，热衷于通过不断的自我突破去实现对外部环境的改变，而另一部分人则是因为清醒地认识到，只有改变与突破外部环境才能令自己掌控的企业真正获得极速发展，进而让自身的利益——无论是经济回报、社会地位，还是自我实现的成就感和满足感，得以实现。简言之，前者因此而获得快乐，后者因此而获得利益。而对于其他的“大多数”而言，这种理念上的“跃迁”，在稍长的时间跨度里，受其经历和经验累积的激发，也可能会发生——但是在短期内，他们会依然故我地坚持“商人”理念。实际上，也正是这绝大多数“商人企业”集聚一隅的资源对耗，才为“企业家企业”向新空间的蓄力发展提供了市场机遇、减少了竞争阻力。由此看来，多数的“商人企业”和少数的“企业家企业”之间反而形成了一种微妙的平衡，让市场中永远都存在着机会和希望。

二、超越竞争

从根本上讲，融资租赁乃至其他金融领域内的“资产荒”，是由供需失衡导致的竞争加剧所派生出的一个现象。所以很自然的，破题“资产荒”就要从“供需”和“竞争”两个角度进行思考。

从“竞争”角度来看，包括融资租赁企业在内的所有企业组织，潜意识里其实都在追求一种“没有竞争”的状态——一种为了保证生存安全，而自然生发的心理诉求。要达成这种状态，只有三个途径：一是垄断，即通过制度、技术或资源控制，实现对供给的排他性垄断；二是回避竞争对手，转向或开辟无人涉足的新市场领域；三是超越竞争，也即在既定的市场领域内，建立并保持持续的竞争优势，在拉升市场进入门槛以阻断新竞争者出现的同时，不断超越同业竞争，领先于“无人之境”。对于当前的中国融资租赁企业来说，意图垄断绝无可能。而普遍的“套利”经营模式本身，已然令有限视野内的市场空间遍布同质化竞争对手。在这样的市场环境下，背负现实而沉重经营目标预算的融资租赁企业，想要快速建立绝对优势的竞争地位势如登天。所以，对于绝大多数的融资租赁企业而言，寻找并占领新的市场空间，以先发优势作为依托，持续拉大优势“落差”，将经由“回避竞争”而建立的优势地位在新市场空间中不断夯实巩固，进而过渡到“超越竞争”的经营状态，就成为一种最现实而理性的选择。

寻找新市场，就是寻找新需求。对于具体的融资租赁企业而言，找到新需求就意味着“资产荒”困境的崩解。在“企业家企业”理念之下，“需求”从来就不存在一个既定的有限边界，而可以被激发和创生。但是，这种对需求的激发和创造并不能无条件地随意达成。从诸多中外企业的经典案例中我们可以发现，“企业家企业”对需求的创造包含两个关键步骤：洞见蕴藏厚积而未被发觉的“需求势能”，以及积极创设条件将其“引爆”。

为了清晰说明这两个步骤的含义，我们在此列举一则史料和两个企业案例来做例证式的阐述。

毛泽东在其名篇《湖南农民运动考察报告》的开篇之处写道：“目前农民运动的兴起是一个极大的问题。很短的时间内，将有几万万农民从中国中部、南部和北部各省起来，其势如暴风骤雨，迅猛异常，无论什么大的力量都将压抑不住。他们将冲决一切束缚他们的罗网，朝着解放的路上迅跑。”1927年，毛泽东所观察到的那“几万万农民”被压抑到极限的翻身需求，以及由这些需求“势能”所能释放出的巨大力量，成为他坚定走入井冈山，抛弃苏俄工人革命教条，坚持在中国发动农民革命，并最终缔造新中国的最现实的信心依托——回想开国大典，毛泽东回应人群山呼的一句“人民万岁”，当真是发自肺腑的感慨之语。德鲁克在其经典著作《管理的实践》中，为说明企业相对于社会所应发挥的功能以及企业的本质特征时，列举了西尔斯公司的例子。在这个例子中，西尔斯公司最先发觉了被抑制而无处宣泄的农村购买市场，并通过建立邮购公司等手段满足了农村购买市场需求，从而成为一个真正意义上的企业。马云的“淘宝”可以在中国击败国际巨头ebay，除了以互联网技术便利购买、降低交易成本以满足消费者群体的购物需求之外，淘宝所引爆的另一个潜在需求势能，实际上是因社会流动性趋缓、社会底层人群向上的流动渠道稀少所导致的被压抑淤积的个人自我实现需求，以淘宝开店创业的形式被激发出来。当然，淘宝对这些需求的激发，依然需要创设一系列类似西尔斯公司邮购工厂这样的条件。比如，为了在一个普遍诚信缺失社会环境中实现陌生人之间无忧交易而创造的“支付宝”。

所以，要真正突破融资租赁“资产荒”困境，就必须在以“商人企业”习惯性经营动作维系企业当期生存的同时，开始启用“企业家企业”的眼光去观察环境趋势，进而在战略路径设计上建立起渐次实现由“回避竞争”到“超越竞争”的具体思考。虽然足供中国融资租赁公司借鉴用以突破“资产荒”困境的关键步骤经验已经呈现无遗，但是也必须看到，在回答随之而起的另外两个派生问题“如何找到这些被压抑的需求”以及“什么样的首要且必要的条件，可以让融资租赁企业的所有组织成员在找到这些新市场需求后，得以在不迷失的自组织状态下，建立并保持竞争优势”之前，这是为了突破融资租赁“资产荒”困境，而在管理理念更新方面，所需迈出的第一步。

三、创造价值

万物皆流，这世界上，唯一不变的即是时刻都在发生的变化。互联网时代的信息光速流转，正在让外部环境的变化呈现出一种“系统性”的加速态势。由此所导致的一个效应则是，变化很容易被“后验”地感知，但是却很难被“先验”地预见。同时，不断加速的环境变化，也让表达变化的各种现象在不同领域同时喷涌式地呈现。这一切似乎都在暗示，对于反应未来变化趋向的“风口”[①]而言，我们的思考重心必须从“如何发现变化，寻找风口”，转移到“如何拣选变化，锁定风口”[②]。对于众多的中国融资租赁企业而言，“风口”当然极具诱惑，尤其是在当前整体行业直面“资产荒”困境之时，一个可能顿解市场焦渴的“风口”不啻为沙漠旅人眼中的绿洲。但是，对于中国融资租赁的“风口”而言，或许困惑也并不是风口“少的难以发现”，而更有可能是“多的难以拣选”，以及更进一步地，如何能够正确地进行“风口”拣选——仅在公开信息领域当中，关于的“风口”建议提点就已经俯拾皆是：新能源、新科技、大健康、大医疗、通用航空开放、PPP、高端装备“出海”SPV、制造升级之机器换人、消费驱动之个人金融，等等。

面对如此之多的“风口”选项，该如何做出选择，对于融资租赁公司而言是一个重大的经营方向决策问题。既然是一项决策，那么就必须确立用以做出取舍的决策标准。

通常被默认或隐含确立的决策标准，是“潜在需求”。也即，通过发现拥有巨大潜在需求的市场空间，抢先进入，建立先发竞争优势，以求实现最大化的利益获取。采用这种决策标准的企业组织，当然也包括融资租赁公司群体，会不自觉地希望自己成为一位“先知”——预见某个目标市场的潜在需求爆发，并在恰好的时点进行对接获利。应该承认，这种自觉或不自觉的决策标准选择，在逻辑上成立，在现实中也有成功案例。但是，要在变化速度越来越快的经济环境中继续单一地依靠这个决策标准来指导经营，难度越来越大。

首先，存在同步处理巨量信息的能力瓶颈。承载潜在需求市场信息的新事物和新现象快速涌现，层出不穷，对其进行及时的认识、分析，并将各种现象间的内在联系机理加以深刻洞察，绝非一般企业组织所能完成。以融资租赁

---

① “风口”一词，因小米雷军而风行于世。在小米“独角兽”企业的“背景光”之下，“寻找”风口已经隐约间成为许多企业念想中实现快速壮大发展的一剂“灵丹妙药”。

② 2014年，马云在乌镇的互联网大会上，抛出一个“比勤奋，比聪明，都不如比未来”的观点，即是因此而发。

行业为例，众多企业高管非常重视彼此间各种正式或非正式形式和场合的沟通交流，很重要的一个原因，即是想通过彼此思考的交流来减轻这种巨量信息的处理压力。

其次，竞争会收窄“风口”机遇，甚至将之快速抹杀。德鲁克说，企业唯一可以保持的竞争优势是管理优势。换言之，没有管理优势做基础的任何模式创新、市场创新、产品创新甚至技术创新，都会快速被竞争对手所复制和超越。一个没有坚实管理基础的企业，很难在“风口”上长久停留。中国融资租赁行业里，“通道”业务自兴起到如今，其通道费率的下滑速度也正是最早一批创新“通道”手法融资租赁公司从“通道”风口跌落的速度计量。

最后，市场潜在需求的寻找和发现，可能会有一个良好的开端，但是很难保证会有一个同样好的过程。换句话讲，就是比预见“需求出现”更难的，是预见“需求消失”。在这样一个由多重系统套叠的，统摄经济系统、政治系统和社会系统的开放的国家系统中，“蝴蝶效应”可能会现实得远超想象。2015年“811”汇改，令中国融资租赁跨境资金“通道”的市场空间瞬间归零，就是极具震撼力的行业实例。

如果说将“潜在需求”作为决策标准，其背后隐含的理念是“需求决定供给”的话，那么反向的“供给决定需求”理念则会给出另外一个决策标准，那就是“创造价值”。在“创造价值”决策标准之下，企业时刻思考的问题只有一个：如何能够主动地给客户创造更多和更大的价值，也即在为客户提供超出其预期和想象的产品和服务过程中，激发和创造客户需求，以此来反向推动自身生存与发展。所谓“德者，得也”，这种一切为了客户创造价值，一切为了让客户能有所“得”的决策标准，会自然地引导企业步入“圣人”之境。

迈向“圣人”之境的企业，会更加重视盈利能力和盈利水平。因为更高的盈利能力意味着更大规模和更牢固的资源掌控能力，以此为依托，才可以有效应对前方许多无法预判的经营风险——为了给客户创造更大价值，就必然要有新突破、新尝试，要去走没有人走过的路。迈向“圣人”之境的企业，会更加强化运营管理和组织纪律。因为更高的效率意味着更低成本，更低的成本则扩展了可为客户创造价值的空间边界，所以真正以“价值创造”为决策标准的企业，一定有一整套严格监督、考核和问责的内控体系，一定会以“霹雳手段”摧伏任何犯禁之举。迈向“圣人”之境的企业，会有更加强烈的“企图心”，因为这样的企业必须尽最大努力推动自己去思考，如何才能不断超越客户现有的需求层次提供客户真正需要，但还根本没有被客户意识到的产品或服务。

但是，要真正实现“价值创造”决策标准对企业经营管理的强大推动，要成就饱含如此磅礴生命力、如此勇猛而超迈的“圣人”企业[①]，首先需要回答一个问题——为谁，提供什么价值？回答了这个问题，就给出了外部系统环境容许这家企业生存的理由，就令企业长久生存发展真正地成为一种可能；回答了这个问题，这家企业就完成了对目标市场客户群体的定位，就能令企业有限的资源得以“聚焦”，而不至于在凌乱的市场征战之中无谓耗散资源；回答了这个问题，这家企业在面对外部经营环境中不断跃现的“风口”时，才能立稳足跟，理性而笃定地去决定捕捉还是放弃。

实际上，回答这个问题，就是在回答“企业使命”问题。对于中国企业群体而言，阿里巴巴可以作为这样一个“圣人”企业的样本——阿里巴巴美国上市之际，马云在致投资人的公开信中表示，阿里巴巴是一家“使命驱动”的公司，诚非虚语。虽说“将相本无种”，但对于不乏“先知”企业的中国融资租赁企业群体而言，这样的“圣人”企业却似乎尚未显现。

中国融资租赁行业在21世纪来临的新千年左近，开始的那一轮以融资租赁“中国化”或“本土化”为特征的强劲复兴，正是暗合了“先知”企业的“潜在需求”决策标准。那时，中国经济在要素投入驱动的高速增长态势之下，国有垄断的银行体系因金融领域的改革步幅慢于实体经济，无法有效解决中小企业“融资难，融资贵”问题，令中国中小实体企业群体当中堆积了巨量的潜在融资租赁需求。而当时的融资租赁企业，正是因及时有效地满足了这些中小企业的资金需求而伴随其成长与发展，自身也实现了迅速壮大。但十余年

---

① 根据对外部环境态度的不同，可以将企业区分为“商人企业”和“企业家企业”，而在决策标准的差异上，又可区分为“先知企业”和“圣人企业”。这是因不同角度的管理理念差异，而进行的企业区分。“企业家企业”和“圣人企业”属于同一个理念层级，而“先知企业”和“商人企业”则同属于相对较低的一个理念层级。

后，中国融资租赁行业却正在面对着前所未见的“资产荒”困境。从某种意义上来说，这也是在“潜在需求”决策标准指引下，因外部环境变化导致“潜在需求”空间收缩时而会出现的一种必然结果。而基于“先知”企业的“潜在需求”决策标准，为了突破“资产荒”困境，融资租赁企业就必然要去寻找新的“潜在需求”，或者在有限的需求空间中展开激烈争夺。这个推论，我们已经在现实的融资租赁行业观察中得到了充分的印证[①]。但是，通过树立“企业家企业”理念，明确企业使命，以“创造价值”决策标准引导企业壮大前行的“圣人”企业，在中国融资租赁企业群体当中还难觅踪迹。这也是众多的融资租赁企业在面对融资租赁“风口”频频闪现的时候，却陷入茫然无措、难以取舍两难境地的一个重要原因所在。

所以，与其继续固守“先知”企业的“潜在需求”决策标准，在市场的巨流中颠簸碰撞，不如尽快建立起“价值创造”决策标准，把舵中流，乘势而兴，将“先知”企业升级为“圣人”企业——毕竟，“圣人”企业并不排斥“先知”企业，而恰恰是在“先知”企业基础上的一种经营境界提升。也可以说，以“圣人”心，运“先知”目，才是融资租赁企业在面对当前和今后不断迎面而来的市场“风口”时，得以进行正确选择的不二法门。

① 参阅本书第六章。

第二节 市场分析

市场是企业征战的疆土，市场分析则是制定和动态调整企业战略所必需的行动准备。对于市场需求的分析，可以在两个维度展开：一是对各类市场需求进行静态的分类分析，以求实现对各类市场需求的深刻理解；二是将各类市场需求放置在动态的经济系统环境中，来考察影响各类市场需求生发与消散的经济系统运行逻辑。

一、“新常态”下的市场需求①

并不应该将“新常态”理解为一种持续没落的艰辛状态。虽然，中国“新常态”的前期，伴有不确定期限的经济下行承压阶段。实际上，“新常态”的中后期，也即习近平总书记所称“浴火重生”之后，经济增速依然不会显著跃升，只是此时的经济效益质量显著改善——比如，企业的收入增长2%，盈利增长却是5%。在这里，我们对于市场需求的分析，主要集中在“新常态”前期阶段。

从总体的需求类型上划分，中国融资租赁行业的需求来源有三种：消费需求，主要是居民消费需求和政府采购需求；引致需求，即企业部门为满足消费需求而产生的企业投资需求；政府投资需求，即政府出于提供社会公共物品

① 本节中的部分内容改写自“工作室行业述评文章”《农机融资租赁应该由谁来做？》（2015年6月）。

和进行宏观经济管理需要所派生出的投资需求。

从融资租赁行业的过往历程看，次贷危机之前的主要需求来源是引致需求。次贷危机之后，政府投资需求所占比重显著提升。截至2016年中，消费需求在融资租赁行业中的资产规模还非常小，其典型代表为家用乘用车融资租赁——尽管其2017年继续保持上涨的扩张态势。需要指出的是，之所以过往这些需求能够成为融资租赁行业发展的支撑，主要是因为其在当时的经济环境背景下，其具有一定的“安全性”——引致需求基于企业经营活动现金流创造能力，政府投资需求基于政府筹资活动现金流维系能力，为金融租赁或融资租赁企业提供按时偿租的信用支撑。对于融资租赁行业而言，只有可以提供这种“安全性”的需求才是有效的需求，才能纳入我们行业需求分析视野。

以下，我们针对“新常态”前期可能成为融资租赁行业目标市场的消费需求、企业投资引致需求和政府投资需求，分别进行讨论。

国内消费需求是“新常态”下拉动中国经济增长的重中之重。多年以来，国内消费需求在绝对量的增长上一贯表现强劲。从国家治理的策略方向以及中国经济社会的一些基本现实来看，老龄化社会来临、中产阶级规模扩大、小康社会目标对贫困人口消除的努力等因素都继续构成了对消费需求持续增长的有力支撑。中国融资租赁行业在2015年以后，明显加大了对汽车融资租赁市场的关注，各路资本汇集于新车、二手车融资租赁市场，就是因国内消费需求的潜力空间巨大而引发的消费品融资租赁供给增加。

融资租赁行业的企业投资引致需求，可以分别从三大产业来进行分析。

1. 农业

融资租赁对第一产业农业[①]的涉足，早前主要是农机融资租赁。2015年

① 中国的农业的诸多问题和现状，令人悚动：农村人口老年化和女性化趋势显著（与此相对应的，2015有数据称，50岁以上的在城市中边缘化生存的高龄农民工已达到4700万）、农业的GDP占比走低、耕地不断被蚕食、国内粮价与国际粮价严重倒挂、农村基层腐败问题已然受到中央关注、农业生态环境恶化等等。所以，当中国的产业资本显示过剩后，从理性的国家治理角度，“新农村建设”“工业反哺农业”“农村扶贫”等声音的渐强。此外，“三农问题是重中之重”在几年前就已经被提出，显示出了国家战略高度的一种关注。所有这一切，都暗示农业已经和还将在相当长的一段时间内处于一种被补贴、被扶助的位置上，才能继续发挥其针对与国家与国家经济的基础性的稳定作用。

中，行业内又出现了“农机融资租赁计划推行试点”，以及湖北荆州成立首家“农机融资租赁、农机合作总社”等新现象。所以，有必要对于农机融资租赁做更进一步地思考。

一是农机融资租赁能不能走市场化的道路。融资租赁作为一种配置资金资源的金融工具，离不开资金价格，也即利率的信号指引。换句话说，资金收益水平是资金流向的一个重要决定因素。数年以来的现实情况是，整个中国经济系统中的无风险利率水平，因大量资金脱离实体在虚拟领域内“空转”，加之中国金融体系内的“刚性兑付”隐含契约尚未被完全打破，从而处于一条不断被推高的路径上。与此相对应的，是农业艰难地依靠持续大规模的国家财政补贴才能维系生产循环的继续。这种农业一方依靠“输血”存活，而另一方融资租赁则依靠资金投放主体的“生血”而收益的对立情状，让我们不得不为农机融资租赁的市场化取向心生疑虑。

二是谁可以作为融资租赁的潜在承租人。承租主体的法律主体形态，无非企业组织和自然人。改革初期构建的联产承包责任制，令绝大多数的耕作土地承包经营使用权处于一种在“农户”维度的极度分散的权利占有状态中。这种土地权利的分散占有状态，内生地成为一种大规模农业经营模式的现实障碍。虽然“土地流转”和“现代农业产业企业”的构建都已启动，但是，真正成功的大型农业企业至今尚无规模群体的涌现。另一方面，以自然人作为融资租赁承租人的实践，实际早在2010年前后就已经被一些第三方背景的融资租赁公司以厂商租赁的形式付诸实践，但从实际的结果来看，许多针对自然人的融资租赁项目被演绎成了一种骗取财政补贴的拙劣牟利工具，一些人也因此而锒铛入狱。

三是如何解决规模操作农机融资租赁项目所带来的运营成本问题。农机承租人在地理上的分散、农村金融体系和支付系统的落后、农民整体受教育水平的相对落后等问题，都将拉升意图成规模推动农机融资租赁时，在市场推广与教育、市场到达、交易效率与费用、项目管理等方面的运营成本。虽然可以将农机的厂商租赁视为一种解决方案，但是暂且搁置有多少农机厂商可以达到厂商租赁的设备生产与销售能力下限问题，即使存在这样的厂商，单凭其自身拥有的商业信用到底能撬动多大规模的金融信用尚存疑义。

所以，看到融资租赁开始为中国农业提供支持而由衷欣喜的同时，基于上述思考，也许来自国家层面的政策性金融机构的支持，相较于寄希望于市场化的农机融资租赁探索，更加现实而理性。

当然，考虑到2009年前后，在各地陆续启动的农村土地流转探索，在时隔七年之后已经有了一些现实成果①，则在“新常态”前期阶段，随着三农相关改革的深入，现代农业企业的出现也可能会为融资租赁提供一些新的市场选择。所以，2016年9月成立的农垦租赁，也许正代表着对这股市场需求的迎合。

2. 工业

第二产业工业，作为早前融资租赁的主体目标市场，在次贷危机之后，工业企业因外部市场需求的下降呈现经营萎缩趋势，并且盈利恶化导致了经营活动现金流创造能力受创，于是众多中小型民营企业最先为融资租赁公司所“抛弃”。从目前的总体情况来看，企业投资引致需求也的确正处于低点——民间投资在2016年的急速下滑，已经成为一种重大关注，进入公众视野。对于这种状态的改变，也许短期内我们不应抱有过大的期望——市场正在发挥其资源淘汰与重组的作用，去腐生新。而所谓的“新经济”力量，虽然来自高层智囊的描述，是“正在形成中”，但基于融资租赁的视角，我们依然不能对此赋予过多的乐观。一方面原因是具体的情况信息太过模糊，而难以据此形成有效判断，二是“新经济”的崛起不但会伴随着对传统经济动力的“置换”，而且其对固定资产投资的需求规模很可能也远远低于融资租赁的现实需要。所以在企业投资需求方面，更值得中国融资租赁行业关注的是高端装备的出口和过剩

① 农村土地流转承载着农村发展的新机遇，在试点探索过程中，关于资金的解决初步形成了两个大方向：内置金融和外部金融。所谓内置金融，即主要依靠农村和农民的自有资金启动，由农民自行组织土地流转推进；所谓外部金融，即农民通过委托外部机构——比如信托机构，由第三方来受托完成农村土地流转。前者对于农民利益的维护，似较稳妥但发展缓慢，也存在权力腐败隐患；后者如果不能设计较好的利益制衡和监督机制，则易侵害农民利益，但发展速度较快，有利于引导城市资本、技术和管理资源向农村流动，因此更易造就现代农业企业，进而成为融资租赁公司的潜在目标市场。

产能输出所带来的融资需求，以及因此而拉动的国内配套企业集群投资需求的上升[①]。

3. 服务业

第三产业服务业对融资租赁的需求提供，在某种意义上是对第二产业向融资租赁提供需求阶段性处于收缩状态的一种“补位”。中国第二产业粗放发展所导致的产能过剩状况存在，决定了工业企业目前无法向居民消费提供充足的高品质消费品。所以从中国经济系统运行的需要来看，激发消费需求的一个重要方向，是在第三产业也即服务业上。融资租赁在医院、教育，飞机、城市公共交通、船舶等客运物流和旅游消费景区目标市场上，已经具备相当成熟的经验积累。由中国社会老龄化趋势所派生出的服务业投资引致需求方面，养老院、医疗保健机构的融资租赁市场也成为众多融资租赁公司的重点关注领域。如果将政府主导的公共物品和公共服务投资视为一种“服务”提供的话，由于政府投资需求具有隐性的政府筹资能力担保，从而成为融资租赁公司的重要投放对象——尽管，对这种投资能否产生盈利的强烈质疑，以及其或有的盈利能力之低下已经为各方所共识。但无论是从国外的抗衰退宏观管理经验——比如，日本财政政策通过“对冲”企业投资下滑而实现经济稳定局面[②]，以及次贷危机爆发后两年内G20国家财政刺激占GDP的占比激增[③]，还是国内官方最正式的政策意图表达[④]，都让我们认识到政府投资需求在宏观经济管理上举足轻重的作用必然会得到充分发挥。对于融资租赁行业而言，政府投资所创生的需求在“新常态”前期阶段将会毅然挺立，成为无法被忽视的一股强大需求力量——尽管，其中风险因为地方政府间的经济利益博弈，以及国有企业改革进展的不确定性存在，也同样不可小觑。

---

① 更多关于工业产业的市场需求分析，参阅本书第四章。

② [美]辜朝明：《大衰退——如何在金融危机中幸存和发展》，东方出版社2008年版。

③ 刘鹤：《两次全球大危机的比较研究》，中国经济出版社出版2013年版。

④ 李克强总理的《2016年政府工作报告》中有言：“发挥有效投资对稳增长调结构的关键作用。”在2017年政府工作报告中，也专门用一个段落强调“积极扩大有效投资”。

二、“杠杆”与“有效需求”[①]

鉴于中国政府在中国经济系统中无与伦比的资源动员能力和市场影响实力，探询融资租赁市场分析所需的经济系统运行逻辑，离不开对政府经济治理思路的研究与分析。以下，从经济系统中企业部门的视角，对李克强总理2016年《政府工作报告》（以下简称“报告”）所体现的治理逻辑进行梳理，借此来体会足以影响各类融资租赁市场需求的宏观经济趋向[②]。

理解报告总体治理逻辑和政策策略勾稽，需要紧紧抓住两个关键词：杠杆和有效需求。所谓凯恩斯的总需求管理，无非是对短期内总有效需求的管理；而时下大方向上的供给侧改革，其目的也不外着眼于中长期总有效需求的保持。而杠杆，则是工具，是权衡，通过经由市场或经由政府的增减和调配来引导资源的聚集流动与配置使用。实际上，杠杆和有效需求甚至可以用来作为理解远自全球化近至次贷危机数十年间全球经济系统演变的内在机理核心锁钥——三十余年的对外开放，早已把中国紧固地扣嵌入全球系统，所以其作为理解中国经济系统转型的根本逻辑出发点，也就不足为奇了。

1. 从杠杆的角度来看

“负债/GDP”口径的中国杠杆率衡量指标，虽然多方的数据互有参差，但中国的杠杆率高企则是一致的认同，其中尤其值得关注的，是企业部门的高负债水平——所谓“去杠杆”，其真实意图在于去企业部门之杠杆。由过往出口的高外需水平、前期强刺激政策以及虚拟领域资金抽取等因素引发的企业部门高负债，不但容易成为引发经济危机，进而扩散演变为金融危机的“火药桶”，危及“坚决守住不发生系统性区域性风险的底线”[③]，而且盈利水平已“薄如刀片”的企业部门，想要在这种情况下成为推动经济的结构性调整的主

---

① 本节内容改写自“工作室行业述评文章”《企业部门视角：<2016政府工作报告>逻辑框架》（2016年3月）。

② 关于李克强总理2017年政府工作报告的解读，及其对中国融资租赁行业的影响，详见本书附录第四节《解读2017政府工作报告：把脉中国融资租赁行业演进“轨迹”》。

③ 引用文字节录自《2016政府工作报告》原文，本节中的后文引用文字皆同此出处。

体——“强化企业创新主体地位”，恐怕有心无力。所以，“去杠杆、去库存、去产能、降成本、补短板”其一一发力指向，全部聚焦于企业部门。企业部门健康有力，则就业问题得解——“稳增长主要是为了保就业、惠民生，有6.5%～7%的增速就能够实现比较充分的就业”，“实施更加积极的就业政策，鼓励以创业带动就业”。就业问题无虞，则发动内需、提振增长就有了前提性的基础条件。当然，供给侧改革要紧密跟随。随举一例，如“鼓励企业开展个性化定制、柔性化生产，培育精益求精的工匠精神”做不到位的话，仅仅一块“日本马桶盖”就不知会将多少消费需求带出国门。

但是，杠杆不会凭空在空气中消失。针对杠杆问题，只有两个思路：消除杠杆和转移杠杆。消除杠杆又有两个手段：一是短期内的货币发行冲销，亦即通过普遍的“铸币税”征收来冲减或核销债务；二是通过中长期的经济健康增长，以经济增量所创造的现实财富偿还债务。前者因激烈的副作用而不可采用，后者虽是堂堂之阵的治国正途，但所需时日良多、显效较慢，是“浴火重生、再创辉煌”的目标与方向。所以，为了能够通过未来增长在根本上实现“去杠杆”，需要当下短期内“共克时艰”的其他手段做辅助——杠杆转移，即去企业部门杠杆，将之转向政府和居民部门。

在企业部门的“去杠杆”方面：①“全面实施营改增”“取消违规设立的政府性基金”“将18项行政事业性收费的免征范围，从小微企业扩大到所有企业和个人”，从而“减轻企业和个人负担5000多亿元”。②“严格控制新增产能，坚决淘汰落后产能，有序退出过剩产能。采取兼并重组、债务重组或破产清算等措施，积极稳妥处置‘僵尸企业’”，“采取综合措施，降低企业交易、物流、财务、用能等成本，坚决遏制涉企乱收费行为”。

在政府和居民部门的杠杆转移方面：①“积极的财政政策要加大力度。今年拟安排财政赤字2.18万亿元，比去年增加5600亿元，赤字率提高到3%”，“建立规范的地方政府举债融资机制，对财政实力强、债务风险较低的，按法定程序适当增加债务限额”，“继续以市场化方式筹集专项建设基金，推动地方融资平台转型改制进行市场化融资，探索基础设施等资产证券化，扩大债券融资规模”。②“在全国开展消费金融公司试点，鼓励金融机构创新消费信贷产品”，“完善支持居民住房合理消费的税收、信贷政策，适应住房刚性需求和改善性需求，因城施策化解房地产库存”。

2. 有效需求方面

有效需求分为中央和地方政府投资需求和居民部门消费需求两部分。

在制造业去产能、房地产去库存的大背景下，固定资产投资和房地产开发投资增速急速下滑。为避免经济增长突然“失速”，造成“硬着陆”，政府主导的基础设施建设投资就必须补位跟进，形成支撑：“发挥有效投资对稳增长调结构的关键作用。我国基础设施和民生领域有许多短板，产业急需改造升级，有效投资仍有很大空间。今年要启动一批“十三五”规划重大项目。完成铁路投资8000亿元以上、公路投资1.65万亿元，再开工20项重大水利工程，建设水电核电、特高压输电、智能电网、油气管网、城市轨道交通等重大项目”，“推进城镇保障性安居工程建设和房地产市场平稳健康发展。今年棚户区住房改造600万套，提高棚改货币化安置比例”，“开工建设城市地下综合管廊2000公里以上”。

反映出口需求规模的2015年进出口数据，出现了甚至可以被称作衰退式下挫的结果，“受全球贸易萎缩等因素影响，去年我国进出口总额出现下降，预期增长目标未能实现”。同样地，作为出口需求下滑的对冲，居民部门的消费被置于突出的地位。考虑到种种历史原因所形成的，由基尼系数所反映的人群贫富悬隔以及高净值人群的低边际消费倾向、农民群体的购买力局限等因素，激发所谓中产阶层的消费成为施策首选：“增强消费拉动经济增长的基础作用。适应消费升级趋势，破除政策障碍，优化消费环境，维护消费者权益。支持发展养老、健康、家政、教育培训、文化体育等服务消费。壮大网络信息、智能家居、个性时尚等新兴消费。鼓励线上线下互动，推动实体商业创新转型。完善物流配送网络，促进快递业健康发展。活跃二手车市场，加快建设城市停车场和新能源汽车充电设施”，“降低部分消费品进口关税，增设免税店。落实带薪休假制度，加强旅游交通、景区景点、自驾车营地等设施建设，规范旅游市场秩序，迎接正在兴起的大众旅游时代”。

以上面的分析为起点，再通观报告全部内容，我们即可以看到一条清晰的、令企业部门活力焕发进而让整个中国经济实现成功转型的治理思路。①降负：通过降低企业部门杠杆，以利企业轻装上阵，减轻企业负担，同时，加大政府和居民部门的杠杆，借由加大政府和居民部门杠杆来，创造充分的内需，并通过进出口政策和“一带一路”等途径实现过剩产能对外输出，进而保证当期企业部门生存所需的需求规模，为供给侧改革的结构调整争取时间空间；②松绑：通过政府职能转变、国有企业改革、垄断领域引入竞争、科研与科技管理体制改革等放开企业部门束缚。③生产要素资源保障：民生（就业、教育、医疗、社会保障）及金融体制改革。④大市场开拓：对外开放诸多政策手段等。

以上，即是“新常态”下，因展开中国融资租赁企业的市场需求分析，来自于企业部门视角的，中国整体宏观经济管理的逻辑框架。循此逻辑框架指引，诸多可供中国融资租赁行业选择的市场需求空间，已然显露无遗[①]。

---

① 参阅本书附录第三节《体会〈2016政府工作报告〉对中国融资租赁行业的影响》。

第三节　策略借鉴

融资租赁企业经营策略的制定与实施，是在企业战略规划指导下以实际行动去履行企业使命。如果说“企业使命”是对时代潮流的呼应，而“企业战略”是对竞争致胜规律的认知的话，那么“经营策略”则是在“战役”或“战斗”层面的商业智慧展现。正如原本作为军事术语的“战略”已经风靡企业管理领域一样，经营策略的制定也处处体现着跨领域的经验借鉴与学习。

关于金融租赁和实力融资租赁企业群体的经营策略，前文已有详细讨论。在这里，我们将聚焦实力暂且弱小的中国民营资本背景的融资租赁企业，并为其提供制定经营策略所需的、足供借鉴的宝贵经验。

一、历史的智慧[①]

在融资租赁行业热点新闻镁光频闪的空隙中，有一个似乎被遗忘的“大多数”：中国民资融资租赁公司群体。这是一个被市场巨力激荡冲撞、陷于逼仄市场裂隙中的企业群体[②]。在这个企业群体中，投机者有之，欺诈者有之，

① 本节内容改写自“工作室行业述评文章”《前途与方向：伫立于2016开端，思考中国民资融资租赁公司的经营出路》（2016年2月）。

② 2016年初，有数据显示，数量占比为1.1%的约50家金融租赁公司（25家“在运营”）在的租赁资产总额为1.6万亿（约占行业资产规模40%），近4000家融资租赁公司中约有2/3未运营——这些冷峻数字背后，就是大量以“空壳公司”状态存在的、沉默的民资融资租赁企业群体。

但是真正想去做企业而一时陷于困顿迷茫者亦有之。对于后者，应钦敬其气概，尽绵力而襄助。

如果说，普遍而言，这是一个“以智力相雄长”的时代的话，那么具体到当前的融资租赁行业市场割据局面，则更多地突出了“力”，而不是“智”。所谓决定融资租赁行业市场割据的“力”，即是以低价进行大规模资金筹措的能力。在当前整体经济下行压力持续加大，新生经济动力尚不明显的形势下，明显而稀少的“优质资产”自然会“为大力者所夺”。我们已经看到，因由银行排他的存款业务而间接获取大量廉价资金的能力，是动辄以千亿租赁资产作为翘楚标签的银行系金融租赁公司得以快速做大租赁资产的核心原因之一。在目前中国金融市场中直接融资规模相对较小且难言规范的情况下，相当程度上，经济系统内的资金活动显示出一种“一切源自于银行，一切还归于银行”的流转特征。这也间接解释了融资租赁企业群体中，一种在银行取得信用能力同自身租赁资产规模呈现显著正相关关系的底层根由——内资试点融资租赁公司以及少部分有显耀股东门庭的外资融资租赁公司即是显见之例。于是，等而下之的民资融资租赁公司群体自然被归于“力小”之列——或经营举步乏力，或迫于生存而甘做“通道”去为人“举杠铃”，也就不足为奇了。

换言之，当前中国融资租赁行业的市场割据局面之形成的主要原因，与其冠冕一些诸如“关注新兴战略行业”“完备风险控制体系”等等泛泛之词所描述的企业间管理水平差异，毋宁大喊一句“老子胳膊粗，你看怎么样”来得更为痛快直接！

但不管怎样，对于中国民资融资租赁公司而言，如果不加作为而随着当前形势继续漂流演变，则前途堪忧：在市场上“仰攻”少数优质客户，就变成了“与龙王比宝”而胜算阙如，即使想要像过往一样“以身为质”去做通道业务，也因为环境的反转而难以再度下箸。

如此局面，若要实现持续的企业生存，留给民资融资租赁公司的行进方向就只剩下了一个：短期内，舍“力”取“智”；长期内，依“智”蓄“力”。

“智”的一个重要来源，就是历史的经验。基于目前中国民资融资租赁公司群体所处的境遇，乃至推广到更加一般的各行业弱小初创企业群体的生存境遇，目光自然地会投向历史上弱小组织的成功生长壮大的真实经验，并希望通过这些经验的提取和拣择来获得急需学习、借鉴和体悟的珍贵生存智慧，并以之为依据形成现实的企业经营决策。而目前最切主题、最具借鉴意义以及史料最丰富和易于获取的，就是中国共产党党史和军史——也正是基于这个原因，这段宝贵历史的经验，早已成为中国当前诸多卓越民营企业领袖的重要经营智慧来源。现在，我们就选取一些党史载录的方针策略，结合当前中国融资租赁行业形势，显发历史的经验智慧，形成几点明确且信服的经营策略建议。

1. 根据地建设

弱小组织必须主动远离具备绝对力量优势的竞争者活动领域，另外寻找一块可供休养生息的生存依托空间，并且要保证自身在这个生存空间内相对的实力优势——用管理学的语汇来讲，就是有关目标市场定位、生存战略逻辑确认和利基市场竞争优势确立的问题。回顾中国融资租赁行业的发展过程，我们可以明显看到所谓“专业化和细分目标市场”策略的成功应用，以至于来自各方为行业发展所开出药方中，“专业化”依然被频频用作一味主药。但是，怎样实现“专业化”、具体的“专业化”建议等问题，却往往语焉不详。并且，为什么所谓的“专业化”会在过去取得瞩目的成功？而又如何解释过去“专业化”经营随后所呈现的同样明显的租赁资产压力？如上等等问题，却无人言及。

实际上，从过往的融资租赁“专业化”实践来看，其之所以能取得显著成效，主要原因有二：外部取“势”与内部取“能”——聚焦资源以发挥最大效能，跟随大势而获得快速发展。而所谓的外部取“势”，如果用系统科学的观念来描述，则无非是融资租赁公司以“细分目标市场”为切入和联结点，接入了一个不断生长壮大的系统而已——21世纪前后十余年平均高达两位数增长率的中国整体经济系统。而随后出现的形式变化则是，这个一贯高亢膨胀的系统，因外部需求下降和内部隐性积累成本高涨而被迫转入“新常态”。既然过往所依之“势”已然消减，融资租赁公司经营压力骤增也就顺理成章了。

所以，核心问题就应该是，面对技术潮流冲击、全球商业形态演进和最高层主动“调结构”等原因，而不断呈现出的以产业融合、产业迁徙和产业链编织为特征的“经济和商业子系统”加速繁殖并独立的趋势，如何从中找到一块合适的“根据地”——一个在大环境低迷背景下，却依然能够保持自身系统生命力的市场空间？

虽然，真正回答这个问题必须结合具体的融资租赁公司情境，但是这依然不妨碍我们给出一些值得关注的备选目标市场系统：①快速发展的区域经济系统。以重庆为例，地方政府的系列组合政策——贸易便利、铁路连通、运输成本压缩等，已经引发了电子产品制造企业集群的整体迁移，并且，其明确的电子产品配件产业持续引入意图，有可能使该区域经济系统可以保持中期内的高速成长。②商业生态系统。某一行业内可能形成围绕一个或数个核心企业的商业生态系统，这种商业生态系统本身即具备较强的逆周期和抗衰退能力。此外，传统或者新兴行业中带有“企业集群”特征的产业生态系统，也可归入此类。③县域经济系统。在中央政府高度注重县级治理和扶贫工作的大背景下，将县域内的经济视为一个独立的目标系统，通过评估具体县域经济的发展潜力和现实表现，以县级政府为主要切入渠道，有望实现县域经济发展带动的融资租赁公司快速成长。

2. 土地革命

所谓“得道多助，失道寡助”，要做成一项事业必须满足两个条件：有人愿意跟着做，并且大家的劲儿能往一处使——也就是制度经济学所重视的参与激励和激励相容问题。中国革命能取得成功，认识到当时的中国依然是一个农业社会以及革命的主要依靠力量是农民，是非常关键的一个判断。但是如果单单有这种判断，却无法将农民的巨大力量引导和调动起来，则依然是纸上谈兵。而最终真正将中国革命的参与激励和激励相容问题得以完美解决的手段，即是土地革命——来吧，给你土地；战斗吧，为了你的土地。

中国融资租赁在20世纪90年代再度发力奋进的主要原因，也没有脱离上述规则——中小企业融资难融资贵问题，是让当时融资租赁企业可以快速获取市场的关键外部条件，只不过此处不是“土地和农民”而是“资金和中小企业”——来吧，给你资金；努力干吧，我们共成长。

所以，中国民资融资租赁公司群体在“土地革命”历史经验中，所可借鉴的实际是目标客户分层定位问题，也即回答“谁是我的客户”这个问题。“将欲取之，固必与之”，对于中国民资融资租赁公司而言，能够对其进行资金施与的目标客户，一定是在中国整体金融市场中被认为信用水平或级别与自身相比大体相当或更加低弱的那部分客户。请注意“被认为”这三个字。从这个三个字出发，可以建立民资融资租赁公司的核心竞争力。也可以说，这里需要回答一个问题：为什么要以信用评价较我为低的客户作为目标？答：在整体上被视为较低信用等级的客户群体中，如果其中一部分客户恰好处于一个活力充沛的系统中，那么这部分客户实际上的信用等级并不低，只是被外部“认为”低下而已。以中国融资租赁行业的实践为例，次贷危机前许多台资融资租赁公司目标客户定位极低，但通过以较高收益水平对冲信用风险误判，依然实现了快速健康的成长和盈利——当然，系统形势已经变化翻转后，依然故我地沿着旧路奔跑，进而承受了较大的经营压力，根本的症结不在目标客户定位而在目标系统定位，也可以说，这正好提供了一个“反证”。

3. 武装斗争

自助天助，自助人助，越努力越幸运。必须要首先自己有力量，自己掌握力量，然后才能调动和利用外部力量。第一次国共合作时期，中共当时领导人的右倾路线，放弃建设自身武装力量，意图依靠国民党武装力量以城市集会运动等形式取得革命成功，最终自尝苦果。

以此为借鉴，中国民资融资租赁公司意图依靠或攀附银行、大客户，而以“通道”业务为企业发展圭臬的话，注定会走入末路。那么，民资融资租赁公司是否可以寄希望于“政府”的政策来获取发展空间和力量呢？从深化改革的政府职能转型趋势看，政府主导经济的所谓“中国模式”已然为最高层所抛弃，并且政府的政策支持带有普遍普适性特征，不会为个别企业长期独享。

即使从地方政府频频推出的融资租赁行业支持政策来看，除了天津政府从财税角度的产业升级支持政策暂时无法评价效果外，多地推出的“融资租赁产业基金”也只区区数亿或数十亿而已。不考虑能否及时足额到位，也暂且不谈这些基金的配置效率如何，单单目前这种体量，称之“杯水车薪”也并不为过。

所以，民资融资租赁公司必须要“武装斗争”——必须走强化管理，以管理优势形成竞争优势的路线，必须把融资租赁公司真正地当作一个“企业”来做，而不是当作一个“项目”或“商机”来看待。当然，从短期的生存权衡角度而言，阶段性地谨慎操作一些“通道”业务亦有其合理之处——保证当期生存，为正确的战略和经营决策形成争取宝贵的时间窗口——一如当年的红军在根据地建设尚无成效的阶段，亦未停止通过“打土豪、分浮财”来保证资源供给。但是，长期的方向则必须非常坚定而明确，不可因一时的获利机会而发生动摇——这的确有一定难度，但对于真正要做企业的人，也即真正想让企业长期生存、发展的人而言，这又是必须的抉择。

二、“领先半步”的经营定位①

经营定位是经营策略的重要组成部分，至少阶段性地，经营定位决定融资租赁公司用以搏取生存的市场空间，以及因之而起的竞争烈度。2015年以来，一系列政策环境、国内经济环境和国际金融环境的变化事件——诸如43号文、显示经济结构调整阵痛的煤炭钢铁铜铝水泥等产业弥漫性亏损、美联储加息预期下的人民币贬值再加上融资租赁行业进入门槛降低，所导致的新设融资租赁公司数量继续保持激增态势等多重因素作用下，融资租赁行业的“通道业务”受到显著抑制，以至于以“内保外贷”为代表的跨境资金通道业务遭遇重创——人民币贬值后，一些融资租赁公司面对通道业务风险显露所表现出的惶然失措，以及因利差消陨导致的跨境资金通道市场空间的瞬间归零，被一句点睛资金敏锐嗅觉的神来之语而一言蔽之——“套利”变成了

---

① 本节内容改写自“工作室行业述评文章”《领先半步：当前中国民资融资租赁公司的经营定位原则》（2015年12月）。

“逃离”。

面对新局势，必须对融资租赁公司的经营定位做出深刻的再思考，这一点对于中国民资背景的融资租赁公司而言尤为紧要。

经营定位问题的决策基础，是对外部环境及其趋势的审视和研判。总体而言，“新常态”的提出无声地吹散了所谓“中国模式”的幻象，深化改革的屡屡宣示直接点题中国当前“半市场、半统制”的经济系统特征。但是，中国的经济体制改革之路也绝不是教条地向新古典主义做简单回归——习近平总书记用“‘看不见的手’和‘看得见的手’都要用好”来提示需要坚定保持的道路和制度自信。至此，则无论是频繁使用的“顶层设计”语汇还是混合所有制国企改革“理直气壮做强做优做大”的意图方向，亦或是以反腐护航的政府功能转换努力等等国家治理行动，都明确指向了一个前景——一个可以通过经济手段高效地实现国家治理政治意图的，以经济手段取代行政手段来驾驭、控制甚至塑造的，以市场作为决定性资源配置手段的经济系统。

这个前景的确富有中国特色，也可以说，环望宇内，也只有中国才有如此的禀赋和能力可能将其变为现实。

这样的一种环境趋势，甚至已经可以在融资租赁行业中看到一些深可体会的端倪：商业办政治——工银租赁随国家领导人出访美国所签下的超级飞机采购订单，以及宣称的600亿“一带一路”储备项目，再结合其“会同亚投行和丝路基金”等等睥睨群雄之语和“晏子相御”之态，使我们有理由相信，与其说这是主动的市场营销之果，倒不如说是来源于被动的政治任务之因；租赁促制造——2015年11月，中国大飞机C919甫一下线，在尚未首飞的情况下，12家租赁公司就订购了总订单七成的365架，从订单明细来看，除了通用以外，剩下是一水儿的银监会主管下的金融租赁公司；政府职能转变——以天津滨海新区为例，其下属外汇支局“成立了融资租赁研究小组……以企业需求为导向……又促成两类创新业务”[①]云云；融资租赁的国家战略工具定位——国务院常务会议赋予天津自贸区“发展融资租赁”，“扩大人民币跨境使用、

① SPV回租外币支付和SPV跨境保理。

资本项目可兑换、跨境投融资”的创新试点任务，其目的在于呼应人民币“入篮”SDR，以求快速推进人民币国际化战略。这里需要顺带一提的是，业内在评论人民加入SDR储备货币时，多从人民币国际化对融资租赁的促进作用角度抒发意见，实际上，某种程度上这是在“错置因果”，换言之，不可以坐等人民币国际化对融资租赁有所促进，而是要反过来，通过跨境的融资租赁业务推动人民币的国际化进程。

所以，对于少数深处体制核心的金融租赁公司而言，无需也无法进行独立的经营定位思考，唯最高核心决策层马首是瞻，做好“钱袋子”即可。那么，这是否意味着这是某种意义上对“市场化”或者“商业价值”的背离呢？答案是否定的。从个体租赁企业角度而言，其所身处的体制系统会通过各种方式支持其市场化形式的生存；从整个国家系统而言，以当前大国崛起的“中国梦”为目标的国家间的竞争，将保证国家系统层面的价值增值及最大化，换言之，国家间竞争取代了企业间竞争的机制作用。就这小部分租赁公司而言，其投放资金依然符合金融的本质逻辑——当前的资金投放小于或等于未来可实现现金流的合意贴现值，只不过，此处未来现金流的“未来”更久远，并且“国家现金流量表”角度的“现金流”回流的形式更多样、更迂回而已。从这个意义上讲，这少数租赁公司的经营定位必须要做到“领先一步”，紧紧跟随国家战略意图亦步亦趋。

然而，对于全部的中国民资背景融资租赁公司和大多数的国资第三方背景融资租赁企业而言，期望通过直接投放“一带一路”基础设施而获得收益回报，不但太久远，而且对这些国外公共物品生产的介入，从个体企业角度来看，无疑是巨大的挑战。同样，举例而言，这些租赁企业想直接对接“中国制造2025”的高端装备，除了量产装备市场逼仄、高手云集以外，如果用债权产品对接企业的技术升级研发费用消耗的话则相当不智。

所以，对于这些租赁企业来说，理性的经营定位原则应该是——“领先半步”。

首先，要做到“领先”。所谓“领先”，就是要跟随环境趋势的演进方向。如果我们方才提到的那个中国特色经济系统正处在趋势性地形成中，那么，任何偏离国家意志方向的盈利模式或产品模式都应该被抛弃——比如，延滞经济结构调整的向过剩产能输送资金的通道业务、不利于降低地方政府债务危机去杠杆化的地方平台通道业务、开放发展暗示的资本跨境自由流动可能导致的高风险资金通道业务、房地产去库存大势条件下国有集团通过设立或并购租赁公司平台对旗下地产板块的资金输送业务等等。所有类似业务，只要不是关系当期企业生死——不是企业管理者生死——所必需，都应该及时放弃。而可供选择的市场方向，尽可根据自身企业的资源禀赋和股东意图，在十八大以来的历次重大会议决议或公报中寻找突破，详加拣择。

然后，只领先“半步”。所谓“半步”，可以从“市场化”和“现金流”两个角度看待。“市场化”意味着淡化企业的“政治身份”，单纯地将政府作为一个重要的市场参与主体和市场影响力量来看待，以市场的眼光来协调同政府之间的关系，一如王健林所言，“亲近政府，远离政治”。同时，“市场化”还意味着远离掮客式的“投机心态”——从总体的市场化趋势来看，坚定的外部市场化运作和朴实的内部管理提升，是融资租赁企业能够长期生存、发展的根本要件。从融资租赁债权产品的特征而言，则必须强调“现金流”，或者更精确地说，“现实的现金流”。比如，绿色发展统摄下的节能环保是个大方向，但选择需要国家财政补贴“电价倒挂”的光伏发电还是地方财政支持的污水处理？或者在具体租赁项目背景下，在建光伏电站和建成但未并网的电站是否可行？再比如，“机器人”是未来制造业的一个演进方向，但某地方政府力推的中小企业“机器换人”与我们通常看到的大型企业（如富士康、格力等）的“机器换人”所对应的未来现金流状况是否趋同？再看相反的例子，中国纺织业中民营资本的对外投资，多年前就已经启动，那么在国内纺织业整体景气程度不高的情况下，以此类传统行业内的企业作为目标客户，是否可以被认为是有助于过剩产能输出？此类纺织企业当中，投资欧美和投资东南亚的企业，哪个可以成为潜在备选的目标客户？汽车行业的库存高企已然为人周知，但以融资租赁助推库存消化和以融资租赁建设充电桩设施，哪个是更好的选择？如此等等，都需要立足“现实的现金流”来做评判，否则，节能环保中的“一步”可能会死，而过剩行业中转型企业的“半步”反而会活。

据说，任正非曾有言，“领先半步是先驱，领先一步是先烈”。虽然这句话的原意是用于说明技术和市场的关系，但借用来概括我们此处的讨论，依然很传神。

本章小结

观察融资租赁行业演进趋势，及时把握外部经营环境的微妙变化，其最根本的目的，就在于指导融资租赁企业的经营管理，让融资租赁企业在风云变幻经济环境和血刃相见的竞争环境中取得现实的卓越绩效。而令企业外部环境动向与内部管理动作实施得以彼此互动的“传动杆”，就是“使命—战略—策略”这三个接续发生的关键管理决策环节。所以，在完成立体、系统的融资租赁行业观察之后，必须要进一步做好从“行业观察”转向“管理实战”的行动准备。针对使命、战略和策略，相关的行动准备可以分别在管理理念、市场分析和策略借鉴方面展开：以“企业家企业”改造环境的气魄，在对市场需求进行透彻分析的基础上，通过“创造价值”来激发市场需求，借鉴经验智慧以制定玲珑通透的经营策略，达成“超越竞争”，进而打破融资租赁“资产荒”的现实经营困境。

附　录

部分重大行业政策解读

第一节　全面解读：《外商投资租赁业管理办法》（5号令）2015年3月补充规定征求意见稿①

2014年12月，一篇《外商投资租赁业管理办法》（以下简称“5号令”）的“修订建议稿”开始流传。2015年元月，有坊间可信人士经由政府部门渠道确认，商务部的确在着手修订5号令。2015年3月24日，又一篇关于5号令的“补充规定征求意见稿”见诸网络。从“修订建议”到“征求意见”，5号令的修订似乎已经完成了由下向上的拟定，并且已经基本实现了自上而下的确认。

“李喆融资租赁工作室”针对该征求意见稿，进行逐条深入解读如下。

“第一条”修订内容概括：法律依据新增《物权法》

解读：《物权法》于2007年颁行，这部法律被认为是支撑中国市场经济深化的一块重要的法律基石，是在法律层面反映意识形态演化的一个范例。作为一个“规定”，自然要将已经颁行的相关法律引为依凭。

“第三条”修订内容概括：“融资租赁”与“金融租赁”分立

解读：依旧折射出中国渐进改革或者称之为增量改革的指导思想，依旧反映出中国“大政府”的特点。因主管政府部门不同，而导致一些经济业务模式或形态出现人为的区隔，并不鲜见。但因此导致商业模式本质相同的企业群

① 本文撰写于2015年3月25日。

体，受到不同的“国民待遇”差别则会导致市场被人为地强制分割，容易造成某种程度的特定行业或细分市场的垄断形成。

“第四条”修订内容概括：“部级”向“省级”，及“省级”再“授权和委托”的行政分权

解读：“大政府”掌控力的对价，就效率和灵活度的下降。“集权—分权”的权力重心摆动，是政府面对暴涨的行业发展规模以及自身对融资租赁行业发展的期望而自然要做出的动作，同时，这也是以“简政放权”为核心原则的政府改革需要。商务部将从此负责宏观层面的“行业管理”，而省级商务部门则获得“事权”，即“审批管理”，同时为了更加灵活行政，还赋予省级商务部门“委托和授权”的权力。

“第六条”修订内容概括：新增租赁物准入“通信设备”、“工业厂房、仓储用房、商用地产、附着于不动产的其他设备（如电梯、空调系统等）等其他用于生产经营的资产”

解读：全球视角的市场经济的几个跨越腾飞阶段：原始资本主义工业革命、电气技术革命、通信技术革命。时下流行的所谓“互联网+”概念，即是通信技术革命不断深化的一个征象。中国经济进入新常态，对经济增长质量的要求愈来愈高，为了摆脱房地产对中国经济的绑架，急需顺应大势、调整结构，所以这里增加“通信设备”，实在是意图引导社会资金资源流入新增长领域。

也许，增加“工业厂房”“商业地产”这类先前出于灰色地带甚至被禁止的租赁物件，应该是这个补充规定中最夺人眼球的内容。也许有人会将这个租赁物的补充添加看作是对地方融资平台或者房地产业的某种妥协或让步，但这一定是个误会——后面明文的对地方融资租赁平台的融资禁止语言即是明证。这里所体现的实际上还是定向调控的意图。①支持实体：增加中小型实体企业获取融资的便利。尤其是在中国制造的成本优势消减的趋势中，增加资金支持原有制造业的更新、升级和转型，大有必要。②区分地方融资平台与地方

实体开发区。李克强总理在谈及地方政府债务问题时曾提及，很多地方债务“还是投资性的”，换句话讲，针对地方债务当中存在预期投资回报的投资性资产还应该予以支持。但是，对于那些大拆大建、搞城市基础设施面子工程的融资平台，则要坚决掐断资金流入。③强调“生产经营的资产”。区分商业地产和住宅地产，一目了然，意在断绝不受控制的房地产行业资金流入管道，防止资金以投机为目的流入房地产市场恶化泡沫，紊乱房产市场预期。④增加租赁物件准入范围还可起到几个重要作用：一是全球货币量化的大背景下，中国不可能不为自己留下政策腾挪空间，但投放货币所导致的通货膨胀负面效应不可小觑，所以一定要为当下和未来的增量货币预先找到“备用海绵”。二是通过融资租赁，扩大资金流向实体的管道口径，支持实体，防止货币在虚拟经济领域堆积泡沫。三是催熟金融市场体系，拓宽实体获取资金资源的渠道。联想当前正热络的银行混业经营话题，再结合这个补充规定后文所增加的若干条“租赁资产转让、受让”这样的条款，我们就可以发现，让金融市场体系更加成熟、更多层次、更多金融产品和机构的联结，亦是政策意图所在。

“第九条”修订内容概括：“严进宽待”的行业进入门槛修订

解读：更加注重融资租赁行业进入者的实际经营体质和实力，放弃了形式的和区分度差的“1000万美元”准入要求，代之以“从事实质经营活动”，并且自身具备充分资源的要求：或者具备金融资源或金融管理能力，或者具备物质资源或者生产研发能力，或者具备资金资源筹措与投资能力。总之，今后想入融资租赁这个门，不先亮一下肌肉是不行了，像从前那样，光靠穿身名牌就想进门的事被禁止。同时，对于具备足够实力而进入融资租赁行业者，则对其发展提供较强的政策支持：设立子公司，希图实现跨地域多点经营的融资租赁公司，为此付出的成本（行政成本、资金成本等）都降显著下降。

“第十条”修订内容概括：控制无效扩张，防止“金蝉脱壳”

解读：对于同一投资人的业务扩张需要，已经可以通过第九条所述的低成本子公司设立达成。但为防止融资租赁公司逃避因自身经营不善所导致的风险，也必须控制器无效扩张。随举一例，设想一下，同一实际股东控制的两家业务内容资产形成指向行业也相同的融资租赁公司，如果利用本规定的“资产转让和受让”的许可，将两家租赁公司的资产自由组合转让，很容易就可以做到对所控租赁公司实际经营表现的账面操控。由于融资租赁公司是可以杠杆经营的。所以，对于全社会而言，由此引发的潜在的信用风险会扩大。

“第十一条”修订内容概括：简政提效，规范资质

解读：通过分权、授权，缩短审批时间，取消商务部备案，实现简政提效。规定正式的《外商投资企业批准证书》，取代现行地方政府申请事项批复形式的红头文件，将更加有利于商务部作为行业管理者，对下级机构的管理，“证书”相对于“批复”，将更有力压缩权力寻租的空间。同时，规定不批准时需要给出书面原因，其意图也是为了实现对拥有“事权”省级商务部门的控制，消除官僚习气和老爷心态。

“第十四条”修订内容概括：丰富经营内容，创造金融创新条件

解读：新增经营内容包括：接受保证金、租赁资产转让和受让、融资租赁交易相关的咨询、融资租赁交易相关的担保、融资租赁交易相关的保理。实际上，这条规定赋予融资租赁公司多项原来没有或者只限于特殊试点的经营许可：吸纳资金（接受保证金）、“资产—现金”的转换（租赁资产转让和受让）、咨询、担保和保理。这项修订，令融资租赁公司拓宽了融入资金渠道，增加了融资租赁公司的盈利模式，更重要的是为融资租赁公司进行主动的、能动的金融创新提供了大量的“素材”——几种盈利模式可以衍生出多少结构化的金融产品？此外，这项规定从两方面增加了金融市场主体的信用联结和信用支撑作用，有利于整体市场信用风险的防范——这与中央要求的不出系统性风险定位遥相呼应。比如，通过融资租赁相关的保理，融资租赁公司可以将承租人的下游客户作为自己的信用风险承载点，这样，作为大企业供应商的小企业，无疑实现了对大企业信用的“借用”。再比如，融资租赁公司如果可以为承租人提供担保，那无疑会增强承租人在现有银行体系获取资金的便利。当然，融资租赁公司必须要更精准更深入地完成对承租人的风险评估，这实际是承租人利用融资租赁公司信用的一个场景。最后，需要注意“融资租赁相关

的”这个定语。换言之，鼓励创新但不可乱来，不是可以随便跨业经营的，只有对于增强和稳定融资租赁风险控制的金融创新才会得到鼓励。所以，出于收束与控制意图，随后紧跟的禁止条款出现：“不得直接和变相从事吸收存款、发放贷款、受托发放贷款等金融业务，不得以任何形式为承担政府公益性项目的地方政府融资平台公司提供直接或间接融资。”

“第十七条”修订内容概括：强化信息监控，细化行业管理手段与程序

解读：相对于5号令，此条详细规定了融资租赁公司填报信息的途径、程序和质量要求。这是商务部和省级商务部门分权后，商务部为了实现有效的“行业管理”所必然要强化的监控手段。

“第十九条”修订内容概括：强化“事后”事权——运营监管，清除“东郭先生”

解读：事前的审批权和事后的监管权的行使主体合一，有利于商务部对省级商务主管部门的问责，即对以时易世变、情况变化为托词放松事前审批的尺度标准的情况，予以预先消除，有利于防止权力寻租发生。此外，对于发生“上一会计年度内未开展实质性融资租赁业务”等情况的融资租赁公司，省级商务部门负有监管责任。此规定给融资租赁公司头上安置了一双监控的眼睛，防止空壳公司空耗政策优惠和财政辅助。另一方面，形成了地方商务部门和企业间的某种利益对立，任何对企业违规行为的含糊都可能成为地方商务部门被问责的证据——毕竟，“四个全面”当中，“全面从严治党”这一条，在当下党政界限上不非常清晰的状态下，应该有些震慑力度。

“第十九条”修订内容概括：自贸区试点的特例规定

解读：深圳作为中国融资租赁企业密集的区域，处于广东省内。广东作为自贸区试点的第二批成员，并且基于本补充规定的主要政策精神来源包括《<内地与香港/澳门关于建立更紧密经贸关系的安排>关于内地在广东与香港/澳门基本实现服务贸易自由化的协议》，所以有必要进行特例规定。

综述：通观整个补充规定稿件，体现出政策制定者对于融资租赁行业的诸多殷殷期许。这个补充规定从多个角度反映了中国当下整体政治、经济治理思想，是若干顶层设计在融资租赁行业落地执行的折射和反映。融资租赁公司企业群体应该密切根据大政策、大趋势的走向判断，结合自身的资源条件和团队条件，规划出一套符合自身状况、凸显自身优势的经营举措和对策——如何在政策发生重大变化的情况下，快速、准确地完成经营规划和经营对策制定，如何将经营规划和对策再进一步变成多项具体的落实实施动作，也是一个非常重要的经营管理问题。

第二节　背景分析与政策解读：国务院确定加快融资租赁和金融租赁行业发展决策（2015年8月26日）[①]

2015年8月26日，李克强总理主持召开国务院常务会议，确定加快融资租赁和金融租赁行业发展的措施，更好服务实体经济。会议针对融资租赁和金融租赁部署了四项支持政策，其中第二项“突出结构调整”中政策引导的具体方向内容，工作室已经在此次会议召开前三周，做了准确的预测和提示[②]。

以下，工作室继续更进一步地，对此次会议提出的四项政策内容，进行多角度的解读和剖析。

1. 会议召开的背景

国际层面，最大的背景依然是自次贷危机爆发以来的，愈加明显的原有国际经济生态平衡的打破。从实体经济角度看，就是美国无法继续向全球提供有效需求，从而导致“中国制造，美国消费”的所谓“国际大循环”模式断裂。从虚拟金融角度看，就是美国继续维系全球经济体系内的绝对地位美元信用的能力衰落，导致此前积累的各色高杠杆债务危机爆发。于是，美国一方面谋求绝对优势的再建立——再工业化等，另一方面积极向外转嫁危机成本。比

① 本文撰写于2015年8月27日。

② 此处是指2015年8月6日“李喆融资租赁工作室”微信公号首发的行业述评文章《“三条路”——当前形势下，心怀未来的融资租赁企业战略选择路径分野》。

如QE、激发全球各地地缘政治危机、强化升息预期等。而中国则为了回避危机冲击，一方面继续维系原有体系的稳定以争取时间，苦撑待变——早前的“4万亿”以及近日“汇改”所呈现的急速贬值4.6%等，另一方面也在积极寻求建立有利于中华民族的新的国际经济生态系统——“一带一路”、人民币国际化等动作的意向所指。与此同时，原有全球均衡体系的打破，带来了复杂、敏感的国家间利益博弈，而要在这种全球顶尖精英群体参与的多维度博弈中胜出，唯一可以依靠的就是体现为综合国力的真正的实力，而不是任何其他。

所以，当我们把视线转向国内时就可以感受到，最高决策层的各种部署与运筹都指向了实力的构建与积蓄。虽然，在“三期叠加”的前期趋势衍变作用下，“新常态”在很大程度上不是一个主观选择的调整，而是一个客观被动的接受，但是真正走出困境的努力和希望也一直积蓄和成长——发力所指，当然不是什么海外蓬莱的奇药妙方，而是平实质朴的经济增长核心驱动要素：资本、劳动力、自然资源和技术。资本方面，一方面要防止资本外流甚至外逃，另一方面要将资本从虚拟领域导入实体经济——具体到融资租赁，其以融物达成融资、化资产为资金以及对中小企业融资的契合，都成为政府倾力扶持的动因所在。此外，当前火爆异常的“新三板”股转系统，也透射出政府全力开挖资金流入实体渠道的努力，以至于融资租赁企业也在谋求将“新三板”作为一个便利融资和资本退出的平台。劳动力方面，人口红利的逐步消失所代表的仅是低成本劳动力优势的渐行渐远，但是通过“大众创业、万众创新”所激发出的人力资本的提升与增值，亦即通过提升人力资本的质量来发挥劳动力生产要素的效能，潜力巨大。自然资源方面，“生态文明”的重建，已然从庙堂之上的筹划变成了报端新闻的各个鲜活事例。技术方面，“中国制造2025”战略的推出，全面宣告面对智能化、信息化和网络化高端制造的历史性“弯道超车”机遇，中国将奋然搏取。

虽然，战略与策略是明确而坚定的，但是，阶段性的局势确实也异常险恶：2015年7月，外汇占款大幅下滑，结合近期的股市巨幅波动下挫，资本外流压力巨大。2015年8月中旬，人民币“汇改”理由下，三天累计4.6%的急速贬值，虽然可以短期内消解热钱收益、刺激出口，但也极易引发报复性汇率战。2015年8月下旬的降准降息，在向经济体中补充流动性的同时，也容易强化经济下行、虚拟泡沫维系、持续贬值的预期。如果不能将资金有效导入实体，有质量的经济增长目标将难以达成。此外，习近平总书记“腾笼换鸟、凤凰涅槃”那平静而坚毅的表达背后，是一种壮士断腕，死地后生的决心。秋日萧索的景象，似乎也已经近在眼前。

正是在这样的形势下，融资租赁行业迎来了国务院的四项行业促进政策的发布。以下，我们来进行逐条解读。

2. 政策解读

【原文】一是厉行简政放权，对融资租赁公司设立子公司不设最低注册资本限制。对船舶、农机、医疗器械、飞机等设备融资租赁简化相关登记许可或进出口手续。在经营资质认定上同等对待租赁方式购入和自行购买的设备。

【解读】①在融资租赁企业的出租人方面，打破区域、市场和资源禀赋等“非市场性”的竞争优势，提升融资租赁企业间的竞争度，通过降低融资租赁企业经营布局实施的行政成本和资本门槛，变区域内的寡头或者垄断为区域内的完全竞争，通过融资租赁公司群体内的优胜劣汰提高资金资源向实体经济输送的效率和配置的精准性。

②船舶、农机、医疗器械和飞机的进口，除了利于利用境外资金、技术和设备来支持国内产业发展（如飞机的法税租赁）外，以上设备类别的出口，也有利于中国高端装备的“走出去”（如船舶、新舟700大飞机等），提升“外需”。所以，简化登记许可或进出口手续，实质就是加速境外资本的流入和利用效率，扩大境外需求对国内产业发展的拉动效果。

③在融资租赁的承租人企业端，将融资租赁方式获取的设备，在资质认定方面等同于自行购买，就是通过消除设备投资方式在资质认定方面的“歧视”来激发融资租赁的需求端采用融资租赁购置设备的意愿。实际是在帮助融资租赁企业扩张市场、进行市场营销。

【原文】二是突出结构调整，加快发展高端核心装备进口、清洁能源、社会民生等领域的租赁业务，支持设立面向小微企业、“三农”的租赁公司。

鼓励通过租赁推动装备走出去和国际产能合作。

【解读】①在结构调整的“目标”维度：1）高端核心装备的进口，既可以通过进口替代促进产业升级，又可以利用高端核心装备实施改进型创新，为智能制造的研发提供物质技术保障；2）清洁能源，一方面是保护自然资源这一经济长期增长促进要素，另一方面降低能源的对外依存度，为国际间博弈增添更加多的筹码；3）社会民生领域的租赁业务，基本指向还是在拉动经济的投资端。投资作为经济发展的动力之一，永远都是重要的，只不过需要回避和消除无效投资。从当前情况看，中国的基础设施建设尤其是东部沿海地区的基础设施建设已经非常完备，所以政府职责范围内的公共产品生产投资，或者说有效益的公共产品投资，目前主要在公共服务领域。凸显社会民生领域的租赁，实际就是引导社会资金资源通过融资租赁渠道，投向有效益的实体经济投资领域。

②在结构调整的“成本吸纳”维度：鼓励面向小微企业和“三农”的租赁公司。任何结构调整都需要付出代价和成本，而可以吸纳这些代价和成本的领域，同时又最大限度不影响社会整体生产能力、财富创造能力和系统稳定能力的领域，就是小微企业群体和农业——粮食安全、就业稳定、产业升级所需的原料和配套保障等。

③在结构调整的“过程”维度：“腾笼换鸟”需要一个过程，一个资源从过剩领域退出逐步流入升级产业领域的过程。在这个过程中，过剩产能在国内尚无法完全消化的阶段，必须寻求导出外部，所以需要通过融资租赁这个渠道将过剩产能引流出去，避免产能瘀滞在国内，阻断大生产循环。

【原文】三是创新业务模式，用好“互联网+”，坚持融资与融物结合，建立租赁物与二手设备流通市场，发展售后回租业务。

【解读】①降低交易成本：互联网技术可以有效提高交易频率和便利性，极大降低交易成本，这是中国大的“互联网+”战略在融资租赁行业的强调与体现。

②保证金融安全：坚持融资与融物结合，实质是在强调资金引入实体经济的同时，强调绝不可以打着“互联网+”的旗号，搞非法集资、诈骗、抬会

这类危及金融安全的事情。

③产业转移与风险纾解："腾笼换鸟"的过程中，被置换的产业生产设备需要通过一定的渠道实现向其他地区的转移，从历史经验看，改革初期，上海被替换淘汰的设备大都被苏南地区的乡镇企业所吸纳接收就是一个例证。同时，二手设备流通市场的建立也可以向融资租赁公司提供一个风险化解和退出的手段。

④盘活资产，用活资金：企业在产业升级过程中，需要投入大量资金用于运营、研发和投资。通过鼓励售后回租赁业务，可以降低企业的资金链风险、提高资产利用效率，为非设备投资所需的各方向资金需求提供融资来源。

【原文】四是加大政策支持，鼓励各地通过奖励、风险补偿等方式，引导融资租赁和金融租赁更好服务实体经济。同时，有关部门要协调配合，加强风险管理。

【解读】①打消顾虑，提供激励：对于各地方政府而言，中央政府实际上是在提供相当大的具体政策制定授权，消除地方政府在"政治"方面的顾虑；对于融资租赁和金融租赁企业而言，中央政府实际已经表达出了对融资租赁和金融租赁企业涉入有关领域所面对风险的充分认知，并预先地体谅地为企业谋划了"经济"方面的安全保障：奖励与风险补偿。

②控制风险：对于地方政府来说，"地方政府公司化"的行动风格难免不让中央政府担心失控，这里的"有关部门"也许应该包括巡视组这样的中央派驻机构；对于融资租赁和金融租赁企业而言，得到了政府政策的支持，在"风险补偿"这样的政策下，难免不将其变形成某种"刚性兑付"的心理契约，所以也需要防止融资租赁和金融租赁企业在经营方面的鲁莽和无序。这里的"有关部门"则应该包括各类政府的行业监管机构了。

【一个原文中的表述细节变化】从"金融租赁"到"融资租赁和金融租赁"。

【解读】工作室通过查询过往的新闻发现，李克强总理此前的一贯表述是"金融租赁"。比如在2013年底至2014年初，称"金融租赁产业在我国是新的高地"。而此次会议决策表达则使用了"融资租赁和金融租赁"的字样，结合融资租赁企业数量在行业中占绝大多数，以及融资租赁企业主体普遍的民营背景，以及当前银行体系的资产质量压力和资本外流压力，个中意味与期望不言而喻。

综观以上的背景分析和政策解读，我们有理由认为，中国融资租赁企业群体正处于一个历史性发展机遇的关口。但是需要指出的是，如果融资租赁企业的投资人和管理者以一种套利、投机，甚至寻租的心态来经营企业，那么“昙花一现”或“蚀利亏本”将是一个相当大概率的事件。原因很简单：当国家间的生存竞争压力向内传导为各个产业和企业的升级和竞争压力时，所有“不作为”的企业都将为外部环境所碾压毁灭——无论是因为市场的竞争，还是被政府所取缔。

所以，认清形势，选择道路，担负责任，才是真正需要做的事情。

第三节　体会《2016政府工作报告》对中国融资租赁行业的影响[①]

2016年3月16日，一年一度的“两会”落幕。但是，其对全国各领域各行业的统领与指引效能，或者说其对各领域各行业深刻影响的显现，却刚刚开始——当然，也包括融资租赁行业。

深刻体会《2016政府工作报告》（以下简称“报告”）的逻辑框架，是探察报告要义对融资租赁行业发展影响的先决要件[②]。在此基础上，针对融资租赁行业，以下我们将从行业格局和目标市场两个方面，就报告精神对融资租赁行业的有关影响展开讨论。

1. 行业格局

所谓金融，资金融通之义——“投”与“融”缺一不可。纵观中国融资租赁行业，能够有效保证资金筹措的，只有金融租赁企业和部分国企背景的实力第三方融资租赁企业。中国融资租赁当前的行业格局在相当程度上，是由这种禀赋式的资金实力所塑造[③]。考虑到租赁资产证券化以先期资金筹措并投放到位为前提，以及资本市场上市融资的总体规模限制，曾几何时，民营银行与互联网金融都是被中国融资租赁行业寄以重大期望，意图借以突破筹资瓶颈的

---

① 本文撰写于2016年3月17日。

② 参阅本书第七章《“杠杆”与“有效需求”》一节。

③ 参阅本书第二章。

重要手段。然而现实的情况却是，已经成立的几家民营银行颓萎无力，大气不敢出地轻轻依附于国有银行体系，而“e租宝”的崩盘，以及互联网金融领域内的诸多乱象，形成了可以类比为“劣币驱逐良币”的对真正从事互联网金融筹资活动的无情“挤出”[①]。

虽然，报告中提出，“深化国有商业银行和开发性、政策性金融机构改革，发展民营银行”，但考虑到当此多事之秋，国有银行体系正是政府驾驭全局的重要工具，很难想象，肩负诸如“继续置换5.6万亿地方政府债务”“降低企业融资成本”这类重任的国有银行体系，会容留出多少市场空间给民营银行。同时，若不是顾及“互联网+”大战略，在“整顿规范金融秩序，严厉打击金融诈骗、非法集资和证券期货领域的违法犯罪活动”这句话中加入“互联网金融领域”一个状语修饰，也当真不会令人意外。相比较于2015年政府工作报告定的调子——“促进电子商务、工业互联网和互联网金融健康发展”，2016年的报告中仅以悄然带过的一句“规范发展互联网金融”，轻轻提点——个中意味，悠远深长。所以，只要融资租赁行业在筹资端的势力格局不发生显著变化，整体行业格局亦不会发生颠覆性改变。

但是，依然存在一些影响行业局部格局的因素存在。比如，国有企业改革和过剩产能退出。报告中指出，要“严格控制新增产能，坚决淘汰落后产能，有序退出过剩产能。采取兼并重组、债务重组或破产清算等措施，积极稳妥处置‘僵尸企业’”。众所周知，融资租赁作为银行资金“通道”，一个重要的资金输送方向就是此类产能过剩和“企业办社会”的“僵尸企业”，所以此项工作的实质性推进，很有可能会造成部分通道租赁资产质量的快速恶化，进而导致部分融资租赁企业“退出”，形成对行业格局的局部影响。

2. 目标市场

对于融资租赁企业这样的自身依靠杠杆经营，同时通过资金投放加大目

---

① 参阅本书第四章第三节“‘互联网+’行动”相关内容。

标客户企业杠杆的金融企业而言，似乎中央的“去杠杆”不能算作一个利好消息。但是，考虑到现实存在的“杠杆转移”，以及最高决策层对制造业升级叠加“双创”所引发的“新经济”动力的期望，根据报告的内容，我们以下将针对若干相关的目标市场进行更进一步的探讨。对于这些报告精神所指引的融资租赁目标市场，我们依然沿用基于报告总体逻辑分析框架的两个维度——“杠杆”和“有效需求”展开讨论。具体讨论形式上，我们将以问题作为引导，通过对问题的剖析来刻画更加清晰的目标市场边界，并对其作出评价。

问题一：地方政府债务问题举国皆知，那么，地方平台是否还能成为一个值得融资租赁企业涉足的领域？

从目前国家治理的大逻辑来看，地方政府债务问题不是一个“去杠杆”的问题，而是一个加“长杠杆”的问题。换言之，问题的核心不是杠杆的“加减”，而是杠杆的“松紧”——杠杆不可过紧，其底线即是“坚决守住不发生系统性区域性风险的底线”。去年的43号文，以及后续衍生出的地方政府发债和债务置换动作，其根本的目的不在于抑制地方政府的债务增长，而是要保证地方政府债务的增长不至失控。报告提出“发挥有效投资对稳增长调结构的关键作用”的同时，特意提点“建立规范的地方政府举债融资机制，对财政实力强、债务风险较低的，按法定程序适当增加债务限额。各级政府要坚持过紧日子，把每一笔钱都花在明处、用在实处”。据此我们可以认为，地方政府平台等市场空间依然存在，中央政府依然保持一个对地方政府适度债务增长的期望。只不过，增长的债务必须用于“有效投资”，“花在明处，用在实处”——这足可成为融资租赁公司面对地方政府目标市场进行风控判断的不二法则。但值得关注的是，从现金流的角度，此处的“有效投资”是从全局或者至少是从区域经济系统角度而言的“有效”，奢望地方政府目标市场借助融资平台负债所提供的公共物品和公共服务快速创造经营活动净现金流入，是不切合实际的。比较中肯的判断依据应该是地方平台是否有能力持续通过筹资活动实现总净现金流结余，同时一旦平台出现偿债危机，是否容易引发“系统性区域性风险”——这将决定隐含的救助式担保是否存在。当然，具体的法律风险和政策风险需要结合具体项目一一详判，在这类工作的细节上稍有差池，则可能带来巨大的潜在灾难性后果。

问题二：居民部门的“加杠杆”，对于融资租赁而言，是利好的“蓝海”吗？

虽然报告提出“鼓励金融机构创新消费信贷产品”，但是对此疑问，总体上我们依然持谨慎的否定态度。原因有二：一是当前整体融资租赁行业中，企业结构几乎都是依照为生产企业提供生产资料融资的目的来进行构建的，快速转向消费信贷方向所付出的成本与难度巨大；二是消费信贷领域已有的竞争烈度，恐怕很难让融资租赁企业在其中找到自身独有的竞争优势，无论就资金成本、市场渠道还是信息技术方面都是如此。

当然，我们也并不否认，存在一些居民部门杠杆相关的细分市场值得融资租赁企业去关注。比如，考虑到中国新车的产销量已经接近或超过顶点，并且汽车市场又是另一个融资租赁的“传统”目标市场领域，已经积累有相当的资源和经验，所以进一步开拓二手车市场是值得考虑的。

问题三：例如以“一带一路”载体的国际产能合作，所可能带来的外需增长，会成为融资租赁行业的“机会”吗？

我们对此问题的看法是：长期来看，是的；短期来看，未必。必须要明确一个简明的逻辑次序：不是因为有外需——过剩产能输出或国际产能合作，才需要有融资租赁来配合融资，而是相反，需要通过融资租赁的融资支持来实现过剩产能输出或国际产能合作。所以，这基本上是一项“政治意义大于商业意义”的任务。所以，哪类租赁公司会领命前敌，不言而喻。从这个角度而言，当一些融资租赁公司因“去产能”而要从过剩产能行业退出时，而另一类金融或融资租赁公司却担负起为这些过剩产能行业启动外需的重任。但是，一旦过剩产能输出或国际产能合作推进顺利，将间接拉动国内各产业受益，进而会间接滋养融资租赁行业。

问题四：中央和地方政府的基建投资，是否会再次启动诸如工程机械、工程施工等行业，从而令这些“传统”的融资租赁目标市场再度焕发活力？

首先要明确的一个大基调是，供给侧改革是主旋律，“当前发展中总量问题与结构性问题并存，结构性问题更加突出，要用改革的办法推进结构调整。在适度扩大总需求的同时，突出抓好供给侧结构性改革”，由此可知，适度扩大总需求只是一种平滑经济的缓冲措施，适度扩大总需求不是为了维系过剩产能，而是要为过剩产能的“有序退出”创建时间窗口。对于融资租赁行业而言，2016年乃至“十三五”期间的基建投资可能会缓和与此相关的存量租赁资产质量的恶化压力，也同时提供给保有此类租赁资产的融资租赁公司一个转型的时间窗口，但不应让这些目标市场过多或过度耗费融资租赁公司的资金资源。

问题五：从融资租赁目标市场角度，如何看待报告提出的“把节能环保产业培育成我国发展的一大支柱产业”说法？

“节能环保”概念的外延很广，此其称之为“产业”的原因所在，从融资租赁的实际经营决策层面来看，必须将之进行细分，形成若干细分的目标行业。细分之后的一些行业市场，可以或者已经是融资租赁的目标市场，比如光伏、风电、核电等清洁能源领域，以及节能相关的“合同能源管理（EMC）”等。对于节能环保领域内的其他细分市场，需要特别指出的是，核心目标市场的选择必须严格遵守“现金流原则”，应清醒理性地告诫自己，融资租赁目前依然是以固定收益债权为主要性质的金融产品，政府的倡导与现实的现金流创造之间可能还存在一道足以致命的鸿沟[①]。

问题六：“双创”对融资租赁行业会产生什么影响？

目前主流融资租赁产品的固定收益性质，决定了其内在地倾向于寻找一个稳定的外部市场环境，并通过构建以效率见长的科层组织架构来承载业务运

① 参阅本书第七章第三节“‘领先半步’的经营定位”相关内容。

营——实际上，这也正是中国融资租赁行业在亚洲金融危机和次贷危机之间的十年中成功实现融资租赁模式“本土化”的两个关键支撑条件。但是，当前形势的主题是“转型”，在这样的局面下，除了少部分拥有资金资源优势的融资租赁企业可以通过把握大中型企业群体市场而坚持固守于一个相对稳定的外部市场环境中以外，其他的实力偏弱的融资租赁企业将受到巨大的冲击。回顾过去，这个结论也可以在相当程度上解释两个现象：一是金融租赁企业群体在科层制结构下，保持了在租赁资产规模方面的快速增长；二是一些民营融资租赁公司，在2016年以前以极少的人员所形成的极度松散的团队式的组织架构，承载了同样不断激增的通道业务规模。

进而，在“转型”的大局面下，我们认为，“大众创业，万众创新”对中国融资租赁行业的影响，在现阶段看，主要体现在融资租赁产品内涵和融资租赁公司组织形式方面。这种影响折射到融资租赁公司的实际经营层面，即是会关涉到融资租赁企业的战略定位谋划和组织架构设定相关的重大决策。简要概括而言，就是对于绝大多数的民营背景融资租赁公司来说，想要把握住“双创”这个“风口”，在产品内涵方面必然要加入股权产品内容，否则会形成强烈地风险收益反差；在企业组织形态方面，根据市场开拓能力所带来的业务量规模不同，需要选择股东领军的小型精英团队组织形式，或者是多金融牌照的“母公司–多个子公司”企业结构。

当然，一些有实力有资源的大型金融或融资租赁企业，也可以进入“双创”领域。其优势在于资源的互补与组织间的营销协同，但其劣势也相当明显：除非母公司层面有强大有力的监察稽核手段，否则“代理人问题”所带来的巨大道德风险，将会让母公司时刻寝食难安。对此类问题，报告中也使用了谨慎措辞——“启动投贷联动试点”中之“试点”二字，即道尽了这种“近乡情更怯”，如履薄冰一样的，前行决心当中氤氲着的敬畏心态。

第四节 解读2017政府工作报告，把脉融资租赁行业演变“轨迹”[①]

以更加长远的眼光看，“次贷危机”对于中国而言，是一件幸事——在外部，延展出大国崛起所必需的空间；在内部，提供了深化改革所依据的理由。虽然，从经济发展规律出发，会得出中国经济增长方式终将转变的必然结论，但是，若无“次贷危机”，这种增长方式转变的实际发生时间，则没有人能够准确预测。换言之，“次贷危机”及其长远而深刻的影响，不但令中国经济增长方式转变，快速变为现实，而且，还令其成为了一个无可逃避的选择[②]。

2017年3月5日，在第十二届全国人民代表大会第五次会议上，李克强总理所做的《政府工作报告》（以下简称“报告”），则让我们得以清晰地看到，这种经济增长方式的转变，正在被政府以怎样的具体行动，诉诸实现。在针对这些政府行动的实际效果，进行预判分析的基础上，就可以更进一步地，对诸多行业的演变进行合理推演，比如——中国的融资租赁行业。

一、报告纲要逻辑及其实现可能性

报告总体分为两个大的部分，第一部分是2016年的回顾总结，第二部分是

① 本文写于2017年3月19日。

② 参阅“李喆融资租赁工作室”行业述评文章《抉择竞争“锚点”，拥抱中国融资租赁的“后套利”时代》。

2017年的任务部署。每个部分的内容表达次序，也几近一致：从“定量目标”到“定性原则”，再到“具体工作”。报告的行文风格，沉稳而内蕴勇健，坦诚且理性自信。由于多处使用“数字”和近乎“白话”的语言来表达“成绩”、“目标”和“任务”，所以，“务实”的心态也表露无遗。

分属于两大部分内容之下的“2016年工作总结”与“2017年任务部署”，则是整个报告的“纲”：对于2016年的工作总结，报告主要指出了八项工作，依照次序分别是：宏观调控、供给侧的“三去一降一补”、深化改革开放、创新发展、协调发展、绿色发展、改善民生、政府建设；对于2017年的任务部署，报告依次指明了九项任务：供给侧的“三去一降一补”、深化改革、释放内需、创新发展、农业发展与农民增收、开放发展、生态治理、改善民生、政府自身建设。

所谓“纲举目张”，本文以下将围绕这17条“纲”，并结合具体的报告内容，联系近年的一些时政形势，来展开解读。

1. 对于2016年工作总结的解读

报告阐述2016年工作总结的用意，可以用一句话来概括：整体宏观经济运行风险可以得到有效控制，中国经济正在通过对“五大发展理念”——也即创新发展、协调发展、绿色发展、开放发展、共享发展的坚定落实，而稳步向前。所以，报告中的2016年工作总结，传递出了“一切尽在掌控，一切按部就班”的信号，这将有利于人心的稳定，进而为2017年的工作，创造良好的外部条件。

下面将分别就这八项工作总结，逐一做简洁的解读说明。

（1）宏观调控：“继续创新和加强宏观调控，经济运行保持在合理区间”[①]

这是针对风险的“治标”之举。强调不搞“大水漫灌”，表明过往中国经济的要素驱动增长模式所积累的风险，不会再增大；财政赤字与“营改增”主要用于降低企业税费，这是一种带有高效市场化特征的补贴政策，有利于降

① 引自报告，本文以下引用文字，如无特殊说明，皆指引用于报告。

低中国经济中企业部门的高杠杆债务风险；政府债务置换有助于消弭地方政府债务危机风险；11.3%的广义M2货币供应，表明流动性过剩所可能导致的资产泡沫风险可控；最后表达民间投资、房地产和金融领域的调控措施可以有效遏制风险的产生。

（2）供给侧的“三去一降一补”：“着力抓好‘三去一降一补’，供给结构有所改善”

这是针对风险的“治本”努力。报告首先给出钢铁、煤炭行业去产能的两个具体数字，表达坚定推进去产能的决心和成效。但随后对房地产“去库存”、工业企业“去杠杆”和“补短板”等方面，概括表达了所做的一些工作，但并无更加具体的“数字”描述。也许在这些方面的成效还不很明显，所以用了“有所改善”这样比较谨慎的表达语句。但报告依然暗示了强烈的推进决心：此项工作被列为2017年要重点推进工作的首位。

（3）深化改革开放：“大力深化改革开放，发展活力进一步增强”

控制和化解经济风险的最有力手段，就是“发展”，而中国经济发展和中国改革深化，又是一个硬币的两面。所以，紧跟着总结可以体现2016年深化改革成果的各个领域工作：在政府职能定位方面的简政放权和政务监督、国有企业改革、税制改革、科技管理体制改革、医药卫生、生态保护等。回顾历史，中国的改革与中国开放发展一直同步推进，“改革开放”已然成为某种带有“政治符号”意义的词汇，所以，紧跟着对“一带一路”、人民币加入SDR、深港通、自贸区等工作，进行总结。也可以说，顺势将“五大发展理念”中的“开放发展”工作成绩，予以表达。

（4）创新发展：“强化创新引领，新动能快速成长”

这是对“创新发展”理念的落实情况的总结。强调“互联网+”“中国制造2025”“双创”等国家战略高度的创新推行举措，正在落实。面向2030的重大科技项目、国际科技创新中心城市建设、国家自主创新示范区建设等工作也已启动。最后用一些具体的数据来表达有关创新发展举措的实际效果。

（5）协调发展："促进区域城乡协调发展，新的增长极增长带加快形成"

这是对"协调发展"理念的落实情况的总结。再次强调"一带一路"对国内区域协调发展的引领作用，以及多项区域协调发展战略的继续推进：京津冀协同发展、长江经济带发展、西部大开发、新一轮东北振兴战略，推动中部地区崛起，支持东部地区率先发展、推进新型城镇化等。

（6）绿色发展："加强生态文明建设，绿色发展取得新进展"

这是对"绿色发展"理念的落实情况的总结。过程与手段方面，"制定实施生态文明建设目标评价考核办法，建设国家生态文明试验区"；结果方面，用数据来说明若干污染治理、清洁能源等方面的实际成效。

（7）改善民生："注重保障和改善民生，人民群众获得感增强"

这实际上是对"共享发展"理念的落实情况的总结，但从"民生"角度来表达，更容易让国人有"获得感"：就业、脱贫、教育、医疗、体育、文化、救灾等领域，有切实的工作进展。

（8）政府建设："推进政府建设和治理创新，社会保持和谐稳定"

任何一个国家的政府，都肩负着对经济、社会和文化进行管理和建设的职责。此前的工作总结都是针对"经济"方面的政府职责展开，所以在最后，对政府在"社会"方面的职责工作，进行总结说明。

2. 对2017年工作部署的解读

以下对于报告中2017年工作部署内容的解读，将从诸项工作部署背后的逻辑视角展开。

报告中2017年工作部署的内容次序安排，体现如下理念：重点关注当前发展，兼顾长远发展；通过自身内部发展，来激发对外开放的发展力量；党建是实现经济发展目标的一个重要工具。

这些核心的施政理念，基于如下逻辑而获得体现。

（1）短期内实现合意经济增长的，最现实的“治标”之策，就是在既有资源配置格局下，在既定资源运用能力范围内，深挖经济效率的“潜力”

有三种可以实现经济发展的手段：追加生产要素投入、提高各经济部门生产效率、让资源从低效经济部门流向高效经济部门。中国在次贷危机前“奇迹”般的发展速度，主要来自于“追加生产要素投入”手段，但是，新的形势变化，已经清晰地表明，这条路已经走不下去了。当前力推的“供给侧结构性改革”，其核心用意就在于要让中国经济的发展，走向“提高各经济部门生产效率”的发展之路。并且，这条发展路径的起点就是“让资源从低效经济部门流向高效经济部门”。

从优化既有资源配置格局的角度看，“去产能”和“去库存”的实质，就是释放低效经济部门资源。任何一个经济体的实际财富，都是有限度的，越多的资源沉淀在低效经济部门中，就意味着越多的高效经济部门会因无法获得充足的资源供给，而无法取得应有的经济拉动作用。总体而言，“去杠杆”的主要指向，是宏观经济中企业部门的杠杠，而从企业部门的杠杠分布状态看，高杆杠又主要集中在国有企业中——一个总资产周转率和盈利水平都显著低于民营企业的经济部门。所以，“去杠杆”本身就蕴含着降低低效国有企业部门对资源的占用意图。

在政府的既定资源运用和影响能力范围内，“降成本”和“补短板”则主要显示出，政府意图通过财政、税收政策的运用，为整个经济体提供更多的，具有显著“正外部性”的公共物品供给。

所以，报告的2017年的第一项工作部署，就是“用改革的办法深入推进‘三去一降一补’。要在巩固成果基础上，针对新情况新问题，完善政策措施，努力取得更大成效”。

（2）既然通过调整既定资源配置格局，运用既有资源流动影响力，可以收取显著的经济推动效果，那么，发现造成这种低效的资源使用状况的原因，并对其进行消除，才是可以实现经济持续高效率增长的“治本”之策

从报告的具体内容看，如下领域是低效增长的主要原因：政府职能转

变、财税体制、金融体制、国企改革、非公有经济受抑、产权保护制度、社会体制改革、生态文明体制改革。所以报告2017年工作部署的第二项，就是“深化重要领域和关键环节改革。要全面深化各领域改革，加快推进基础性、关键性改革，增强内生发展动力”。

（3）在资源配置和资源流动方面的努力，实际就是对“供给端”的关注，而经济发展是“供给”和“需求”对接并相互作用的结果，所以，还需要在“需求端”有所行动

导致中国经济步入“新常态”的诸多原因中，“出口”对经济的拉动作用，也即“外需”的急速滑落，是一个非常重要的方面。鉴于此，在“需求端”的核心关注，就必然转入国内，着力于“激发内需”：除了促进消费需求增长以外，投资需求的拉动也开始强调“有效投资”。同时，有利于持续生发“内生”需求的长效手段也必须予以重视，这就是“区域协同发展”和“推进新型城镇化”。“区域协同发展”就是要改变过往各个地方经济系统的强烈的“竞争关系”，而着力推动形成一个“内洽”的，彼此依托、联结、共生的新型地方经济间的关系——也即“协调发展”的用意所在。而“新型城镇化”之“新型”，则是着眼于“人”的城镇化，而不是过往“摊大饼”式的投资驱动的低效城镇化。实际上，“新型城镇化”与培育国内消费能力，紧密相关。

所以，报告2017年工作部署的第三项，就是“进一步释放国内需求潜力。推动供给结构和需求结构相适应、消费升级和有效投资相促进、区域城乡发展相协调，增强内需对经济增长的持久拉动作用”。

（4）在一个开放的经济系统内，消费将不可能被人为地“限制”，甚至“强制”与自身的供给能力对接，所以，要真正让“国内需求”作用于经济发展，就必须进一步在“供给端”发力，形成对国内需求的“竞争力”

从报告内容来看，“科技创新”“培育新兴产业”“升级传统产业”“双创”和“提高质量水平”，是2017年增强国内供给端竞争力的主要目标领域。这就是报告2017年工作部署的第四项：“以创新引领实体经济转型升级。实体经济从来都是我国发展的根基，当务之急是加快转型升级。要深

入实施创新驱动发展战略，推动实体经济优化结构，不断提高质量、效益和竞争力”。

（5）除了以上分别针对“需求”和“供给”，而部署落实具体施策之外，还需要关注一些可以同时影响供需两端的领域。报告中提及了两个领域：农业和对外开放

农业是工业发展的基础产业，而从2017年1号文件所提出的“农业供给侧改革”的决策看，对于农业在供给端所要发挥的作用，提出了更高的要求。在需求端，城镇化、农民增收，以及农村基础设施投资建设，都将形成强大的消费与投资需求。

对外开放角度，从出口方面看，这是消化过剩产能的一个重要渠道，“西方不亮东方亮”，“一带一路”和高端装备，正在努力托举中国的外需水平；从进口方面看，消费品进口虽然会“抵消”一些国内消费需求，但其客观施于国内企业的竞争压力，将促进国内供给端加速调整和优化。同时，高技术产品和服务的进口，也将直接作用于国内供给端的升级——2017年3月15日，李克强总理在人大记者会上针对“中欧贸易逆差”提问的精彩回应，可做例证：“如果你们欧洲放宽对华高技术出口，那贸易不平衡的状况就会有明显改善。”

所以，我们可以看到报告2017年第五项、第六项工作部署分别是：“促进农业稳定发展和农民持续增收。深入推进农业供给侧结构性改革，完善强农惠农政策，拓展农民就业增收渠道，保障国家粮食安全，推动农业现代化与新型城镇化互促共进，加快培育农业农村发展新动能”，“积极主动扩大对外开放。面对国际环境新变化和国内发展新要求，要进一步完善对外开放战略布局，加快构建开放型经济新体制，推动更深层次更高水平的对外开放”。

（6）健康的经济发展，必然是可持续的发展。以上在“供需”两端的工作部署，虽然有利于形成供需的对接与平衡，但是要将这种供需平衡长久保持下去，还需要创造良好的生态和社会条件

生态环境是供给端的长期自然资源的提供来源，而稳定的社会环境不但

有利于实现供需高效对接，“民生”问题还直接关系到供给端长期所必须的人力资源的数量和质量，此外，“民生”问题的解决，还将直接或间接地产生消费需求和投资需求。这就是报告2017年工作部署第七项和第八项的内容：“加大生态环境保护治理力度。加快改善生态环境特别是空气质量，是人民群众的迫切愿望，是可持续发展的内在要求。必须科学施策、标本兼治、铁腕治理，努力向人民群众交出合格答卷”，“推进以保障和改善民生为重点的社会建设。民生是为政之要，必须时刻放在心头、扛在肩上。在当前国内外形势严峻复杂的情况下，更要优先保障和改善民生，该办能办的实事要竭力办好，基本民生的底线要坚决兜牢”。

（7）如果说，以上的八项工作部署解决了2017年中国经济社会发展的“规划”问题的话，那么，第九项工作部署则给出了如何“执行”的答案

任何规划，最终都要落实到“执行”，而落实“执行”的关键，就在于“人”。报告2017年第九项工作部署这样表述：“全面加强政府自身建设。要坚持党的领导，牢固树立‘四个意识’，坚决维护以习近平同志为核心的党中央权威，自觉在思想上政治上行动上同党中央保持高度一致，加快转变政府职能、提高行政效能，更好为人民服务。”

值得注意的是“政府自身建设”这句话，与报告对2016年工作总结第八项“政府建设”向对比，非常微妙地增加了“自身”二字——就是这看似平淡的两个字，将政府工作的重点从“要做什么样的事”直接扭转为“要做什么样的人”。用报告的话说，就是要求政府“坚持依法全面履职”，“始终保持廉洁本色”，“勤勉尽责干事创业”。

3. 延伸讨论：报告中的工作部署，有望实现吗？

系统完备的规划能否有望实现，是一个必须要被思考的问题。否则，“规划”对于现实而言，也就失去了有意义的“指导价值”。以下，本文将从国家治理智慧、施政经验能力、实际经济表现等三个角度，由远及近地就此问题进行探讨，并给出一个现实中已经隐隐显现的“操作路径”——以此说明，

报告的诸项工作部署，的确有望实现。

（1）国家治理智慧

《论语》所蕴含的国家治理智慧，为中国历代国家所尊崇，乃至有“半部《论语》治天下”的经验之谈。限于篇幅，这里仅节取其中一句，用以借鉴分析：“道千乘之国，敬事而信，节用而爱人，使民以时。”

习近平总书记在2015年元旦新年贺词中，以“蛮拼的”三个字，来褒奖干部队伍的实际表现，2017年元旦贺词中，又强调“撸起袖子加油干”，这些都是“敬事”之举。而上文已经分析过，报告对于2016年工作总结的论述，一个核心的用意就在于“取信”。从报告关于减省“三公经费”，“节用裕民”，以及对“民生”问题一贯的关注来看，称之“节用而爱人”，并不为过。“大众创业，万众创新”，政府“简政放权”等战略举措，则都可以归之为“使民以时”。

通过以上例证，可以认为报告所提出的整体为政之策，都是富含国家治理智慧的英明见地。

（2）施政经验能力

一整套施政措施的背后，必然有一整套施政理念和施政方法做支撑。而正确的施政理念和施政方法，其形成离不开长期的施政实践锻炼，以及因这些实践而获取的施政经验和能力。施政经验和能力，将决定一整套施政措施，能否在现实而具体的实际情境中，得以有效落实和执行。

所以，如果我们发现，一些施政理念和方法历多年而不改，那么，我们就有理由去推测，甚至相信，这些施政理念和方法是经历过现实检验，而被证明是正确而有效的。篇幅所限，在此仅引用习近平总书记在32年前，也即1985年3月6日，任职河北省正定县时，在全县乡镇党委书记、乡镇长会议上讲话的一部分，权供品味：“二是把新的不正之风列入整党的重要内容，对‘令不行，禁不止’的问题，也要列入整党中去。未开始整党的单位，要进行自查自纠。县直各单位和乡镇机关要认真检查本部门以权经商、办企业，乱发奖金、实物，巧立名目大吃大喝，以权谋私，弄虚作假，搞形式主义等问题。凡是过去的有关规定，对了的仍要算数，予以兑现；与中央精神不符的，要彻底纠正，哪级说话哪级负责。对一般性的问题，只要查清了，认识了，把非法所得的退出了来了，就不给处分；对那些隐情不报也不纠的，查处后要予以严肃处理；对在中央27号文件以后，令不行，禁不止的要严肃处理；对在中央27号文件以前的重大问题，也要追查处理；对那些严重违法乱纪的要给予党纪政纪处分，以权谋私的干部要坚决撤换，触犯刑律的要给予刑事处罚。”①

（3）实际经济表现

能够说明治理智慧和经验能力正确的最有力证据，是事实。2016年，“权威人士”给出中国经济“L”型走势的基本判断，而2017年初，无论是官方还是民间的研究机构和智囊人士，都纷纷发出了中国经济已经接近“L”底部的分析结论。虽然经济领域内的严峻问题还很多，但“企稳”“筑底”无疑是经济正向调整的良好指征。对比2016年和2017年政府工作报告还可以发现，2017年的报告所展示出的信心远超于前——2016年报告中，在发布6.9%增长结果的时候，非常用心地解释道，“现在国内生产总值每增长1个百分点的增量，相当于5年前1.5个百分点、10年前2.5个百分点的增量”，而2017年报告对于较前略低的6.7%的增长结果，却一笔带过，并无任何解释性论述。此外，从2016年和2017年李克强总理答记者问的场面看，在2017年现场，总理的语气、语调、用词乃至手势，都表现出了明显的自信。

（4）一个现实显现的“操作路径”

在上文“2017年报告工作部署”的解读部分，本文已经指出，“党建”是实现经济发展的一个重要工具——如果用中国传统的国家治理语汇表达，就是“吏治”问题。提及“改革”，中国古代历史上的北宋时期，有两次非常著名的“改革”，也就是范仲淹和王安石的前后两次“变法”。在范仲淹主导“庆历变法”所推行的策略中，最初并且是最首要的几条，就是“明黜陟”“抑侥幸”“精贡举”“择长官”——表达了“吏治”必须作为“新政”前提的理念。但是当时宋仁宗，并没有抵挡住原有官僚利益集团的汹涌反扑，不到一年

① 习近平：《知之深，爱之切》，河北出版传媒集团2015年版。

时间，范仲淹便卸任而去。而在王安石主导的“熙宁变法”中，虽然有宋神宗的强力支持，但是王安石回避了“吏治”问题，希望通过强力推行“新法”来取得成功，结果被小人利用，导致新法施行到基层便完全“走样”，最终失败。可以说，这两次“变法”，都失败于“吏治”问题的解决。

以史为鉴，就可以知道，中国当前的改革成功，必须首先要解决“吏治”问题。这就是报告中对政府职能转变、国有企业改革以及政府自身建设等方面着墨良多的原因所在。无论大至国家还是小至企业，其兴旺发达的首要因素就在于“人”——能否让“好人”和“能人”在位，能否实现“好人和能人”对“坏人和庸人”的替代。

但是，整体而言，官僚阶层不可能“自动自发”地实现思想和行动转变。对此，现实的经验应对，只能是“不换思想就换人”，也即必须要加速推动党组织和政府组织的人事更迭，把握好这些习近平总书记一贯重视的“关键少数人”。结合当今中国的现实，可以在政治领域和经济领域中看到，两个可以解决上述“人事更迭”问题的解决方案已经付诸实施——“反腐”和“开放垄断行业，鼓励民营资本进入”。

“反腐”的作用是多方面的，除了行政效率质量、社会财富分配、组织作风纠正等方面以外，还是一种非常有效的加速“人事更迭”的手段，以此，即可实现《论语》所言的“举直错诸枉”。在此基础上，再辅以经济领域内对民营资本的垄断开放，则可期望收到良好效果。以国有企业改革为例，从目前可以了解到的情况看，经由“官僚体系”来推动的国企改革往往陷于“以文件落实文件”的尴尬境况，许多地方的实际推行过程，在对中央政策精神的理解和执行方面都存在明显的偏差，效果并不显著。

相反，同样是国有企业改革，在“反腐”和“开放垄断，鼓励民营资本”的作用之下，政治约束叠加市场约束，就可能让国企改革明显显效。2017年2月，《21世纪经济报道》称，由于“2016年国家对地方炼（油）厂曾面对的诸多限制进行了空前的开放”，导致“国内两大巨头（中石化和中石油）的市场占有率从2010年的90%，降至2016年前10个月的77.1%”。2017年3月，“央广网”报道称，“推进国资国企改革作为山西省委省政府今年的头等大事”，“企业一把手签署任期目标责任书指标为考核依据，不敢立军令状者和完不成任务的一把手都要辞职走人”。而2015年，山西省引起国人关注的新闻热点，却是“塌方式腐败”。将这几则新闻联系起来就可以发现，在现实之中，就在“官僚体系”之外，借助于“反腐”的威慑力和“市场竞争”的约束力，一条国企改革的“破冰”路径已经显现：“反腐”触发官员更迭——开放垄断强化市场竞争约束——国有企业一把手立军令状——触发国有企业管理者更迭——政府官员和国企管理者更迭，推动“吏治”向好——中央政府既定的经济发展规划措施得以有效执行。

以上，是能让我们对报告的实际效果建立起信任的理由和例证。也正是基于这种信任，才令以下针对中国融资租赁行业演变的分析，得以具备现实且可信的参考价值。

二、把脉中国融资租赁行业演变“轨迹”

2016年夏秋之际，笔者得出了“中国融资租赁行业的体制套利、监管套利和投机套利等经营模式的套利空间坍缩”这一观察判断。从彼时到2017年3月的“两会”召开之间，短短半年时间，就出现了许多时政和行业事件，对此观点提供了强力印证：金融领域的监管趋紧及统一监管趋势发动、财政部两次“问责”地方政府违规融资、数家金融租赁和融资租赁企业陷足“东北特钢”破产、大型银行10年首次盈利增速下降背景下的银行系金融租赁公司盈利速度飙升①、2017年2月中国进出口惊现“逆差”、2017年政协委员工行副行长张红力提案呼吁对金融租赁“适度放松监管约束”、2017年政府工作报告直言“有效处置‘僵尸企业’”……

在行业演变趋势大体清晰的基础上，结合对2017年政府工作报告的理解，来探讨融资租赁行业演变所可能展现出的具体“轨迹”，将是一件非常有价值

① 2016年，在中国大型银行10年来首次利润增速下降的背景下，“千亿级”体量的银行系金融租赁公司群体却表现出强劲的利润增速：根据2017年1月“零壹融资租赁研究中心”的统计数据，依照资产规模由大到小排序的交银租赁、招银租赁、建信租赁、华融租赁、兴业租赁，在2016年的利润增速分别为24.21%、13.84%、32.57%、5.07%和13.36%。

的事情。

1. 体制套利：“消泯”还是“拓展”

“体制套利”的套利属性，更多地体现在“筹资端”的体制融资优势，而其在资金投放的“市场端”，却表现出非常明显的“市场化”特征。一贯以中小型民营企业为主要投放对象的“体制套利”经营模式，在2014至2017年间，因中国经济增长模式的实质性转型启动，而失去了市场投放基础，伴随着中小型民营企业的大批量湮灭，趋于消弭。

基于以下原因，在2017年之后的数年之内，“体制套利”不太可能再度焕发生机：①目标市场不明朗：不同于2001年前后，中国存在一个庞大的被忽视的具备盈利能力却匮乏资金支持的民营企业群体，2017年中国的“新经济”力量，尚在孕育之中；②融资租赁行业的进入门槛降低，各种背景资本的涌入势头，到2017年尚未见减缓，由此将更易形成众多的“碎片化”的割据市场，进而降低了资金投放端的“市场化”程度；③寻找、发现并开拓新市场领域，需要大量的资源投入，只有那些拥有多年经营积淀的融资租赁公司才有望涉足，但是，这些融资租赁公司也往往同时背负着巨大的“历史包袱”，所以难以兼顾新市场领域；④同中国的所有行业一样，中国融资租赁行业内的企业家资源，极度匮乏。

但是，2017年政府工作报告对如下“新市场”潜力的暗示，将为“体制套利”的复苏创造外部条件：①民营科技企业：对于尚在“孵化期”此类企业，总体而言，融资租赁并不匹配，但随着盈利能力的增长，数年之后将会是融资租赁的良好选择；②“双创”激发出的民营新业态；③农村市场：不是农机融资租赁市场，而是以“县域经济系统”为投放标的，定位于拥有雄厚成长潜力的区域市场。

数年之后，对以上新市场的“开拓”，将极有可能由地方国有资本背景的融资租赁公司完成——现在的它们，正在凭借自身的割据市场而实现生存，并蓄力发展。与新市场同步生长的此类融资租赁公司，有可能在未来数年之内，重新启动“体制套利”经营模式——毕竟，中国金融体制改革的进程往往滞后于实体经济的发展。

2. 监管套利：“击鼓传花”中的“软着陆”

中国的各类金融机构，正如“美猴王悟空”，自恃神通广大的种种腾挪变化，其实从未逃脱“如来掌心”——佛祖期望他们护持唐僧取得真经，所以会容忍他们的“天生猴性”，但如果他们真的要“闹天宫”的话，“五行山”也必然会压顶而来。

基于上文对2017政府工作报告的解读，可以发现：①着眼于推动资源退出低效经济部门的“三去一降一补”，是中央政府2017年经济大棋局的“第一手”落子，这项工作如不能顺利推进，则将直接影响后续的所有规划实施；②地方政府正在经历一种深刻的身份转换，也即从经济增长的“驱动者”变为“治理者”——这是“协调发展”理念指导下的必然结果。

对于银行系金融租赁公司的“监管套利”而言，两个重要市场将因此而受到巨大影响：国有背景的落后产能和过剩产能企业，以及地方政府融资平台。对于前者而言，2017年开始，将可能有越来越多的金融租赁公司或实力融资租赁公司“放债放成股东”。而地方政府融资平台本身就是当年为应对“次贷危机”而仓促推出的一项“临时设施”，其严重的“后遗症”就是令人心胆惊颤的“地方政府债务风险”。“43号文”以及新财政预算法的推出，已经显示了中央政府决心化解地方政府债务风险、重新构建“中央—地方关系”的决心。如今，地方政府债务置换已经持续三年，“协调发展”的布局依次展开，所有的迹象都表明，这已经成为一个不可逆转的过程。

所以，从2017年政府工作报告来看，“监管套利”的市场空间正在被继续压缩。

但是，“监管套利”的行为却不一定会应声而止。“资产荒”背景下巨大的经营压力将激化公司治理的“代理人问题”，由此，“法不责众”和“侥幸得手”心理以及潜意识的“监管博弈”心态，将赋予“监管套利”顽固推进的力量。

最终，更有可能呈现的状况将是，“监管套利”将在“击鼓传花”的游戏中，在一个个“倒霉蛋”因鼓声顿停而跌落尘埃的过程中，实现“软着陆”：①从2017年政府工作报告屡次强调的“市场化法治化”处置原则来看，对金融租赁公司大范围的硬性经营干涉不会发生，这就意味着“监管套利”的群体性行为不会受到短促的猛烈打击；②以“发现一起，处理一起”为原则的个案处理，将会毫不留情——一场在“监管套利”玩家中的“击鼓传花”游戏已经开始；③根据上文述及的“人事更迭”推进路径，产业端和金融端的国有企业将上演愈发频繁的“换将”戏码，由此推动中央政府的经济规划渐行落地；④吊诡的情景由此出现：随着实体产业的转型升级，以及金融监管的统一收紧，那些幸存的、因“监管套利”而形成的租赁资产，不期然间，竟会从“风险资产”蓦然转化成了“安全资产”！

3. 投机套利：濒死于“踩踏”

在2017年，除了从境外引入低成本资金以外，我们看不到任何其他有助于“投机套利”继续生存的因素存在：银行惧怕经由“通道”融资租赁公司“感染”其他金融机构的风险，因而抛弃它；大型生产企业则会通过自行成立融资租赁公司来实现资金成本的降低，因而会漠视它；来自商务部的行业监管，将会惩罚它；“通道”融资租赁公司彼此间的“倾轧”，将会贬损它；行业内的企业家资源也将因其缺乏真实的信用资源，而回避它。

即便是跨境资金的“引入”通道，也将因美国在2017年步入升息周期，而空间局促。总之，“投机套利”将濒死于上述种种无情的“踩踏”，零落成泥。

以上，就是2017年这个春寒未褪的3月，我们因解读政府工作报告而引起的对行业演进“轨迹”的一些展望。虽然，必定还存在许多尚且无法预见的新状况，而且“轨迹”线条的勾勒也很粗犷，但我们兴起此举的心境，却是无比真诚：可以毫不夸张地说，自2017年算起，此后十年间的中国改革成就，将有望构筑此后百年间，中国昌盛国运的坚实基础——应该为之尽一分力。

后 记
postscript

相较于已经出版的我的另外两部融资租赁书稿，这本书对我心力的耗费最为巨大。以至于，当本书刚刚开始动笔时，因预见到这种极具强度的精神耗用，慵懒之心不时泛起。但该做的事情总要去做，现如今书已完稿，总算是松了一口气。

与前两本书不同，这本书并不是对自己已有经验和见解的一种梳理、总结和表达，而是恰恰相反的，是要对自己希望知道，但尚且不很清楚的问题，进行观察、思考，进而得出阶段性的结论。伴随着这个观察思考的过程，在2015年3月到2016年10月间，数十篇冠以李喆融资租赁工作室“行业述评”或者“管理评论”的文章，陆续在工作室的微信公众号上推出——到了2016年夏天，粗略算来，这些文章已经超过十万字。此时，恰好中国发展出版社的杜君编辑征询我的意见：是否打算对《融资租赁公司经营：策与术》进行再版修订。于是，我便借此机会提出此书的构想，并且，很欣喜地获得了杜君编辑的鼓励，随即正式动笔。

为了不欺人也不自欺，此前那数十篇文章，原本就是尽心写就。现在，要在此基础上动用这些已有的“食材”来新开一席丰盛大宴，其难度必然会跨“量级”地直线飙升。首先做的事情，是规划本书结构，完成总体内容上的逻辑安排；在此基础上，再进一步完成章节的初步定名。在正式进入每一章的写作前，还要再度对这一章的结构和内容进行总体设计。形成思路之后，再去看已有的文章中，哪些可以拿来使用；如果没有现成可用，则立即动笔撰写——

本书中，全新写就的内容，占到了大约全书1/3的篇幅。而对于已有文章的可用内容，则或单篇改写或数篇糅合，这十余万言就这样来来回回地在眼中跳跃，心中反复，手中熔铸，直到最终定稿成文。在某种意义上，这个过程，就相当于将已经备好的水果、牛奶和面粉原料，加工烘焙成一块鲜香的生日蛋糕。

个中滋味甘苦，唯有自知而已。

本书初稿完成于2016年10月，因元旦和春节原因，实际出版时间定在了2017年的三四月间。在此期间，除去陆续补充了一些可以有力佐证书中观点的时事事件以外，还将一篇完成于2017年3月的文章（《解读2017政府工作报告，把脉融资租赁行业演变“轨迹”》）收录进入本书的附录。

现在，将这个成书的过程记录在此，当作自己做这件事的一个回顾和了结，在兴发一些感慨之后，继续前行。

是为记。

2017年3月19日，上海嘉定